Heinz-Mohr · Sommer

DIE ROSE

Gerd Heinz-Mohr · Volker Sommer

Die Rose

Entfaltung eines Symbols

Eugen Diederichs Verlag

Mit 16 Farbtafeln und 51 Abbildungen im Text

CIP-Titelaufnahme der Deutschen Bibliothek
Heinz-Mohr, Gerd:
Die Rose : Entfaltung e. Symbols / Gerd Heinz-Mohr ; Volker Sommer. – 1. Aufl. – Köln : Diederichs, 1988
ISBN 3-424-00917-2
NE: Sommer, Volker:

Umschlaggestaltung: Roland Poferl, Niederkassel
Produktion: Tillmann Roeder, Buchendorf
Satz: Fotosatz Froitzheim, Bonn
Druck und Bindung: Clausen & Bosse, Leck
ISBN 3-424-00917-2
Printed in Germany

Inhalt

»Der Liebesgott schießt auf den Liebenden«. Miniatur aus dem *Roman de la Rose*, Nationalbibliothek Wien, 15. Jh.

Vorwort

Selten preisen Menschen »die *Rosen*«, viel öfter betrachten sie »*die* Rose« liebend und schwärmerisch. Dies hat vielleicht damit zu tun, daß jeder Mensch nur ein Herz hat. Saint-Exupérys *Kleiner Prinz,* der auf seinem winzigen Planeten mit einer Rose zusammenlebte, von der er glaubte, sie sei einzig, wird unglücklich, als er auf dem Planeten Erde in einen blühenden Rosengarten gerät. Erst der Fuchs, der sich zähmen läßt und dadurch plötzlich anders ist als die hunderttausend übrigen Füchse, lehrte ihn das Geheimnis. Der kleine Prinz begreift: Die Menschen auf der Erde »züchten fünftausend Rosen in ein und demselben Garten, und sie finden dort nicht, was sie suchen. Und dabei kann man das, was sie suchen, in einer einzigen Rose finden. Aber die Augen sind blind. Man muß mit dem Herzen suchen«.

Die Dichter unterschiedlichster Kultur- und Zeitepochen thematisieren auch keine bestimmte Spezies – etwa die »hundertblättrige« Rosa centifolia –, sondern stets nur »die Rose«. Da solche Vereinzelung angesichts der in die Tausende gehenden Formen schlichtweg eine Fiktion bleiben muß, zeichnet sich hier, ganz im Sinne der platonischen Ideenlehre, die Vorstellung einer absoluten »Rosenheit« ab, in all ihrer unvollkommen bleibenden irdischen Selbstverwirklichung.

Unvollkommenheit ist ein Charakteristikum jeden Symbols. In der antiken Welt war ein »Symbolon« ein Gegenstand aus Ton oder Holz, etwa ein Ring, Würfel, Siegelabdruck, den Freunde, Geschäftskollegen, Pilger oder Liebende beim Abschied auseinanderbrachen, um sich oder ihre Abgesandten später jederzeit an den Bruchrand zu Bruchrand zusammengefügten Zeichen erkennen zu können. Dem Symbol – obgleich in einem Ganzen wurzelnd, von ihm herkommend – haftet also immer das Stigma des Gebrochenen an. Das Symbol ist niemals das Ganze, wofür es steht. Dennoch vermittelt diese Spannung von Zertrennung und Verbindung des Zertrennten eine Totalerfahrung, ohne daß wir uns aus der Vorläufigkeit und Begrenztheit im »Lande der Nichtentsprechung« (Bernhard von Clairvaux) davonstehlen können. So verknüpft ein

Symbol Sichtbares mit Unsichtbarem, bleibt Offenbarung und Geheimnis zugleich, stets befrachtet mit der Sehnsucht nach einer »restitutio ad integrum«, einer Wiederherstellung kindlich-unschuldigen Paradiesgefühls.

In unserem Buch über die Entfaltung des Rosensymbols haben wir uns bemüht, dieser Ambivalenz gerecht zu werden. Die Rolle der Rose in der Kulturgeschichte ist mehrfach beschrieben worden. Zu nennen sind hier vor allem drei Werke: M. J. Schleiden, *Die Rose, Geschichte und Symbolik in ethnographischer und kulturhistorischer Beziehung,* Leipzig 1873, Charles Joret, *La rose dans l'antiquité et moyen âge,* Paris 1892, und Barbara Seward, *The Symbolic Rose,* New York 1960. Diesen Vorläufern ist ein mehr oder weniger genau eingehaltenes chronologisches Vorgehen gemeinsam, erklärlich, da sie die Rezeption der Rose seit der Antike über das Mittelalter bis in die jüngere Zeit durch Zeugnisse der Literatur, bildenden Kunst und Religion in historischer Abfolge belegen.

Wir dagegen haben versucht, die sich mit der Rose jeweils verknüpfenden Symbol-»Stränge« zwar unter Berücksichtigung der Traditionslinien, aber doch nicht allzusehr in ihrem historischen Rahmen zu entwickeln. Wir sahen dieses Vorgehen darin gerechtfertigt, daß Werden, Gestalt und Vergehen der Rose bei Dichtern, bildenden Künstlern, Philosophen und Theologen der verschiedensten Kulturkreise offenbar an Tiefenschichten ihres Bewußtseins gerührt haben.

Die sich mit der Rose verbindenden Symbolgehalte werden in sechs Kapiteln entwickelt, jedes durch anschauliche Bild- und Textbeispiele reich facettiert. Die wörtlich wiedergegebenen Gedichte und Prosatexte sollen aber nicht nur Belege unserer Behauptungen sein. Sie wollen vor allem den Leser ermutigen, selbst auf Rosenreise zu gehen, in die Atmosphäre ganz unterschiedlicher Kulturen und Epochen einzutauchen, eigene Querverbindungen zu ziehen und neue Deutungen zu wagen. Auf Vollständigkeit wurde kein Wert gelegt – Rosenzitate gibt es in Hülle und Fülle.

Einen Eindruck davon vermitteln die vierundsiebzig enggedruckten Seiten im *Deutschen Wörterbuch* der Brüder Grimm, die dem Stichwort »Rose« und dessen Komposita gelten, und, vom »Röschen« ausgehend, über »Rosenbalsam – Rosenblut – Rosenbre-

Innentitel des berühmten *Herball* von John Gerarde.
Das erstmals 1597 erschienene Werk enthält eine sorgfältige Beschreibung der damals bekannten Rosenarten. Kupferstich Payne 1633.

chen – Rosenfarben – Rosenlippe – Rosenlust – Rosenschleier – Rosenwange – Rosenzeit« etc. und »rosig« wieder bei der Verkleinerungsform »Röslein« enden.

Unsere Darstellung beginnt mit einer Einführung in die kulturgeschichtlichen Wandlungen des Gartens als »Wohnstatt« der Rose, in den Rosenkult der verschiedensten Zeiten und in die symbolgeschichtlichen Hintergründe. Das zweite Kapitel ist der »Rose der Zeit« gewidmet, unter dem Aspekt des Blühens und Vergehens, des Lebensrades, des Kreises der Ewigkeit (Rosette, Rosenkreuz). Die Rose als *das* Symbol der Liebe und der Leidenschaft wird im dritten Kapitel aufgeblättert. Hier wird auch das Motiv Rose und Nachtigall als Gegensatzpaar untersucht. Der Märtyrerverehrung, der Wundenmystik und der Rose in der Heldenepik widmet sich das vierte Kapitel, und als Symbol des mittelalterlichen Marienkults – »Madonna im Rosenhag« – wird die Rose dann im fünften Kapitel gedeutet. Die Rose als Ewigkeits- und Gottessymbol, als Mysterium des Ganzen – das ist Thema des sechsten Kapitels. Das abschließende botanische Kapitel findet sich im Anhang.

Natürlich beginnt und endet Rosensymbolik nicht dort, wo das Wort »Rose« fällt oder die Pflanze botanisch korrekt dargestellt ist. Den besonderen Reiz von Symbolen machen gerade ihre unscharfen Ränder aus, die Überlappungen und Überstiege. Rad- und Kreisgestalt, Blühen und Welken, Duft und Farbe, Tau und Regen, Feld und Garten – all dies sind Horizonte, in denen sich die Symbolik der »Königin der Blumen« dank volkstümlicher Fantasie, gelehrter Spitzfindigkeit und künstlerisch-poetischer Sensibilität entfaltet.

I Gartenwelten – Welten der Rose

Ein Gang durch die Gärten von Orient und Okzident öffnet den Blick für eine tausendjährige Rosenkultur, streift auch die vielfältigen symbolischen Bedeutungen, welche die Rose seit der Antike für die Menschen besaß.

Kopf einer Figur mit achtblättrigem Rosetten-Stirnband aus Ninive, um 1100 v. Chr.

Die Hängenden Gärten der Königin Semiramis in Babylon. Aus Athanasius Kirchner, Turris Babel, Amsterdam 1679

Als die Großkönige Mesopotamiens und Persiens ihre Gärten mit Rosen schmückten, erlebte die Rosenkultur eine erste Blüte.[1] Das älteste schriftliche Zeugnis wurde bei Ausgrabungen im Zweistromland gefunden: Sargon, um 2600 v. Chr., König von Sumer und Akkad, brachte von einem Kriegszug, bei dem er den Taurus überschritt, »Weinstöcke, Feigen- und Rosenbäume« mit ins Euphrat-Tigris-Delta.

Die Babylonier schufen sich wahre gärtnerische Paradiese, allen voran die legendenumwobenen »Hängenden Gärten der Semiramis«. Diese auf Kolonnaden angelegten, durch ein System von Schöpfbrunnen aus dem Euphrat bewässerten Hanggärten wurden vermutlich unter Nebukadnezar II. (605–562 v. Chr.) angelegt. Sie galten ihrer Schönheit und technischen Perfektion wegen als eines der »Sieben Weltwunder« des Altertums. Ihre Rosen, Reben, Tamarisken und Granatäpfelbäume waren Ischtar, der Göttin der Fruchtbarkeit und Vorläuferin Aphrodites, geweiht.

Mesopotamisch beeinflußt ist wohl auch jener der beiden biblischen Schöpfungsberichte, der Jahwe als Gärtner beschreibt und

Rosetten auf einer Steintasse im Kamares-Stil aus Knossos, um 1900 v. Chr.

Eden nicht etwa als einen beuteversprechenden Wald, sondern als einen friedlich umhegten und der Pflege bedürftigen Garten, dessen Fluß die vier Enden der Welt mit lebensspendenden Wassern versorgt: »Ein Strom ging von Eden aus, um den Garten zu bewässern, und von dort teilte er sich in vier Arme« (Gen 2,10).
»Pairidaezam« nannten die Perser ihre umfriedeten Gärten, und Xenophon war der erste, der dafür die Bezeichnung »Paradeisos« fand und in die griechische Sprache einführte.
Die persischen Gärten des 6. und 5. vorchristlichen Jahrhunderts glichen einer gezähmten Wildnis: Es waren ausgedehnte Gehege mit Stauden, Obstbäumen, eingesetzten Tieren. Mit Vorliebe wurden sie ebenfalls in vier die Erdregionen symbolisierende Abschnitte gegliedert.
Die minoischen Palastmauern in Knossos waren mit Fresken geschmückt, die neben Tieren, Fischen und einer Reihe von Blumen auch sechsblättrige Wildrosen – mit exakt abgebildeten Blütenblättern – zeigten. Der minoische Schmuck kennt ebenfalls das Rosenmotiv.

Wohl bald nach Homer wird die Rose den Griechen auch als Gartenzuchtblume bekannt gewesen sein. Vielleicht kam die Rosenkultur über Makedonien nach Hellas, freilich lange vor den Feldzügen Alexanders des Großen, die die Migration von Rosengewächsen und anderen neuen Pflanzen aus dem Nahen und Fernen Osten abermals begünstigten. Im Kult der Aphrodite spielte die Rose eine herausragende Rolle (siehe Kap. III).

Münze von Rhodos,
Vorderseite mit blühender Rose
(5.–1. Jh. v. Chr.)

Münze von Rhodos,
Rückseite mit Rose
(408–395 v. Chr.)

In Phrygien lagen die fruchtbaren Gärten des Königs Midas, und Herodot will dort im 5. Jahrhundert v. Chr. eine sechzigblättrige Rose gesehen haben, die an Wohlgeruch alles übertraf. Rhodos, die Insel »im Namen der Rose«, wird zu einem ersten Zentrum der Rosenzüchtung, wie zahlreiche Münzembleme belegen. In seiner Pflanzenkunde schreibt Theophrast (371–287 v. Chr.), Schüler und Freund des Aristoteles, daß Rosen meist fünfblättrig, einige auch 15- bis 20blättrig, nur wenige aber 100blättrig seien. Ihm ist die Anzucht aus Samen geläufig, er weiß aber auch, daß Stecklinge sich schneller vermehren. Am Lyzeum zu Athen besaß Theophrast einen privaten botanischen Garten, in dem er neben Rosen auch andere Blumen und Kräutlein züchtete, die im Mittelalter recht bekannt wurden: Veilchen und Türkenbund, Gladiolen, Päonien (Pfingstrosen), Anemonen, dann Mohn, Minze, Majoran und Eberraute.

»Wenn Zeus den Blumen eine Königin hätte geben wollen, so würde er gewiß nur die Rose dieser Ehre für würdig geachtet haben. Sie ist eine Zierde der Erde, der Stolz des Pflanzenreichs, die Krone der Blumen, der Purpur der Wiesen, der Abglanz des Schönen. Sie ist der Liebe voll, im Dienste der Aphrodite, sie prangt mit duftenden Blättern, wiegt sich auf beweglichem Laub, freut sich des lächelnden Zephirs«.[2] So faßt der alexandrinische Rhetor Achilles Tatios um 139 n. Chr. zusammen, was die Dichter seit Homer zum Lob der Rose erdacht hatten.

Zu der Zeit war die Rose längst nach Italien gelangt, hatte sich ihre Kultur und ihr Kult verbreitet und gesteigert. Das Rom der alten Zeit hatte sich noch mit dem »hortus«, einem schlichten Obst- und Gemüsegarten begnügt, in dem Narzissen, Myrthen und Rosen nur eine Nebenrolle spielten. Aber schon Horaz (65-8 v. Chr.) beklagt, daß viele fruchttragende Gärten in Blumenbeete verwandelt, Getreidefelder mit Rosen bepflanzt worden seien.[3] Ein Land im Rosenrausch. Als der Anbau noch immer hinter dem Bedarf zurückbleibt, werden Rosenblätter aus Ägypten importiert. Seneca (um 4 v. – 65 n. Chr.) berichtet von künstlicher Rosenzucht im Winter durch Begießen mit warmem Wasser und Umfächeln mit künstlicher Wärme. Beheizte Gewächshäuser kommen auf. Die Campagna um Rom wird berühmt wegen ihrer Centifolien. In Pästum gelingt es, Rosen im Herbst ein zweites Mal blühen zu lassen (Rosa paesti bis florens).

Auch bei den Römern dominiert die Beziehung der Rose zur Liebesgöttin, der Venus, doch wird sie zugleich als profane Kranzblume, beim Totenritual und im Gräberkult geschätzt. Als Kosmetikum und als Zusatz bei Heilmitteln ist Rosenöl sehr begehrt. Kurzum, sie wird »als Blume der Blumen gepriesen, da sie durch Duft und Gestalt alle Blumen beschämt« (Aemilius Macer, gest. 16 v. Chr.).[4] Rilke hatte also unrecht, wenn er formulierte, »denen im Altertum« sei die Rose »ein Kelch mit einfachem Rand« gewesen.[5]

Mit der Dekadenz der Römer einher ging der Rosenenthusiasmus. »Iacere in rosa«, in Rosen schwelgen, war bald nicht nur poetische Verklärung, sondern praktizierter Luxus. »Auf Rosen gehen«, »auf Rosen gebettet sein«: Kleopatra schritt in der Tat auf Rosen, wenn sie Antonius empfing, und ließ zu einem Gastmahl den Fußboden des Speisesaals eine Elle hoch mit Rosen bedecken. Auf Polstern, gestopft mit Rosenblättern, delektierte man sich an Rosenpudding, naschte Rosenhonig, knabberte Rosenplätzchen, schlürfte Rosenwein; Rosenkränze galten als Schutzmittel gegen Trunkenheit. Bei Lustfahrten auf dem Golf von Puteoli wurde das Meer mit Rosen bestreut. Verres, Verwalter von Sizilien im 1. Jahrhundert v. Chr., ließ sich auf Rosenkissen in einer Sänfte umhertragen; um den süßen Duft beständig einatmen zu können, hatte er Rosenkränze um Kopf und Hals gewunden und unter der Nase ein mit Rosen gefülltes Netz befestigt. Bei Gelagen ließ man Rosen von den Emporen auf die Gäste herabregnen. Der jugendliche Kaiser Heliogabal (204–222) trieb dies angeblich so weit, daß einige seiner Gäste erstickten, weil sie sich aus den Rosen nicht mehr herausarbeiten konnten. Sein Vorgänger Aurelius Verus schlief in Betten von Rosenblättern, denen der härtere weiße Innenteil genommen war. Ein Smyndirides aus der wegen ihrer Üppigkeit sprichwörtlich berühmten Kolonie von Sybaris am Golf von Tarent beklagte sich einmal bitter, er habe durch die Falte in einem Rosenblatt eine Beule bekommen.

Nach Palästina gelangte die Rose – und der Typus der orientalischen Gärten – vermutlich während der Besetzung durch die Perser im 5. und 4. Jahrhundert v. Chr. Luther benutzt das Wort »Rose« in seiner Übersetzung des Alten Testaments ein gutes Dutzend Mal, so im Hohelied Salomo und Überschriften zu den Psalmen 45, 60, 80 und 69: »Ein Psalm Davids von den Rosen vorzusingen.« (Was nach heutigem Deutsch hieße: »Nach der bekannten Melodie des Liedes von den Rosen.«) Im Neuen Testament taucht das Wort Rose nicht auf. Zumindest einige der alttestamentlichen Texte entstanden jedoch mit Sicherheit vor der Perserzeit. Heute herrscht weitgehend Einigkeit darüber, daß mit dem hebräischen Wort »schoschana« dieser Stellen keine Rose, sondern eine Lilienart gemeint ist, vielleicht von der Gestalt einer kleinen roten Anemone, wodurch sich die gleichnishafte Anwendung auf die Lippen des Geliebten im Hohen Lied 5, 15 befriedigend erklären ließe.[6]

Das Hohelied entleiht seine Poesie weitgehend der prachtvollen Bildwelt orientalischer Gärten. Granatäpfel mit edlen Früchten, Cyperblumen und Narden stehen bei Safran, Myrrhen und Aloe in eben jenem »verschlossenen Garten«, der für die mittelalterliche Typologie Marias so bedeutsam werden sollte (siehe Kapitel V). Da die in anderen Gartenwelten allgegenwärtige und vielgepriesene Rose nicht explizit erwähnt wird, ist kaum vorstellbar, daß sie in »schoschana« nicht wenigstens mitgemeint ist.

So übersetzten und deuteten neben Luther nicht nur viele andere christliche Theologen, sondern selbst jüdische Interpretatoren »schoschana« vorbehaltlos als »Rose«, etwa der *Sohar,* Hauptbuch der Kabbala, im Kommentar zum Hohen Lied 2,2: »Wie eine Rose zwischen den Dornen.« Der *Sohar* kann trotzdem gleichzeitig davon reden, daß die Rose – in Abweichung von der verbreiteten fünfblättrigen Wildform – sechs Blätter trägt, weil er »schoschana« als eine Art Ur-Blume versteht.[7] Jüdische Mädchen und Frauen in Europa übersetzten das hebräische »schoschana« – eigentlich »Susanna« – häufig direkt mit »Rosa«.[8]

Expressis verbis wird die duftende Gartenrose (hebr. »wered«) zum ersten Mal im apokryphen Buch Jesus Sirach erwähnt, das ungefähr 200 v. Chr. entstand.

> Wie eine Palme zu Engedi wuchs ich empor
> und wie eine Rosenpflanzung in Jericho
>
> (24,14)

heißt es dort, und:

> Höret auf mich, fromme Söhne, und sprossen werdet ihr wie die Rose, die da wächst am Wasserlauf.
>
> (39,13)

Die zweite große Zeit der Rose war mit dem Ende des Römischen Weltreiches ebenfalls vorbei. Der die Göttinnen Aphrodite oder Venus umgebende Rosenkult war den Anhängern des neuen christlichen Glaubens gründlich zuwider. Prominente Verfechter des aufstrebenden Christentums lehnten die Blume als zu eng mit der Verehrung heidnischer Gottheiten verbunden ab, so der karthagische Jurist Tertullian in einem Buch über Frauenputz, oder der gebürtige Athener Clemens Alexandrinus in seinem *Paidagogos,* den er für bekehrte Heiden als Einweisung in christliche Lebensführung verfaßte.[9] Aufgrund ihrer Vorzüge wurde die Rose aber früh aus der paganen Sepulkralkunst für das christliche Grab übernommen. Die Kirchenväter schließlich entlasteten sie allmählich, als sie in ihr die Wunden und das Blut der Märtyrer verwirklicht sahen (siehe Kapitel IV).

Von den spätrömischen Beherrschern Galliens übernahmen Merowinger die Rosenzucht, so Childebert I., der für seine Gemahlin Ulthiogotho in Paris einen Rosengarten anlegen ließ.

Dann überschritten die Rosen den Rhein. Man könnte meinen, daß zahlreiche deutsche Flurbezeichnungen wie »Rosengarten«, »Rosental« oder »Rosenberg« geradezu auf eine Überschwemmung mit Rosen römisch-gallischer Herkunft zurückgehen. Doch ist »Ros« eine geläufige indogermanische Variante der Farbbezeichnung »Rot« (lateinisch *russus,* rot; franz. *roux, rousse,* rothaarig; holländ. *ros,* rot; sanskrit *arusha,* rötlich). Viel eher sind die germanischen Rosenörter daher als »rotes Land« aufzufassen, das heißt durch die rote Rechtsfarbe legitimierte, umfriedete Gerichtsbezirke. Auf »rode land« geht beispielsweise auch der »ro-land« zurück, Wahrzeichen des Königsbannes in den Stadtzentren von Bremen oder Wedel.

Auf den altdeutschen »Rosengärten« wurden nicht nur Thing- und Gerichtsversammlungen abgehalten, sondern auch Tote bestattet, Hochzeiten und Jahresfeste gefeiert oder Turniere abgehalten, wie es etwa das Heldenepos *Der Große Rosengarten zu Worms* beschreibt (siehe Kapitel IV).

Zwar mögen diese Gras- oder Weideplätze durchaus von schützenden Dornenhecken aus Wildrosen umgeben gewesen sein. Die ältere germanische Bezeichnung für die Wildrose – *hiufa* oder *hiufaltra* – läßt sich für die Rosenörter jedoch nicht nachweisen, und als kultivierte Gartenrose wird die Blume erst in karolingischer Zeit, kurz vor 800 n. Chr., eingeführt. Angelsächsische Benediktinermönche sorgten für den »Transfer«. Nachdem die Kulturrose Fuß gefaßt hatte, muß wohl der ursprüngliche Sinn von »rosgart« (der Bezirk des *roten* Gartens) verlorengegangen sein, und »rosgart« wurde – nicht zu Unrecht – mit der Rose in Verbindung gebracht.[10]

Im Jahre 812 erließ Karl der Große seine Verordnung *Capitulare de villis,* in der sich auch ein Verzeichnis der für die kaiserlichen

Pfalzen vorgesehenen Gewächse befand. Der karolingische »Kraut- und Wurzgarten« war aber nicht zur Augen- und Gemütsergötzung, sondern als Nutzgarten konzipiert. Weder der bäuerliche Mensch des Mittelalters noch die Mönche als Verwalter der bedeutsamen Klostergärten dachten daran, einen Garten nur zum Genuß der Schönheit anzulegen. Eifrig studierte man in den Klöstern die *Prognostica,* die Diagnosenlehre des Hippokrates (460–377 v. Chr.) oder die 600 Heilpflanzen enthaltende Arzneimittellehre des Dioskurides, eines griechischen Arztes des 1. Jahrhunderts n. Chr. Eigene, sorgfältig gepflegte Medizingärtlein wurden angelegt.

Abt Walahfrid Strabo (809–849), der sein Kloster Reichenau binnen kurzer Zeit zum Ruf großer Gelehrsamkeit brachte, verfaßte ein *Hortulus* betiteltes Gedicht über 23 Pflanzen des Reichenauer Klostergartens, in dem Salbei, Melisse, Kürbis und Melone genausowenig fehlen wie Rettich, Sellerie, Fenchel oder Wermutkraut. Doch auch die Blumen werden nicht primär ihrer ästhetischen, sondern ihrer medizinischen Verwendbarkeit wegen gerühmt: Lilienzwiebeln helfen gegen Schlangenbiß, Mohn als schmerzstillendes Narkotikum, und selbst die Rose wird nicht etwa um ihres Duftes oder ihrer Gestalt willen erwähnt, sondern wegen ihres »die Lebensgeister weckenden« Fruchtkerns und wegen ihres Öls, das »zum Segen der Sterblichen nützlich sich zeiget«. Erst in einem erneuten allegorischen Durchgang durch den Garten vergleicht der *Hortulus* die Rose dem Blut der Märtyrer und die ihr ebenbürtige Schwester, die Lilie, der Reinheit des Glaubens (siehe Kapitel IV).

Der Klostergarten blieb lange Zeit ein »hortus conclusus«, ein verschlossener Garten und damit typologisches Abbild der Jungfrau Maria. Wo Gärten ansatzweise zu Lust und Pläsier dienen sollten, waren sie nicht mehr als eine blumenübersäte Wiese, umgeben von einer zinnenbekrönten Mauer und ohne jede Raumgliederung, wie viele frühe Darstellungen und selbst noch das »Paradiesgärtlein« vom Anfang des 15. Jahrhunderts eindrücklich illustrieren.[11]

Erst als Handel, Wandel und Wohlstand sich ausweiteten, entstanden die in der höfischen Troubadour- und Minnedichtung gepriesenen Lustgärten, die zu Spiel, Tanz und Müßiggang einluden.

Während der Gotik wurden die Gärten ästhetisch und optisch wohlgefälliger gestaltet, die Beete geometrisch aufgegliedert, gaben Spalierwände den Gartenrosen die Möglichkeit, den lieblichen »Rosenhag« zu flechten. Wieder und wieder wird die »Madonna im Rosenhag« dargestellt. Mit der allmählichen Wiederentdekkung und Rehabilitierung antiken Gedankengutes gehen schließlich nahezu alle Attribute der heidnischen Liebesgöttin auf Maria über, allen voran die Rose, die nun quasi zu einem Synonym der Gottesmutter wird (siehe Kapitel V).
Das Rosensymbol wird sukzessive zu einer allumspannenden Metapher. Dante läßt die Schlußvision seiner *Divina Comedia* aus einer weißen Rose erblühen, die Kathedralen werden mit Licht aus Rosettenfenstern überflutet, und das verbreitetste Werk des Spätmittelalters, der *Roman de la rose* befleißigt sich aller erotischen Symbolismen, welche diese Blume herzugeben vermag (siehe Kapitel V, II und III).
Zur gleichen Zeit ist die Gartenkunst im Byzanz des 13. und 14. Jahrhunderts und im islamischen Orient zu hoher Vollendung gediehen, sind Brunnenschalen und Spiegelpaläste, Mosaiken und als »Paradiesgärten« gepriesene Anlagen der Stoff, aus dem die höfische Literatur sich webt. Islamische Gartengestalter greifen die kosmischen Vorstellungen Mesopotamiens und des Alten Testaments auf. Mit Bezug auf die 47. Sure des Koran, die von vier Paradiesflüssen berichtet, wurden Allahs Gärten durch Wasserläufe in vier Teile aufgegliedert. Die Mausoleen der islamischen Welt sind oft von einem solchen Garten, einem »tschaharbagh«, umgeben – Vorwegnahme und Spiegel der Himmelsgärten. Al-Djanneh, die Oase des ewigen Frühlings im Jenseits, ist zugleich der wunderbare Garten aus Tausendundeiner Nacht, den bereits der Kalif Harun al-Raschid (763–809) in seinem Palastgarten in Bagdad zu verwirklichen suchte. Rosengärten, Reben, schattenspendende Dattelpalmen, frei laufende Fasane und Pfauen verzaubern auch die Gärten des islamischen Persien.

Die islamisch-persischen Mystiker und Lyriker des 13. und 14. Jahrhunderts – allen voran Dschalaluddin Rumi, Hafis und Sa'di – machen die Rose zu einem zentralen Motiv ihrer Dichtung. Der Rosengarten als doppelgesichtiges Weltsymbol erinnert zugleich an die Hinfälligkeit alles Irdischen, wie er einen Vorgeschmack auf die Paradiesfreuden gibt.

> In des Frühlingsmonats ersten Tagen
> Nachtigallen auf den Zweigen sangen,
> Taueperlen auf den Rosen lagen
> gleich den Tränen auf der Schönen Wangen,

so intoniert Scheich Sa'di aus Schiras sein Werk *Der Rosengarten (Golestan,* 1258)[12] und spielt dabei auf das beliebte Gegensatzpaar Nachtigall (bülbül) und Rose (gülgül) an (siehe Kapitel III). Die Rose ist der »Sultan des Gartens« mit »Chrysolith-Schirm im Rubingewand auf smaragdenem Teppich«, und wie der Sultan von Wächtern, so ist die Rose von Dornen umgeben.[13] Hafis zeigt sich von der Beziehung zwischen Rose und Dorn bewegt:

> »Mich wundert, Rose, deine Güte,
> daß sie sich mit dem Dorn verträgt:
> du hast im sinnigen Gemüte
> gewiß den Lauf der Welt erwägt.«[14]

Im »Garten der Ewigkeit« ist auch das irdische Symbol des Vergänglichen, die Rose, rehabilitiert und in den Bereich bleibender Schönheit erhoben:

> Der Tag ist hie, das Fest ist hie der Rose,
> hell strahlen unsern Blicken die der Rose.
> Die Liebe war des Gartenbeetes Gärtner,
> daß lieblich uns der Flor gedieh der Rose.
> Als Kunde scholl: die Rose naht!, die Blumen
> sich senkten huldigend aufs Knie der Rose.
> Die Tulpe schwieg, Narzisse blickte trunken,
> verwirrt vom Glanze schwankten sie der Rose.
> Zum Efeu flüsterte Zypreß: Erwache!
> Was träumst du, Kind? Das Traumbild sieh der Rose!
> Die Nachtigall, sie gellt in tausend Nächten
> nicht aus die ewge Melodie der Rose.
> Der Himmel kann der Rose Bild nicht fassen,
> besiegt erliegt die Phantasie der Rose.
> Die Ros ein Bote kommt vom Seelengarten,

die Seelen aller harren hie der Rose.
Die Rose grüßt die Seele von der Heimat,
die Seele drum vergesse nie der Rose.
Die Ros entfaltet das Diplom der Schönheit,
den Adelsbrief, den Gott verlieh der Rose.
Die Rose kränzet unseres Festes Becher,
den Duft des Rausches in dich zieh der Rose.
Die Rose webet unseres Bundes Kette,
dem Liebesbande nie entflieh der Rose.

So dichtet der größte mystische Dichter persischer Zunge, der in Konya (Ostanatolien) 1273 verstorbene, bis heute vom Volk hochverehrte Maulana Dschalaluddin Rumi.[15]
Führen wir das Kapitel »Östliche Rosen« (so der Titel der Rükkert'schen Nachdichtungen des Hafis, 1822) mit einem Gedicht des türkischen Mystikers Ümmi Sinan fort, der vermutlich in Bursa lebte und 1568 starb. Er hat den Rosenhymnus Rumis nochmals gesteigert und eine einige Rosenwelt besungen, was ihm keiner später nachtat:

In eine Stadt kam ich einmal.
Ich sah: ihr Schloß aus Rosen rot,
Und ihres Fürsten Krone, Thron
Und Hag und Mauer: Rosen rot.
Mit Rosen geht Kauf und Verkauf,
Aus Rosen stellt man Waagen auf,
Wiegt Rose dort mit Rose auf –
Der ganze Markt ist Rosen rot.
Ihr Staub ist Rose, Ros' ihr Stein,
Ihr Feuchtes, Trocknes Rosenschein,
Zypressen sind in ihrem Hain
Und Tannen auch aus Rosen rot.
Aus Rosen drehn sich Mühlen dort,
Sie mahlen Rosen fort und fort,
Ihr Rad, ihr Wasser und ihr Port,
Ihr Damm, ihr Quell sind Rosen rot.
Die Rosen rot, die Rosen weiß
In einem Garten zwillingsweis –

Und blickt man auf den Dornenkreis,
Sind Dorn und Blüte Rosen rot.
Aus Rosen aufgebaut ein Zelt,
Drin alle Gnaden jener Welt.
Ilyas Hĭzĭr die Wache hält,
Sein Haus, sein Wein sind Rosen rot.
Ümmi Sinan, sag allerwärts
Der Nachtigall und der Rose Schmerz –
Es sind ja für dein armes Herz
Auch Seufzer, Klagen Rosen rot![16]

Als er 1526 Nordindien erobert hatte, vermißte Babur, der Begründer der indo-islamischen Moghul-Dynastie, Feldherr und Dichter in einem, die ihm vertraute ostiranische Gartenarchitektur. Am Ufer der Yamuna beim heutigen Agra ließ er Gärten mit Pavillons, lange Alleen mit Rosensträuchern, Weinreben und Obstbäumen anlegen – eine Prachtentfaltung, auf die keiner seiner Nachfolger als Großmoghul verzichtete.

Auf Miniaturen tausendfach abgebildet, reitet der Raja (Herrscher) in fürstlicher Prozession auf seinem Elefanten. In eindrucksvoller Demonstration seiner Privilegien, von Arbeit freigestellt und zu erhabenem Müßiggang berufen zu sein, riecht er an einer Rose. Das Machtsymbol eines metallenen Schwerts wird durch eine zarte Blume ersetzt.

In den vielgerühmten Gärten Chinas und Japans, die gleichsinnig mit islamischen Vorstellungen eine verschlüsselte Form ihrer Kosmologie darstellen, ist die Rose nur eine Blume unter vielen, lediglich ein Farbtupfer mehr zwischen Pavillons, Brücken und Terrassen. Das Reich der aufgehenden Sonne liebt in seinen Gärten die perspektivische Verkleinerung der Natur, den Zwergwuchs von Bäumen und Sträuchern als »Sinnbild des Schönen im Unvollkommenen«. Der Aktionsradius der Rose bleibt hingegen weitgehend eingeschränkt, da diese Blume in China zwar für Jugend, nicht aber für die Liebe steht.[17] Einzig die Päonie, die Pfingstrose, hat für Chinesen einen tieferen Sinngehalt. Sprichwörter wie: »Wenn die Päonie blüht, duftet es auf tausend Meilen hin, lockt Blumen und Schmetterlinge an«, oder: »Wenn der Tau tropft, öffnet sich die Päonie« verraten stark erotische Komponen-

ten. Wie den Römern die Rose, gilt in China die Päonie als Königin der Blumen, als Synonym für Luxus und Vornehmheit.
Im Europa der Renaissance hatte sich – nicht ohne Einfluß des Orients – die europäische Gartenkultur zu größerer Raffinesse entwickelt. Die Rose, nun wieder ganz auf die heidnische Venus bezogen, bleibt unverzichtbares Attribut der Malerei, etwa bei Botticelli oder Tizian. Als während des Hochbarock die Beziehung zwischen Garten und Architektur neu entdeckt wird, entstehen durch Terrassen reliefartig gestaffelte Flächenbilder, bis hin zu dreidimensionalen Schaubildern wie im Garten der Villa d'Este bei Tivoli. Während des Rokoko wird die Rose *das* dominierende Schmuckelement überhaupt, sei es in der Malerei höfischer Porträtisten wie Boucher und Fragonard, sei es in der Architektur des »Rosenrokoko«, etwa des markgräflichen Schlosses in Bayreuth.
In der Mitte des 17. Jahrhunderts hatte Frankreich die Führung in der höfisch-repräsentativen Gartenkunst – und Gartentheorie – übernommen. Unter Ludwig XV. führte dies zu einer geradezu maßlosen Huldigung an die Rose. Der Garten von Versailles, vom berühmten Lenôtre entworfen und gestaltet, hatte für den sperrigen Rosenstrauch in seiner geometrisch betonten Architektur keinen besonderen Platz. Aber »la cour parfumée«, wie man den Hof von Versailles spöttisch nannte, benötigte Rosenöl en masse, zumal fast für jeden Tag ein anderes und wenn möglich neues Parfüm verordnet wurde. Für die Gewinnung eines Kilos Rosenöl waren aber nicht weniger als 700 Kilogramm Rosenblätter zu verarbeiten.
Die Mätressen des Königs, allen voran Madame Pompadour, ließen sich in vollem Rosenornat porträtieren. Der Rosendekor im Versailler Schlafzimmer ihrer Nachfolgerin, Madame Dubarry, und deren mit rosenbestickter Seide ausgeschlagenes Himmelbett sind legendär.
Mit der Wende ins 19. Jahrhundert begann in Frankreich nochmals ein neues Rosenzeitalter. Ein Name, ein berühmter Garten stehen dafür: Josephine Beauharnais und Malmaison. In den sechs Jahren als Kaiserin, an der Seite des Napoleon Bonaparte, ließ sie im Château de Malmaison bei Choisy ein wahres Rosenparadies anlegen. Die strengen architektonischen Elemente, die Arkaden, Treppen, Fontänen, waren ihr weniger wichtig: bei ihr trat die

Pierre-Joseph Redouté (1759–1840): Rosa canina (a),

Rosa gallica officinalis (b),

Pflanze in den Mittelpunkt. Von einem ungeheuren Sammeleifer beseelt und mit den entsprechenden Mitteln ausgerüstet, ließ sie ihren Agenten Kennedy alle weltweit erreichbaren Rosenarten sammeln. Was dieser Engländer von seinen Expeditionen mitbrachte – Teerosen aus China, Bengalrosen aus Indien, Noisettezüchtungen aus Amerika –, wurde im Garten von Malmaison eingepflanzt. Die Gartenregie führte ein vormaliger Reisegefährte Alexander von Humboldts, Monsieur Aimé Bonpland.

Aber nicht Bonplands Nachruhm blieb erhalten, sondern der des kaiserlichen Hofmalers und exquisiten Pflanzenillustrators Pierre-Joseph Redouté (1759–1840). In seinem großartigen und heute überaus kostbaren Werk *Les Roses* sind nicht nur alle bisherigen Züchtungsarbeiten dokumentiert und auf das subtilste gezeichnet; für uns fast noch wertvoller ist die durch Redouté überlieferte Kenntnis alter Rosenformen, die dann im Laufe des 19. Jahrhunderts verlorengingen. Redouté benutzte den Farbpunktierstich, bei dem nicht wie beim normalen Kupferstich oder einer Radierung mit Linien, sondern mit durch Nadeln erzielten Punktrastern gearbietet wird. Diese Technik ermöglicht hauchzarte, oft samtige Farbtöne, die auf den ersten Blick für Aquarellfarben gehalten werden könnten.

Im Garten zu Malmaison blühten um 1810 mehrere hundert Rosensorten, deren Pracht die Schloßherrin in Redoutés Illustrationswerk für die Ewigkeit zur Schau stellen wollte. Josephine starb 1814, lange vor Vollendung des Drucks. Mit der Exkaiserin verschwand bald auch die Pracht von Malmaison. 170 ihrer Rosenarten blieben aber in den Porträts von Redouté erhalten, deren Zauber ihm den Namen eines »Raphael des fleurs« eintrug.[18]

»An den Rosenmaler Redouté« hat Hans Bender ein neues Gedicht überschrieben, es mag den Abschluß dieses Kapitels bilden:

Die Welt um ihn
ging auf und unter:
er malte Rosen.

Rosen, weiß
und gelb und rot
und rosafarben.

Sie welken nicht.
Sie blühen immer.
Bleiben schön.

Signierte sie
mit seinem
und mit ihrem Namen.

Und legte
eine Perle Tau
den allerschönsten
in die Blätter.[19]

Rosa centifolia (c),

Rosa alba (d)

Weiblicher Rosengenius, Detail aus »Der Morgen« (1808/9) von Philipp Otto Runge (1777–1810)

II Die Rose der Zeit

Die Blüte der Vergänglichkeit

Jetzt wicklet sich der Himmel auf,
Jetzt b'wegen sich die Räder,
Der Frühling rüstet sich zum Lauf,
Umgürt mit Rosen-Feder...

So beginnt der Barockdichter Friedrich von Spee (1591–1631) sein »Lob Gottes aus Beschreibung der fröhlichen Sommerzeit«.[1] Räder und Rosen – das ist der Lauf der Zeit. Tröstlich und hoffnungsvoll, überzeugt davon, daß auf jeden Dezember wieder ein Mai folge, behauptet das deutsche Sprichwort: »Zeit bringt Rosen« und verknüpft so auf einprägsamste Weise die Rosen und die Zeit. Sicher nicht zufällig reichert auch der romantische Maler Philipp Otto Runge (1777–1810) in seinem Zyklus der »Tageszeiten« den »Morgen« (Aurora) mit Knaben- und Mädchengenien an, die Rosen pflücken und Rosensträuße halten, mit denen sie, Fackeln gleich, der Nacht das letzte Dunkel nehmen.

Der von den mystischen Gedanken Jakob Böhmes inspirierte Runge hat »Aurora« genau so verstanden wie dieser: als die Ankündigung des Jüngsten Tages. Mit diesem Tag ergäbe sich die Chance, »die ganze Welt umzukehren« in einen Urbeginn. Goethe schildert seinen Eindruck von Runges Aurora-Darstellung gegenüber Sulpiz Boisserée, ein Jahr nach Runges frühem Tod: »Da sehen Sie einmal, was das für ein Zeug ist, zum rasend werden, schön und toll zugleich... was für Teufelszeug... was da der Kerl für Anmuth und Herrlichkeit hervorgebracht hat, aber der arme Teufel hat's auch nicht ausgehalten, er ist schon hin, es ist nicht anders möglich, was so auf der Kippe steht, muß sterben oder verrückt werden, da ist keine Gnade.«[2]

Heiterer und dennoch beziehungsvoll ein Vers des Barockdichters Christian Hofmann von Hofmannswaldau (1617–1679). Hier ist der Frühling der Morgen des Jahres, so wie der Morgen als Frühling des Tages anhebt.

Aurora! deine Rosen blicken,
Der Purpur trieft aus deiner Hand,
Du suchst durch dieses reine Pfand
Die Welt und alles zu erquicken,
Und machst die Bahn von Gold und Nektar voll,
Darauf dein Phöbus laufen soll.[3]

»Wo Florens Purpurhand / den Garten des Gestirns und das bestirnte Land / mit Morgenrosen blümt«, dichtet Daniel Caspar von Lohenstein (1655–1683).[4] Hier ist ebenfalls die aus Homer bekannte »rosenfingrige Eos« am Werke, Schwester des Helios und der Selene, die, in ihren unzähligen Neuanfängen immerdar jugendlich bleibend, auch die Grazie des jugendlichen Lebensanfangs verkörpert. In kaum einer Lobpreisung der Morgenröte des Tages, des Jahres und des Lebens fehlt eine Anspielung auf die Rose, und unter Bezug auf die rasch vorübergleitende Zeit hat es nicht an Versuchen gefehlt, das griechische »rhodon« (Rose) etymologisch mit dem Verb »rheo« (fließen) in Verbindung zu bringen.

... du hast vielleicht
schon vergessen, wie schön unser Leben war,
wie du Veilchen und Rosen viel
hier zu Kränzen gebunden hast
und die Locken und Flechten damit geschmückt
und die duftende Kette dann
dir gelegt um den zarten Hals,
die aus Frühlingsblumen geflochten war.[5]

So dichtete schon Sappho, die im 5. vorchristlichen Jahrhundert auf Lesbos lebte.

Kein Wunder, daß junge Mädchen überall, wo es diese Blume gibt, der Rose verglichen werden und daß schon im weiten Raum der griechischen Sprache – um nur diese zu nennen – zahlreiche Mädchennamen von der Rose abgeleitet sind: Rhodante, Rhode, Rhodia, Rhodis, Rhodogyne, Rhodokleia, Rhodope, Rose usw., wobei diese Namen sich ausdrücklich nur auf *schöne* Frauen beziehen.[6] Jugend wie Schönheit aber sind die vergänglichsten Güter, was der süditalienische Dichter Torquato Tasso (1544–1595) eindringlich beschreibt:

Betrachte (...) wie aus grüner Knospe
Bescheiden, mädchenhaft die Rose sprießt,
Halb aufgegangen schon, noch halb verborgen
Und minder sichtbar um so schöner ist!
O siehe, wie sie alsbald ihren Busen
Entblößt und kühn entfaltet und schon schmachtet
Und nicht mehr ist, die eben noch von tausend
Geliebten, tausend Liebenden, begehrt war.

So schwindet hin im Schwinden eines Tages
Des Menschenlebens Jugendgrün und -blüte.
Und ob der Wonnemond auch wiederkehre,
Es grünt nicht mehr und niemals grünt es wieder.
Laßt uns am schönen Morgen dieses Tages,
Der bald den Glanz verliert, die Rose pflücken,
Der Liebe Rose pflücken, laßt uns lieben,
Solange Liebe Liebe noch erwidert.[7]

Das eingangs zitierte deutsche Sprichwort war unvollständig wiedergegeben. Es lautet im vollen Text: »Zeit bringt Rosen und nimmt sie wieder hin.« Wer von Werden und Geburt spricht, kann Vergehen und Vernichtung nicht ausklammern.

In seinem berühmten Gedicht »Hälfte des Lebens« hat Friedrich Hölderlin (1770–1843) diese Vergänglichkeitserfahrung ausgesprochen und auch mit der Rose in Verbindung gebracht:

Mit vollen Birnen hänget
Und voll mit wilden Rosen
Das Land in den See...

Weh mir, wo nehm' ich, wenn
Es Winter ist, die Blumen, und wo
Den Sonnenschein
Und Schatten der Erde?[8]

In wenigen Versen gelingt es, dem modernen Dichter Ossip Mandelstam, die Rose in ihrer Naturhaftigkeit, ihrer Geschichtlichkeit und ihrem sinnbildlichen Werden und Vergehen zu erfassen.

Wickle die Hand in das Tuch und dann tauche sie
Ein ins bekrönte Gesträuch, und so kühn,
  daß es knirscht
In dem Dickicht zelluloidener Dornen.
  Die Rose gepflückt ohne Schere!
Sieh dich nur vor, daß die Blüten nicht alle zerfallen –
Rosiger Kehricht – Musselin – Salomos Blütenblatt –
Wildling, für das Sorbet nicht zu brauchen,
Weder Aromen noch Öl gibt's aus ihm.[9]

Intensiver als andere Blumen bietet sich die Rose in dem scharfen Kontrast zwischen Blütenfülle und Blütenverlust als *Bild der Vergänglichkeit* an:

Blühn doch nicht die Veilchen und nicht die Lilien immer,
Und es starret der Dorn, der seine Rose verlor!

Darauf verweist Ovid in seiner *Ars amatoria* (1. v. Chr.)[10], und auch im Hinblick auf das eigene Lebensalter muß er von sich bekennen, seine »Glieder seien welker als eine gestrige Rose«.[11]
Decimus Magnus Ausonius (Dichter der berühmten Landschaftsschilderung *Mosella* im 4. Jahrh. n. Chr., Rhetorikprofessor in Trier und Präfekt von Gallien) knüpft an diese klassische Tradition an. Er sagt von der Rose:

Ein einziger Tag umfaßt das Leben der Rose,
Das in einem Moment Jugend und Alter verknüpft.[12]

Wer aber glaubt der Hagebutte, daß sie einmal eine Rose war? Der arabische Philologe Ibn al-Waššа aus Bagdad (gest. 936) widmet sich diesem Thema in seinem *Buch des buntgestickten Kleides:*

Freu dich an der Rosenpracht,
die, ach, nur kurze Zeit wird dauern!
Nichts wird schmerzlicher dir sein,
als wenn Blüten welkend schauern.

Gib ihr dann den Abschiedskuß,
riech den Duft und weine!
Wie beim Abschied von der Liebsten
bleibst du dann alleine.
Myrtenkraut – das ist beständig,
und wenn es Zeiten überdauert.
Rosenpracht – wie schnell verwelkt sie,
des Augenblickes Tücke lauert.[13]

Für den islamischen Dichter Muslih ad-din Sa'di wird das Beispiel der vergänglichen Rose Anlaß, etwas Dauerhafteres dagegenzusetzen. 1258 verfaßt er einen poetischen *Rosengarten (Golestan),* in dessen Vorrede er von einem Freund erzählt, der einen Arm voll Rosen nach Hause tragen will. »Ich sagte zu ihm: Du weißt, die Rosen in den Gärten sind nicht von Dauer, die Gärten selbst sind vergänglich, und die Weisen sagen, es sei nicht recht, Vergängliches zu lieben. Ich aber will ein Buch schreiben zum Vergnügen der studierenden Jugend und zur Erziehung der Gelehrten in Form eines Rosengartens, an welchem der rauhe Winter keine gewaltsame Hand anlegen kann, und der im ewigen Frühling blühen wird...«[14]

Mit Aussicht auf Sa'dis schier unverwelkbare »Rosen aus meinem Garten« warf der andere seine Blumen fort, ergriff den Poeten am Kleid und sagte: »Ein ehrlicher Mann hält, was er verspricht.«[15]

Wenn sich heute auf südeuropäischen Friedhöfen Buketts »unvergänglicher« Porzellanrosen als Grabbeigaben finden, dann ist dies ebenso ein Versuch, der Rose ihr zeichenhaftes Stigma der Vergänglichkeit zu nehmen.

»Und es starret der Dorn, der seine Rose verlor...« Im Bild des Rosenstrauchs selbst liegt ein Gleichnis für Verlust und Vergänglichkeit. Im 4. Jahrhundert ging der Kirchenvater Ambrosius von Mailand bereits so weit, daß er die Dornen sinnbildlich nahm für die Schuld des ersten Menschenpaares und für den Verlust paradiesischer Gottesnähe: »Ohne Dornen war ehedem die Rose unter den Blumen der Erde emporgewachsen, ohne Falsch blühte die schönste der Blumen. Nachher umzäunte sie die Anmut ihrer Blüte mit Dornen. Das ist ein Spiegelbild des Menschenlebens, das die süße Lust seines Tuns und Treibens so oft durch nachbarliche

Stacheln der Sorgen in stechenden Schmerz verwandelt. Denn wie von einem Wall, wie von einem Zaun quälender Sorgen ist der holde Reiz unseres Lebens eingeschlossen, so daß Lust und Trauer sich nahe berühren. Mag sich einer der köstlichen Gabe der Vernunft oder eines fortgesetzt glücklicheren Lebenslaufes freuen: er soll sich billig der Schuld erinnern, um derentwillen durch rechtskräftiges Strafurteil Dornen im Geist und Stacheln im Herzen unser Teil wurden, nachdem wir zuvor in der Wonne des Paradieses geblüht hatten. Magst du also im Ruhmesglanz des Adels strahlen, Mensch, oder durch Hoheit der Macht oder durch Glanz der Tugend: stets steht dir der Dorn, stets der Stachel in nächster Nähe. Denke stets an das Niedere in dir! Zwischen Dornen blühst du empor, und nicht lange währt die Anmut: rasch entfliehen die Jahre und welkt einer in der Blüte dahin.«[16]

So wurde die Rose schließlich zum *Todessymbol*. Bemerkenswert ist die schon im antiken Rom praktizierte Verbindung von Blumen- und Totenfesten. Am 29. April, dem Fest der Flora, streuten rosenbekränzte Mädchen und Frauen Rosen auf den Altar der Göttin. Unter ähnlichen Zeremonien fand an wechselnden Tagen der zweiten Maihälfte das Fest der Dea Dia, der saatensegnenden Himmelsgöttin, statt. Dabei wurden durch eine besondere Genossenschaft, die Arval-Brüder, sakrale Rosenausteilungen vollzogen. Diese Feste sollten aber zugleich mitten in der hohen Zeit des Frühlings an die Vergänglichkeit der Rosenpracht, der Jugend, des Lebens und aller irdischen Dinge mahnen. Gerade die Rosenblätter, die in den Straßen durch Wettläufer an das Volk verstreut wurden, waren ja zugleich Sinnbilder der Kurzlebigkeit und Verderblichkeit. Die Römer legten zur gleichen Zeit auch Rosen auf die Gräber oder boten den Manen der Verstorbenen Rosenmahlzeiten auf schön dekorierten Schüsseln dar. Häufig wurde dabei auch Hekate, die Göttin der Unterwelt, mit einer Rosengirlande um das Haupt dargestellt.[17]

Schon die Bibel hatte die Vergänglichkeit des Menschen anschaulich unter dem Bild der rasch verwelkenden Blumen gezeichnet: »Der Mensch, vom Weibe geboren, lebt kurze Zeit und ist voll Unruhe, geht auf wie eine Blume und fällt ab, flieht wie ein Schatten und bleibt nicht« (Ijob 14,1 f.). »Alles Fleisch ist Gras,

und alle seine Güte ist wie eine Blume auf dem Felde. Das Gras verdorrt, die Blume verwelkt...« (Jes 40, 6 f.)
Auf dieser Grundlage nutzt Eustache Deschamps, Diplomat und bedeutender Dichter (ca. 1346–1406), das Rosenthema zu einer düsteren Meditation über die Sterblichkeit des Menschen:

Des Wurmes Speise, Sohn der Sterblichkeit,
dein Leben ist der Rose gleich bestellt,
die Knospen treibt und blüht zur Sommerzeit,
zum Licht gewandt, solang der Tag anhält,
voll Duft und Farbe; wenn die Nacht einfällt,
sind Blüte, Knospe, Rose schon verblichen,
in einem Tag ist Glanz dem Tod gewichen.
So müssen Mann und Weib von hinnen fahren,
im Augenblick ist unsre Zeit verstrichen:
Nun bittet Gott, daß er uns alle soll bewahren. (. . .)[18]

Pierre de Ronsard (1524–1585) adressiert diese todbestimmte Rosensymbolik in seinem Trauersonett an einen geliebten Menschen:

Wie man an ihrem Zweig im Monat Mai die Rose
In ihrer Jugend sieht, in ihrer ersten Pracht,
Wie sie mit ihrer Glut den Himmel neidisch macht,
Der morgens sie besprengt, der weinend-wolkenlose:

Die Anmut ruht sich aus, die Lieb' auf ihrem Blatte,
Erfüllend Busch und Baum mit ihrem süßen Hauch;
Doch martert Regen sie, quält Hitze ihren Strauch,
So löst sie sich vom Stiel und stirbt, die todesmatte:

So hat im ersten Glanz, in deiner schönsten Zeit,
Als Erd' und Himmel dich geziert mit ihrem Kleid,
Die Parze dich gefällt zu frühem Aschenlose.

Nimm meine Träne denn zum Schmuck dir in die Gruft,
Den Krug hier voller Milch, den Korb voll Blumenduft,
Daß tot wie lebend du nur Rose seist, nur Rose.[19]

Die Barockzeit hatte ein besonderes Verständnis für die Vanitas, dafür, daß die Welt eitel und nichtig sei; sie hatte auch eine besondere Sensibilität für jegliches »Memento mori« (Erinnere dich, daß du sterblich bist). Ihre Symbole sind zu Epitaphen verbrämte Totenköpfe und sich kreuzende Knochen, Uhren, aus denen Sand rinnt.

Wie strahlten sie voll Stolz und Jugendprangen,
Als sie im ersten Morgenlicht erwachten!
Voll Mitleid wird der Abend sie betrachten,
Und kühl im Schlafe sie die Nacht umfangen.

Die ihr vom Himmel eure Pracht empfangen,
Aus der das Gold und Schnee und Scharlach lachten,
Als Bild des Lebens muß ich euch erachten:
Wozu vermag ein Tag nicht zu gelangen!

Vom Morgen ließt ihr euch mit Blüten färben
Und ginget, Rosen, mit dem Tag zugrunde;
Der gleiche Kelch trug Blühen und Verderben.

So gebt ihr von des Menschen Schicksal Kunde:
An einem Tage liegt Geburt und Sterben,
Und in dem Buch der Zeit wars – eine Stunde.
Pedro Calderón de la Barca (1600–1681)[20]

Die Veranschaulichung des Ausrufes »Vanitas! Vanitatum Vanitas!« durchzieht die bildmächtige Lyrik des Deutschen Andreas Gryphius (1616–1664):

Wie eine Rose blühet
Wenn man die Sonne sieht
Begrüßen diese Welt,
Die, eh der Tag sich neiget,
Eh sich der Abend zeiget,
Verwelkt und unversehns abfällt:

So wachsen wir auf Erden
Und hoffen groß zu werden
Und schmerz- und sorgenfrei;
Doch eh wir zugenommen
Und recht zur Blüte kommen,
Bricht uns des Todes Sturm entzwei.[21]

Gryphius beobachtet aufmerksam »dieses Spiel der Zeit, die Ros«, und verschließt sich nicht dem pessimistischen Fazit:

Wir sind von Mutterleib zum Untergang erkoren.
Mag auch an Schönheit was der Rosen gleiche sein,
Doch ehe sie recht blüht, verwelkt und fällt sie ein;
Nicht anders gehn wir fort, sobald wir sind geboren.[22]

»Ja, Grab und Rosen warten nicht!«, bekennt Johann Christian Günther (1695–1723)[23], und wie mit angehaltenem Atem malt Friedrich Hebbel (1813–1863) sein »Sommerbild«:

Ich sah des Sommers letzte Rose stehn,
Sie war, als ob sie bluten könne, rot;
Da sprach ich schauernd im Vorübergehn:
So weit im Leben, ist zu nah am Tod!

Es regte sich kein Hauch am heißen Tag,
Nur leise strich ein weißer Schmetterling;
Doch, ob auch kaum die Luft sein Flügelschlag
Bewegte, sie empfand es und verging.[24]

Wohl am ergreifendsten ist dieser Sinnbezug auf Tod und Vergänglichkeit in einer mundartlichen »Kinderlegende« von den Brüdern Grimm aufgezeichnet: Das jüngste Kind einer armen Frau, das täglich weit in den Wald hinausgehen und Holz holen mußte, erzählte seiner ungläubig zuhörenden Mutter, daß ihm jedesmal ein kleines Kind zu Hilfe komme und es sicher nach Hause bringe, dann aber sogleich verschwinde. »Up et lest brochte et en Rause (Rose) mit un vertelde, dat schöne Kind hädde em deise Rause gieven un hädde em sägt, wenn de Rause upblöhet wär, dann wull et wier kummen. De Moder stellde dei Rause in't Water. Einen Morgen kam dat Kind gar nig ut dem Bedde, de Moder gink to dem Bedde hen, un fund dat Kind daude (todt); et lag awerst ganz anmotik. Un de Rause was den sulftigen Morgen upblöhet.«[25]

Gelegentlich ist es eine weiße Rose, die auf Tod hindeutet. Ihr Aufblühen am selbigen Morgen wird sinnbildlich als das Eröffnen des ewigen Lebens zu verstehen sein.
Die zarte und zerbrechliche Beziehung von Rose und Schmetterling greift ein Gedicht Hilde Domins auf; es steht in dem Band, der sie bekannt machte: *Nur eine Rose als Stütze* (1959).

Meine Rechte (wer glaubt es ihr heut?)
war einstmals eine offene Rose
voller Schmetterlinge.
Plötzlich, fast ohne Vorbereitung,
wie einer gestoßen wird und fällt,
hat sie ihre Blätter verloren.

Aus dieser schmerzlichen Erfahrung eine zärtliche Mystik des Augenblicks zu entwickeln, ist eine Kunst, wie sie Bert Brecht übt, schmucklos, ohne metaphysische Anleihen:

Ach, wie sollen wir die kleine Rose buchen?
Plötzlich dunkelrot und jung und nah?
Ach, wir kamen nicht, sie zu besuchen.
Aber als wir kamen, war sie da.

Eh sie da war, ward sie nicht erwartet.
Als sie da war, ward sie kaum geglaubt.
Ach, zum Ziele kam, was nie gestartet.
Aber war es so nicht überhaupt?[26]

Das Rad des Lebens

Friedrich Weinreb, zeitgenössischer Interpret rabbinischer wie kabbalistischer Tradition, sieht die mythische Urblume »schoschana« – die »Rose« des Alten Testaments – als Symbol der sich drehenden Zeit, weist sie doch auf ein Prinzip des Lebens als eines Kommens und Gehens: Sie muß vergehen, um im nächsten Jahr (schana) wieder erscheinen zu können. Gott erfreut sich an der »schoschana« als jener Art von Leben, das wächst, das wiederholt da ist und Frucht bringt. Im Kommen und Gehen lernt der Mensch die Welt kennen, und obwohl er sein Leben manchmal gern statisch, also festgelegt, haben möchte, sehnt er sich im Grunde nach dem Anderswerden, indem er Neues spürt und erfährt.[27]

Im 19. Jahrhundert war es in Ungarn Brauch, im zur Sommersonnenwende (Johannisfest) entzündeten Feuer ein kleines Rad glühend zu machen und auf einer Stange zu schwingen, wobei der Bursche rief:

> Ipsiláng, ipsiláng, ipsilángi rózsa,
> Rózsa volnék, piros volnék,
> Karika volnék megfordulnék
> Kire, kire, kire? – ék Örzsijé-re.
>
> Ipsiláng, ipsiláng, ipsilángi Rose,
> Wenn ich Rose wäre, wenn ich rot wäre,
> Wenn ich Rad wäre, würde ich mich drehen,
> Zu wem, zu wem, zu wem? Zu der (Name des Mädchens).[28]

Von Form und Gestalt der Rose inspiriert, gesellt sich zum Gedanken an die Vergänglichkeit der Gedanke an das Rad, tröstlich und erschreckend zugleich. »Rotunditas circulatio est, motus vitae perpetua et infinibilis. – Die Rundung ist eine Kreisbewegung immerwährenden und unendlichen Lebens«, sagt Nikolaus von Kues (1401–1464), philosophischer Theologe an der Schwelle vom Mittelalter zur Neuzeit, in seiner Schrift *Vom Kugelspiel* (1463).[29] Wenngleich dieses Bild Bewegung in die statische imago mundi des Mittelalters bringt, die Bewegung des Rades ist an sich keineswegs ein Ziel. Zwar bedeutet sie Ortsveränderung, Befreiung von örtlicher Festlegung, Wiederbeginn und Erneuerung, doch ebenso sehr Wiederholung, das In-der-Mühle-Stecken, das endlose Entgleiten und polternde Rollen von Sisyphos' Felsen.

Rosa = rota, das soll mit einem Gang durch die symbolischen Züge in der darstellenden Kunst deutlich werden. Die Gleichung verweist auf das Mysterium des Lebens im Wechsel und Kreislauf des Werdens und Vergehens. Zentrales Anliegen all dieser gestalterischen Versuche bleibt aber, aus den Begrenzungen zeitlichen Daseins in die Unbegrenztheit göttlichen Seins und göttlicher Ewigkeit hineinzufinden: »Das Glas in den Fenstern, durch das die Lichtstrahlen dringen, ist der Geist der Gelehrten, welche himmlische Dinge dunkel wie in einem Spiegel sehen« (Honorius von Autun, 12. Jh.).[30]

Rosen und Rosetten nehmen daher in der mittelalterlichen Architektur einen prominenten Platz ein. Für das Verständnis ihres Symbolinhaltes ist nicht unerheblich, daß die mittlere »Rose« in den Kathedralfassaden eigentlich »rota«, das Rad, heißt. Diese Tatsache, im Bewußtsein der Kunstbetrachter zugunsten der »Rose« und »Rosette« zurückgetreten, entbehrt nicht der religions- und kulturhistorischen Zusammenhänge.

»Rosetten«-Muster tauchen sehr früh in der Kunst des Orients und der Mittelmeerländer auf. Diese pauschale Feststellung darf

Elfblättrige Rosette auf einem emaillierten Ziegel aus Nimrud, assyrisch

Rosettendekor in einem mykenischen Kuppelgrab in Orchomenos, ca. 14. Jh. v. Chr.

allerdings nicht zu dem Mißverständnis verleiten, das Vorbild all dieser Formen seien tatsächlich Rosen gewesen.[31] Die sogenannte Blumen-Rosette mit eindeutig vegetabilem Charakter läßt sich im Mesopotamien des 5. vorchristlichen Jahrtausends nachweisen und findet sich dann ab etwa 2800 v. Chr. in Ägypten. Auch die babylonisch-assyrische Ornamentik (14.–7. Jh. v. Chr.) wird weitgehend von Rosetten beherrscht. Beispielsweise sind die Bogenportale assyrischer Königspaläste in verschwenderischer Fülle mit 16blättrigen Blumenmotiven geschmückt. Vorwiegend achtblättrige Rosetten sind in der kretisch-minoischen Kunst und später in der mykenischen Kultur üblich, bis solche Rosettenmuster sich dann im ganzen ägäischen Raum verbreiten. Neben der Blumenrosette ist, zuerst in der mesopotamischen Kunst, die ebenfalls achtstrahlige Stern-»Rosette« mit offenbar astraler Bedeutung nachweisbar. Vegetabile und astrale Elemente der Rosettenornamentik säuberlich zu trennen, ist kaum möglich; sie haben sich im Laufe der Zeit gegenseitig beeinflußt und durchdrungen. Bezüglich botanischer Vorbilder der Blumenrosetten – neben achtblättrigen finden sich etwa auch solche mit 4, 6, 11, 12, 14, 16 und mehr Blättern – ist konkret eher an Margeriten (Chrysanthemen) und an

die besonders in Ägypten beliebte Lotusblume zu denken. Rosen inspirierten die Künstler offenbar erst seit Beginn des ersten vorchristlichen Jahrtausends, bis sie bei Griechen und Römern ihre herausragende Bedeutung bekamen.
In den frühen mittelmeerischen und mesopotamischen Kulturen waren die Rosetten mit Sicherheit kein bloßer Fülldekor. Die Weltbilder korrespondierten eng mit der Beobachtung der Gestirne. Die Zusammenhänge zwischen den astralen Bewegungen und dem Jahreszyklus und der Vegetation wurden früh erkannt und bildeten die Grundlage für die Verehrung der Göttin Isis, Ischtar, Astarte, Aphrodite oder Venus. Die rhythmischen Offenbarungen dieser Göttin im jahreszeitlichen Sterben und Wiederaufleben der Vegetation, im Auf- und Untergang der Himmelskörper, stehen in enger Beziehung zu Tod und Grab; die in Ägypten häufige Verwendung von Rosetten als Mumiendekoration oder auf den Denkmälern Verstorbener macht dies plausibel.
Im Hinblick auf die Ursprünge christlich-mittelalterlicher Rad- und Rosensymbolik darf die Verehrung der Göttin Fortuna nicht übersehen werden. Ihr Attribut ist das Rad oder die rollende Kugel. Die Vorstellung von einem »Rad des Glücks« reicht von der Antike bis ins Mittelalter und mündete in die Vorstellung, daß Fortuna die Menschen auf ihr Rad setze und sie mit dessen Umschwung auf- und niedersteigen lasse. Die Unaufhaltsamkeit einer Ordnung, durch welche die Menschen aufsteigen, den Höhepunkt erreichen und wieder absteigen lasse, ist nicht weit vom Hinweis auf Blühen, Reifen und Altern des Menschen entfernt. Zur Zeit Jesu waren in der Stadt Rom die weitaus meisten Tempel eben der Glücks- und Schicksalsgöttin Fortuna geweiht, welche geradezu die Bedeutung eines weiblichen Zeus gewann.[32]
Es war für die Zeitgenossen der urchristlichen Gemeinden eine auch in ihrer Radikalität begreifliche Absage an den Kult der unsteten und unberechenbaren »Chance«, wenn die Nachfolger Jesu ausgerechnet die mit Fortuna verknüpfte Radsymbolik in gänzlich neuen Zusammenhang stellten. Auf Ritzzeichnungen in den Katakomben und auf frühchristlichen Sarkophagen taucht, in einen Kreis gestellt, die einfache Verbindung des Kreuzzeichens mit dem griechischen Buchstaben X (Chi) und P (Ro) für Christus auf. Zwischen die Speichen der so entstehenden Radform konnten

Christusmonogramm. Katakombe S. Apollinaris, Rom; frühchristlich

Fürbitten für die Verstorbenen eingeschrieben werden. Um deutlich zu machen, daß Christus einen Weg aus dem Labyrinth der Zeit und allen schicksalhaften Verstrickungen weiß und weist, wird das Rad des Christusmonogramms häufig zwischen Alpha und Omega – Anfang und Ende – gestellt. Dieses Motiv fand seit dem 4. Jahrhundert rasche und weite Verbreitung.

Im 11./12. Jahrhundert wurden die einfachen runden Öffnungen (Oculi) in den Westfassaden früher Kirchen aus praktischen und ästhetischen Gründen zu Radfenstern erweitert. Da in die vergrößerten Öffnungen zwar mehr Licht, aber gleichzeitig auch mehr Wind und Regen hineinkam, versah man die Fenster mit einigen Speichen und einfachem Glas. In Italien entwickelten sich diese Radfenster zu wunderbarer Größe, etwa in Santa Chiara oder der Basilica di S. Francesco in Assisi. Obgleich meist mit klarem Glas gefüllt, werden diese Fenster trotzdem »Rosoni« genannt. Das einmalige 22sprossige Rad in der Westfassade des Doms von Orvieto aus dem 14. Jahrhundert zeigt im Zentrum den Kopf Christi, im Außenrand des umgebenden Quadrats 52 Köpfe, die vermutlich für die 12×4 Wochen des Jahres stehen und damit Christus als den Herrn der Zeit ausweisen.

Besonders in Frankreich wuchsen sich diese Radfenster zwischen dem 12. und 14. Jahrhundert mehr und mehr zu tatsächlichen »Rosen«-Fenstern aus. Von außen können sie gelegentlich noch

Westrose der Kathedrale zu Reims, um 1260

immer als tatsächliche Glücksräder identifiziert werden, etwa in Saint-Etienne, Beauvais oder der Kathedrale von Amiens, wo Menschen um die Peripherie des Rades geschleift werden, um an der anderen Seite hinunterzustürzen.

In dem Maße, wie sich in Frankreich die Verehrung der Jungfrau Maria als »Rosa mystica« durchsetzte (siehe Kapitel V), nahm die Kirchenbautätigkeit einen unglaublichen Aufschwung. Zwischen 1170 und 1270 wurden etwa 80 Kathedralen und 500 Kirchen von fast Kathedralengröße begonnen und zum großen Teil vollendet.

Die Rose der Kathedrale von Lausanne (um 1125–1135) ist Höhepunkt des Bestrebens, aus der irdischen Erscheinungswelt die göttliche Geometrie der Schöpfung herauszulesen: Gottes Genesis offenbart sich, umgeben von den zwölf Monatsarbeiten, den Elementen, Paradiesflüssen, mythischen Kontinenten und den acht Winden des Kosmos.[33]

Als bestimmendes Zentrum der Rose kann Christus als Pantokrator, »in Majestät« als Allherrscher und Richter, erscheinen oder das Lamm Gottes mit der Siegesfahne. Im großen fünfzackigen Stern der Nordrose von Rouen (um 1440) wird das pythagoräische Pentagramm, die fünfblättrige Rose, in den gekreuzigten Christus und dessen fünf Wunden umgedeutet. Das vielzackige Stab- und Maßwerk erinnert zuweilen an die Dornenkrone. Mariendarstellungen sind gleichfalls nicht selten, etwa in Form der »Maria orans«, der Beterin mit ausgebreitet erhobenen Armen, oder der »Sedes sapientiae«, wobei Maria, selbst thronend, den Sitz für den die Weisheit Gottes verkörpernden regierenden Christusknaben bildet. Im Ostfenster von Laon hält die Jungfrau mit dem Kinde dem Betrachter in schlichter Deutlichkeit eine Rose aus der Rose entgegen.

Jungfrau mit Kind und Rose. Ostrose, Laon, frühes 13. Jh.

Labyrinth mit zentraler Rosette. Fußboden der Kathedrale zu Chartres, 13. Jh.

Wie Sterne, nach denen man sich richten kann, scheinen die Rosenfenster in das Kirchenschiff hinunter und führen durch das Labyrinth des Lebens. Auf dem Boden der Kathedrale von Chartres ist unter der Westrose ein tatsächliches Labyrinth eingearbeitet, in dessen Mittelpunkt eine Metallplatte mit dem Bild eines Zentauren oder Minotaurus auf das kretische Labyrinth anspielt. Daß das Herz einer Rose, Christus, dadurch zu einem neuen Theseus wird, hat mehr als zufällige Gründe. Antike Gestalten, die der Unterwelt oder dem sicheren Tode entkamen, wie Orpheus und Theseus, galten als Präfigurationen des Christus, denn auch der Gekreuzigte stieg aus dem Reich des Todes wieder empor.[34]
Ein Symbol in ähnlicher Richtung verkörpert das Bild der Windrose. Als sich im frühen Mittelalter der Kompaß als Instrument zur Bestimmung der Himmelsrichtungen einbürgerte, besonders im Dienst der christlichen Schiffahrt, verband man ihn mit der »Windrose«, einer den Horizont vorstellenden Scheibe, die durch 32 vom Mittelpunkt bis zum Umkreis hin gezogene, gleich weit voneinander abstehende Radien die Lage der Himmels- oder Weltgegenden verdeutlicht. Spätgotische Fensterrosen und die ihnen implizite Ordnungstendenz und Funktion als Wegzeichen

erinnern stark an dieses Instrument der Orientierung auf der grenzenlosen Weite des Meeres.

In der Mitte des 14. Jahrhunderts setzt sich in der Fensterarchitektur der Flamboyant-Stil, die »flammende Gotik«, durch. Die Rosetten-Strukturen werden verschlungen, Steinschleifen bewegen und krümmen sich, alles wird zu kräuselnden Flammen, bis im 15./16. Jahrhundert das gotische Zeitalter und dessen Geist in diesen Flammenzungen vergeht.

Als die monumental-architektonische Huldigung der Rose ihren Zenit längst überschritten hatte, griff Gabriel Rollenhagen die zentrale symbolische Aussage in kleinem Maßstab in einem der *Sinn-Bilder* aus seinem *Nucleus emblematum selectissimorum* (1611–1613) auf: Vor dem Hintergrund einer Geburt und eines Begräbnisses erhebt sich aus einem kleinen Erdaufwurf eine blühende Rose; sie ist umrahmt, umringelt, von einer zum Kreis

»Ewiges und Vergängliches«, Sinn-Bild von Gabriel Rollenhagen, Utrecht, 17. Jh.

gebogenen Schlange. Das bedeutet: Hier ist das Zeichen vergänglicher Schönheit in Bezug gesetzt zum Symbol des Kreislaufes von Zeit und Ewigkeit. In der Umschrift des Kreises, der die Zeichnung umgibt, ist zu lesen: »Aionion kai proskairon. – Ewiges und Vergängliches.« Als Motto steht ein griechischer Text darunter, der übersetzt lautet: »Wie die Schlange ist die Seele ewig, aber die Rose ist vergänglich, und beides ist in ein und demselben Sterblichen.«

Mit dem menschlichen Leben sind Zeit wie Ewigkeit verbunden und werden in eben dieser Vereinigung zu Hinweisen auf das Wesen der menschlichen Existenz – der Schnittpunktexistenz zwischen Zeit und Ewigkeit.

Der Kreis der Ewigkeit

Befindet sich das Rad wesenhaft in drehender Bewegung, so ist für den Kreis seine ruhende Mitte bestimmend. Bietet das Rad der Fortuna eine unsichere Chance, so vermittelt der Kreis eine Anschauung des Seins.

Geistliches Blumengärtlein inniger Seelen heißt eine Gedichtsammlung des deutschen Erweckungspredigers Gerhard Tersteegen (1697–1769) und eines seiner bekanntesten Lieder darin »Gott ist gegenwärtig«. Eingangs spricht es die Bitte aus »Mache mich einfältig, innig, abgeschieden«, und es ist zum vollen Verständnis des Wortes »innig« sicher nützlich, hinzuzufügen, daß es das Bild des Kreises voraussetzt: innig als der Ort im Innersten. Diese zentrierende Beziehung zum Innersten der Welt, zum Allen und Einen, wird hier – ganz im Gedankenkreis deutscher Mystik – für die eigene Person erbeten, denn:

> Die Welt ist nur ein Rad,
> ein immer drehend Rund,
> gehst du mit Lust hinein,
> so kommst du mit ans Treiben.
> Gott ist der Mittelpunkt.
> Kehr ein in Seelengrund;
> wer da gesammelt ist,
> kann still und ruhig bleiben.[35]

Hier sei an die Fensterrosen in hochmittelalterlichen Kirchen erinnert. Der zunächst weniger wichtig erscheinende Schnitt- und Mittelpunkt, eben die Nabe, an der die Speichen des Rades befestigt sind, gewinnt an Bedeutung: Der innere Kreis, seine Geometrie, sein Gehalt, strahlen nach außen.
Daß die Rosette eine solche Zentralfunktion hat, wird schon in der Spätantike erkennbar. Auf Bleisarkophagen z. B. ist eine Zentralrosette zu sehen, von der acht gleichförmige Rosetten ausgehen: eine Thematik, die in den Schriften der Neuplatoniker und Gnostiker gern behandelt wird. So philosophiert Philo von Alexandria, ein Zeitgenosse Jesu, über die von Gott ausgehende Ausstrahlung des Logos. Philo betont, daß diese Auswirkungen keineswegs selbst die Quelle der Erleuchtung seien, sondern vielmehr, wie er besonders glücklich formuliert, »Gott in Ausdehnung«. Von der einen zentralen und einzigartigen Gottheit fließt ein Strom erleuchtender Ausstrahlung, der, wie das Sonnenlicht, eben nichts anderes ist als die Sonne in Ausdehnung.[36] Zeit kann daher als eine leuchtende Ausfaltung der Ewigkeit verstanden werden[37], die im Licht der Rosenfenster sinnfällig Gestalt annimmt.
Nikolaus von Kues hat in seiner Philosophie des Kugelspiels (*De ludo globi,* 1463) versucht, sich dem Urgrund der Ewigkeit über das Bild des Kreises zu nähern: »Die Rundung ist eine Kreisbewegung immerwährenden und unendlichen Lebens. In jedem Runden muß die Rundung sein, damit dieses Runde in ihm ist. Wie daher weder der Begriff noch das Wesen des Runden oder Immerwährenden von etwas anderem her gewußt oder besessen werden kann als vom Mittelpunkt, um den herum sich die dauernde Bewegung bewegt, so daß, wenn er nicht existiert, weder Dauerhaftigkeit noch immerwährende Lebensbewegung, die in der Gleichheit zur Selbigkeit (in aequalitate ad identitatem) des Mittelpunktes ihren Bezug erhält, gekannt oder sein kann, so verhält sich auch der Mittelpunkt, der Christus ist, zu allen Umkreisungen.«[38]
Die Weltrundung, der Welt-Kreis, ist Abbild der absoluten Rundung, für Nikolaus in lebendiger Bewegung zentriert durch den Mittelpunkt Christus – genau so, wie es die Rosenfenster anschaulich zeigen. Das Kreuz Christi als bestimmendes Zentrum des Kreises der »Rose« hat in der Ikonographie eine zusätzliche Dynamik entwickelt, seit Martin Luther das Rosenkreuz – vermutlich

ohne direkten Bezug auf die gotischen Rosenfenster – zu seinem Wappen machte.
Luther hat sein Wappen im Schreiben vom 8. Juli 1530 an den Nürnberger Ratsschreiber Lazarus Spengler ausführlich interpretiert:

Kreuz, Herz und Rose: Das Lutherwappen

»Es soll ein Merkzeichen meiner Theologie sein: das erste sollte ein schwarzes Kreuz in einem Herzen sein, das seine natürliche (rote) Farbe hätte, damit ich mir selbst Erinnerung gäbe, daß der Glaube an den Gekreuzigten uns selig machet. Denn so man von Herzen glaubt, wird man gerecht (Röm 10,10). Wenn es nun auch ein schwarzes Kreuz ist, das Zeichen des Todes, und auch wehe tun soll, läßt es dennoch das Herz in seiner Farbe, verderbt die Natur nicht, das heißt: es tötet nicht, sondern behält lebendig. Der Gerechte wird aus Glauben leben (Röm 1,17), aber aus dem Glauben an den Gekreuzigten. Solch Herz aber soll mitten in einer weißen Rose stehen, um anzuzeigen, daß der Glaube Freude, Trost und Friede gibt, und (ihn) kurzum in eine weiße, fröhliche Rose versetzt. (Das geschieht) nicht so, – wie die Welt Friede und Freude gibt, darum soll die Rose weiß und nicht rot sein. Denn die weiße Farbe ist der Geister und aller Engel Farbe. Solche Rose steht in einem himmelfarbenen Felde, weil solche Freude im Geist und Glauben ein Anfang der himmlischen zukünftigen Freude ist, die jetzt wohl schon drinnen einbegriffen und durch Hoffnung erfaßt, aber noch nicht offenbar ist. Und in solch Feld einen goldenen Ring (als Zeichen dafür), daß solche Seligkeit im Himmel ewig währet und kein Ende hat und auch kostbar über alle Freude und Güter hinaus ist, so wie das Gold das höchste, kostbarste Metall ist. Christus, unser lieber Herr, sei mit Eurem Geist bis in jenes Leben, Amen.«[39]

Luthers Rosenkreuz wurde zugleich namengebendes Sinnbild der »Rosenkreuzer« (Fraternitas Rosae Crucis, FRC), einer im 17. Jahrhundert entstandenen Geheimgesellschaft, die unter Berufung auf die fiktive Gestalt eines »Ritters Christian Rosenkreuz« (angeblich 1378–1484) die Idee einer Generalreformation im Geiste eines weltoffenen, verinnerlichten Luthertums vertrat. Die FRC bildete sich im Anschluß an die Publikation anonymer Schriften, wobei zumindest die 1616 erschienene *Chymische Hochzeit Christiani Rosenkreuz, Anno 1459* von dem evangelischen Theologen Johann Valentin Andreae (1586–1654) verfaßt wurde. Die Familie Andreae führt in ihrem Wappen ein schräggestelltes Andreas-Kreuz mit vier Rosen, welche eindeutig die Martyriumswunden symbolisieren. Luthers Wappen und das des J. V. Andreae ähneln

Rosenkreuze im Wappen des Johann Valentin Andreae

sich also zunächst rein zufällig. Sowohl der Reformator als auch der Verfasser der rosenkreuzerischen Manifeste maßen aber dem Doppelsymbol die gleiche Bedeutung bei: Während das Kreuz auf Passion und Tod Christi hinweist, repräsentiert die Rose das neue Leben, das dem Tode abgerungen werden soll. Luthers »Des Christen Herz auf Rosen geht / Wenn's mitten unterm Kreuze steht« formuliert das Rosenkreuzermanifest *Fama Fraternitatis* (1614) in deutlicher Wahlverwandtschaft als:

> Ex deo nascimur,
> In Jesu morimur,
> Per spiritum reviviscimus.
>
> Aus Gott sind wir geboren,
> In Jesus sterben wir,
> Durch den Geist werden wir wiedergeboren.[40]

Der Ritter Christian Rosenkreuz selbst ist eine ideelle Verkörperung dieses neuen Lebens, ein »Granum pectoris Jesu insitum«, das dem Herzen Jesu eingepflanzte Samenkorn. In der *Chymischen Hochzeit* bricht Christian Rosenkreuz zu einem siebentägigen Stirb-und-werde-Weg auf, der zu einer geistigen Vereinigung der menschlichen Seele mit dem Geist der Welt führt: »Darauf rüstete ich mich auf den Weg, zog meinen weißen Leinenrock an, umgürtete meine Lenden mit einem blutroten Band, kreuzweise über den Schultern gebunden. Auf meinen Hut steckte ich vier rote Rosen, damit ich unter dem Haufen (der Menschen) durch solche Zeichen desto besser bemerkt würde.«[41]

Die Rosenkreuzermanifeste beeinflußten so bedeutende Denker wie Jakob Böhme, René Descartes, Friedrich Oetinger und den jungen Goethe, in dessen Gedichtfragment »Die Geheimnisse« (1784) der wandernde Bruder Markus nach langer Pilgerschaft bei einem humanistisch gesonnenen Geheimorden Herberge findet. Zwar ist dem Wanderer das Kreuz der christlichen Tradition vertraut,

> Doch von ganz neuem Sinn wird er durchdrungen,
> Wie sich das Bild ihm hier vor Augen stellt;
> Es steht das Kreuz mit Rosen dicht umschlungen.
> Wer hat dem Kreuz die Rosen beigesellt?

Markus begegnet dem Leben, das dem Tode abgerungen wurde, in einer symbolischen Transformation des Sterblichen:

> Und leichte Silberhimmelswolken schweben,
> Mit Kreuz und Rosen sich empor zu schwingen,
> Und aus der Mitte quillt ein heilig Leben
> Dreifacher Strahlen, die aus Einem Punkte dringen.[42]

Selbst Hegel bedient sich des Rosenkreuz-Symbols (ob er neben dem Lutherwappen auch die Rosenkreuzermanifeste kannte, sei dahingestellt). Er beschreibt als die Aufgabe der Philosophie, im »Ergründen des Vernünftigen das Gegenwärtige und Wirkliche zu erfassen.« Das Gegenwärtige und Wirkliche ist für den Dialektiker Hegel die »Substanz, die ewig, und das Ewige, das gegenwärtig« ist. Das Geschick der Gesellschaft – zu Hegels Zeit weitgehend von Napoleon als dem Erben der französischen Revolution bestimmt – hängt entscheidend davon ab, ob es gelingt, die Vernunft als »Rose im Kreuz der Gegenwart« zu erkennen und »in der vernünftigen Einsicht die Versöhnung mit der Wirklichkeit zu finden.« Wenn die Gesellschaft aber – offenbar allem Zufall und aller Willkür preisgegeben – nicht als gottverlassen fallengelassen werden soll, muß es gelingen, die veränderte Wirklichkeit zu begreifen und sie in Beziehung zum Absoluten, zum Sinn des Seins zu setzen, da sonst die »Furie des Verschwindens« unser Schicksal ist. Hegel meint hierbei nicht nur eine »Theorie der Gesellschaft«. Vielmehr ist der jeweils Einzelne in durchaus lutherischem Geiste gefordert: »Um die Rose im Kreuz der Gegenwart zu pflücken, dazu muß man das Kreuz selbst auf sich nehmen«, heißt es in Hegels Geschichtsphilosophie.[43] Der Theologe Jürgen Moltmann hat aus diesen Gedankengängen heraus die Aufgabe der Kirche in der modernen Gesellschaft definiert: »Es geht also bei der ›Rose‹ im Grunde um den ›Geist der Gesellschaft‹, um ein erkennendes Existieren, das den Schmerz der Gegenwart auf sich nimmt und aushält und in ihm sich und die Zukunft gewinnt.«[44]
Es ist bemerkenswert, daß auch J. V. Andreaes esoterischer Weg vom Kreuz zur Rose in konkretes soziales Engagement mündete; als einer der ersten Lutheraner entwarf er 1619 eine selbständige Sozialutopie, eine Christenstadt »Christianopolis«. Im Aufriß

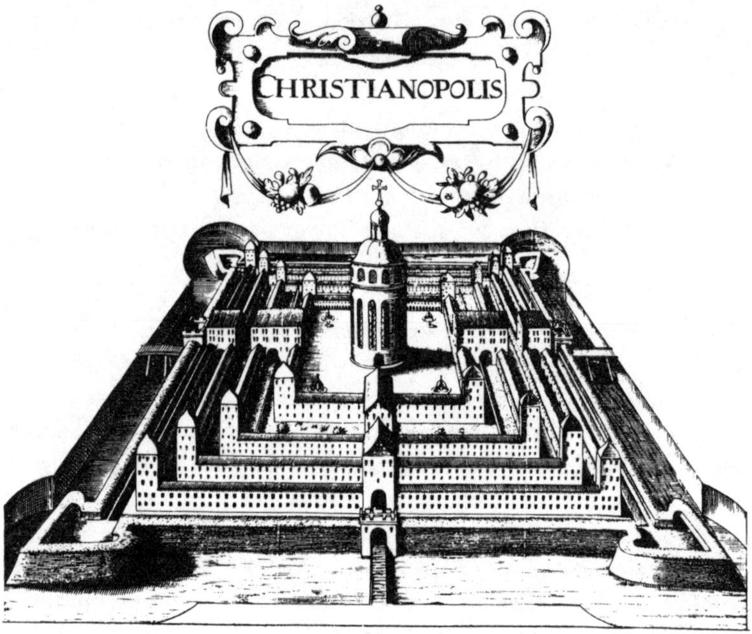

Utopisches »Christianopolis« des Johann Valentin Andreae, Straßburg 1619

gleicht Christianopolis auffällig dem viergeteilten Grundmuster eines Mandala, eines im Buddhismus verbreiteten Meditationsdiagramms, das den Betrachter aus den Wirren der äußeren Welt in die ruhige Mitte der Alleinheit führen soll.

C. G. Jungs tiefenpsychologische Studien haben gezeigt, daß Mandalabilder selbst bei Menschen, die solche östlichen Praktiken gar nicht kennen, spontan aus dem Unterbewußtsein auftauchen können.[45] Wörtlich übersetzt bedeutet Mandala »Kreis« (vgl. »Mandorla« oder »Mandel«).

Für die Popularität des Rosensymbols und die Vielschichtigkeit der Assoziationsmöglichkeiten ist sicherlich von mitentscheidender Bedeutung gewesen, daß die konzentrische Anordnung der Petalen in der Knospe wie die aufeinander zulaufenden »Speichen« der entfalteten Blütenblätter auf die kreisförmige Mitte der Rosenblüte verweisen. Eben damit repräsentieren diese Formen Mandalas, für die unser Unterbewußtsein ausgesprochen empfänglich ist. Eine explizite Philosophie des Weges hin zur Mitte entwickelte der

Buddhismus anhand der Gestalt der Lotusblüte. Die Formähnlichkeit zwischen Lotus und Rose läßt es berechtigt erscheinen, Grundprinzipien der Mandalameditation zu skizzieren, zumal diese den Praktiken abendländischer Mystiker weitgehend analog ist.

Eine Lotusmandala ist von einem äußeren Flammenkranz umgeben, der die von der gegenständlichen Welt ausgehenden grobstofflichen Erscheinungen verbrennt. Der Adept trifft dann auf eine »Diamantmauer«, die die unwandelbare Natur des nicht-dualistischen Erleuchtungsbewußtseins versinnbildlicht. Schließlich folgt ein Kranz aus Lotusblüten, Symbol der geistigen Wiedergeburt und harmonischen Entfaltung des reinen Bewußtseins. Nun steht der Wanderer vor dem himmlischen Palast in Form eines gekreuzten Diamantzepters, das für die alles durchdringende Lehre steht, die gleich einem Diamanten unzerstörbar, unveränderlich und transparent (»unsichtbar«) ist. Hier vollzieht sich der Zusammenfall der Gegensätze, die »chymische Hochzeit«, denn häufig wird die Mitte eines Mandala durch im Liebesakt verschmelzende Yab-Yum-Gottheiten markiert. Die polaren Energien der beiden Geschlechter können dabei als ineinander verschachtelte Dreiecke mit Spitzen nach oben (Phallus) und unten (Vulva) dargestellt werden. Männliche und weibliche Substanzen verbinden sich in einer heiligen coniunctio bis zur Ununterscheidbarkeit. Leid, Begierde, das Haben-Wollen erlöschen für immer.

Die kreisförmige Grundstruktur des Mandala ist häufig durch ein vierteilendes Kreuz oder ein umgebendes bzw. eingeschlossenes Quadrat gegliedert. Dieses Prinzip der »Quaternität«, der Viereinigkeit, läßt sich mühelos in den unterschiedlichsten Mandalastrukturen erkennen, im Rosenkreuz und im Geviert des utopischen Christianopolis ebenso wie im viertorigen himmlischen Diamantpalast oder der Vierung unter der Kuppel als Herzstück vieler Kirchen. Die quadratische Form ist Projektion einer archetypischen Ganzheitswahrnehmung in die Außenwelt; das Viereck drückt damit etwas Bestimmtes, Vollendetes aus, dient zur Gliederung und Veranschaulichung göttlicher Konkretion in dieser Welt. Der Kreis, ein Zeichen ohne Anfang und Ende, weist auf das Ungegenständliche, steht für die ungeschiedene, unabsehbare und jedem Maß entgleitende sphärische Form des Himmels. Etliche

Mandalas beschränken sich auf den Kreis, versuchen, dem Göttlichen gerade dadurch näher zu kommen, daß sie die Mitte leer lassen, unausgefüllt, damit sich das göttliche Licht selbst hineingießt. In aller Eindrücklichkeit ist diese Darstellung Hieronymus Bosch (1450–1516) in seinem Gemälde »Aufstieg ins Empyreum« – den obersten Lichthimmel – gelungen. Natürlich lassen sich auch und gerade die Strahlen der Rosenfenster als Mandala interpretieren, sind sie doch ein im wörtlichen Sinne leuchtendes Beispiel für die Pfade, die zum Zentrum der Seele führen. Die deutsche Mystikerin Hildegard von Bingen (1098–1179) hat ihre Visionen von Mönchen zeichnen lassen. Eines dieser visionären Bilder zeigt, wie die kreisenden Engelchöre in immer dichter werdender Fülle eine weiße Scheibe umschließen – die unsagbare und unabbildbare Fülle göttlicher Mitte.

Engelchöre um die weiße Scheibe der göttlichen Mitte. Vision der Hildegard von Bingen (1098–1179)

»Nostra effigie – unseres Antlitzes Bild« heißt das Zentrum der berühmten drei Kreise, das Dante Alighieri in seiner *Divina Comedia* visionär erschaut:

> Ich sah in dieses hohen Lichtes tiefer
> und heller Wesenheit drei Kreise schimmern,
> an Farbe dreifach, doch nur eines Umfangs;
> der zweite schien ein Spiegelbild des ersten,
> wie *eine* Iris von der andren; Feuer,
> gleich ausgestrahlt von beiden, schien der dritte (...)[46]

Der zu höchstem Erkennen Geführte schaut im »Paradiso« das Licht, in dem der Schöpfer sich der Schöpfung zu erkennen gibt: »die Liebe, die kreisen macht die Sonne wie die Sterne«.
Auch die »Rose der Zeit« ist – wie alles Vergängliche – zugleich ein Gleichnis der Unvergänglichkeit.

»Die wahre Dreiheit in der wahren Einheit«. Vision der Hildegard von Bingen aus »Wisse die Wege – Sci vias«, 12. Jh.

Der Tod des Adonis.
Allegorisches Bild aus Michael Maier, *Atalanta fugiens*, 1618.

III Rose und Eros

Der Mantel der Venus

Der chilenische Schriftsteller Pablo Neruda (1904–1973) läßt die Leser seiner *Liebesgedichte* an intimen Wanderungen teilnehmen:

> Von deinen Hüften bis zu deinen Füßen
> will ich eine lange Reise machen.
>
> Ich bin kleiner als ein Insekt.
>
> Ich schweife über Hügel,
> hell schimmernd wie der Hafer,
> bedeckt mit zarten Spuren,
> die keiner kennt, nur ich,
> versengte Zentimeter,
> dämmrige Perspektiven.
>
> Hier gibt es einen Berg.
> Nie werd ich den verlassen.
> Oh, wie riesig ist das Moos!
> Und da, ein Krater, eine
> Rose aus feuchtem Feuer![1]

Kein zufällig gefundenes Bild: die Rose wird dem Dichter zur Metapher für das »unsagbare« Ziel seiner Begierde, und er wählt Worte naturhafter Anschaulichkeit.

> Ich tummelte mich auf der Weide, ehe
> ich dich gekannt hab, und ich
> wartete nicht, ich lauerte auf Liebe,
> stürzte mich auf die Rose.[2]

Es bedarf keiner psychoanalytischen Vorbildung um zu ergründen, warum gerade die Rose bei so vielen Kulturen unterschiedlichster Epochen zu einem weitgefächerten Synonym weiblicher Charakteristika wurde, fordert doch die Ähnlichkeit zwischen den konzentrisch angeordneten Blütenblättern und den weiblichen Schamlip-

pen diesen Vergleich geradezu heraus. Zum Verständnis des appellativen Charakters von »Rosenlippen« ist sicher nicht uninteressant, daß der Verhaltensforscher Desmond Morris die scharf begrenzten roten Lippen des Mundes als Kopien der roten Labien deutet. Die Mundlippen erfüllen die Funktion eines »Appetizers«, nachdem es zu einer stammesgeschichtlichen Änderung der Begattungsstellung von hinten in das frontale Gesicht-zu-Gesicht kam.[3]
Die »frewdevollen« Rosenörter vieler Städte verdanken ihre Namen einer euphemistischen Umschreibung der dort (ehemals) betriebenen Prostitution. In Königsberg existierte ein »Rosenwinkel«, in Delitzsch ein »Rosental«. Eine Berliner »Rosenstraße« hieß noch im 16. Jh. »Hurengasse«. Ein dem gleichen Gewerbe vorbehaltener »Rosenhagen« in Hildesheim wurde erst 1930 umbenannt. Im »Rosengarten« zu Naumburg a. d. S. lag das Bordell »Zum Storchen«, während es umgekehrt in ebenfalls phallischer Anspielung im Baseler Gasthaus »Zum Storchen« eine »Kamern zur Rosen« gab. Ein »Rosenbad« gab es in Nürnberg oder Fulda, und eines der Häuser in Erfurts einschlägiger »Rosengasse« hieß in drastischer Symbolik »Zur großen Rose«. Andere Freudenhäuser hießen »Zur schwarzen Rose« – in Anspielung auf die behaarte Vulva – oder »Zum Rosenlöcher« – als Hinweis auf die Möglichkeit, »Rosen zu lochen« oder »Rosen zu durchbohren«. Die Besucher solcher Gelegenheiten wurden »Rosengäßler« genannt, während die Prostituierten selbst an manchen Orten angeblich Rosen als Abzeichen tragen mußten.[4]
Als Sinnbild umfaßt die Rose alles, was die Frau körperlich und seelisch ist oder was der Mann in sie hineingeheimnißt. Die Vergleiche reichen von der »rosenblattkühlen«, »knospenhaft« verschlossenen Zurückhaltung des Mädchens bis zur Hingabe des »voll erblühten« Weibes, vom »stacheligen« Trotz des Heiderösleins bis zur »kultivierten« Schönheit der Teerose[5]. Das griechische Wort Nymphe bedeutet ebensowohl Braut wie Rosenknospe, und bereits im Altertum sind rhodochrous (rosenfarbig), rhodoeides (rosenartig), rhododaktylos (rosenfingrig), rhodopachys (rosenarmig), rhodomalon (rosenwangig), oder rhodokolpos (rosenbusig) geläufige Beiworte.[6]

Farbabbildungen 1–10

Ave gratia plena domi
nus tecu.

In seinem »Rosenlied zum Geburtstag des Freiherrn Truchseß auf Bettenburg« – einem eifrigen Rosenzüchter – hat Friedrich Rükkert (1788–1866) das Kunststück fertiggebracht, in fast jeder der achtzig Zeilen die Rose vorkommen zu lassen. Die sechste Strophe soll verdeutlichen, welche Beliebigkeit die Vergleiche annehmen konnten:

Rosenmädchen, rosenwangig,
Rosenlipp- und fingrig auch,
Heut' zum Rosenfest verlang' ich,
Daß sie zieh'n zum Rosenstrauch,
Rosen bringen ihm mit Grüßen,
Und nach süßem Rosenbrauch
Unterm Rosenkranz ihn küssen
Mit des Mundes Rosenhauch.[7]

Wesentlich schlichtere Worte für die umfassenden Assoziationsmöglichkeiten, die die Rose bietet, findet die Poesie eines Minnesängers des 13. Jahrhunderts:

Ich sah die Rosenblumen stahn,
die mahnen mich der Gedanken viel,
die ich hin zu einer Frauen han.

Dietmar von Eist[8]

Auf diesem Hintergrund erscheint es beinahe selbstverständlich, daß die Rose ein wichtiges Attribut der antiken Liebesgöttin war. Das Schicksal der (von den Römern mit Venus gleichgesetzten) Aphrodite wird als von Geburt an mit der Rose verwoben geschildert.[9] Kronos warf die abgeschlagenen Genitalien seines Vaters Uranos ins Meer. Aus dem hierbei entstehenden Schaum (gr. aphros) erhob sich nackt und auf einer Muschel stehend Aphrodite. Zugleich erwuchs aus dem Schaum ein Dornenstock, auf den die Götter Nektar träufelten, so daß aus den Dornen Rosen erblühten.

In zahlreichen Varianten ist die tragische Romanze zwischen der Göttin und dem schönen Adonis überliefert, in den sich Aphrodite verliebte. Sie verbrachte viel Zeit mit dem Jüngling, mußte ihm jedoch erlauben, jeweils ein Drittel des Jahres bei Persephone zu verbringen, da die Göttin der Unterwelt ebenfalls seine Liebe beanspruchte. Adonis war ein leidenschaftlicher Jäger, weshalb Aphrodite ängstlich um ihn besorgt war. Doch vermochte sie nicht zu verhindern, daß ihr Liebling von einem Eber des eifersüchtigen Ares verwundet wurde. Aphrodite wollte ihrem sterbenden Geliebten zu Hilfe eilen, trat sich jedoch dabei einen Dorn in den Fuß. Ihr Blut färbte die weißen Blüten der Rosen rot.

Unter den *Bukolischen Gedichten* des Bion von Smyrna (um 100 v. Chr.) findet sich eine »Totenklage auf Adonis«, derzufolge aus den Tränen, die Aphrodite beim Tod des Geliebten vergoß, Anemonen entstehen, die Rosen aber aus dem Blute des Adonis sprießen: »So viel Tränen vergießt die paphische Göttin, als Tropfen Bluts Adonis verliert, es wandelt sich alles in Blumen: Rosen entsprießen dem Blut und Anemonen den Tränen.«[10]

Neben der Rose sind Tauben das häufigste Attribut der Liebesgöttin, worauf auch Gottfried Benns Vers »Venus mit den Tauben gürtet / sich Rosen um die Hüften Liebestor« zielt.[11] Besonders weiße Tauben spielten im antiken Aphroditekult eine wichtige Rolle. Ähnlich Spatzen fielen sie wohl gleichermaßen wegen ihrer theatralischen Balz als auch wegen ihrer Vermehrungsrate auf, die ausgeprägte Lüsternheit verriet. Bei der Muschel schwingt ebenfalls eine erotische Bedeutung mit, da sie gleich der Rose eine gewisse Ähnlichkeit mit dem weiblichen Geschlechtsorgan hat.

Spätere Legenden machen den schelmischen Liebesgott Amor (Eros oder Cupido) zu ihrem Sohn und die Rose ebenfalls zu dessen Attribut: Cupidos goldglänzendes Haar – ganz wie die schimmernden Staubfäden der Blüte, seine Flügel – zart wie die Rosenblätter, seine Pfeile – spitz wie Dornen. Auf einer Jaspistafel in Neapel soll sich eine Darstellung Amors befunden haben, wie er, an einer Myrte gekreuzigt, von den Heroinen mit dornigen Rosenästen geschlagen wird. Auch Erato, die Muse der erotischen Gesänge, galt als von Rosen geziert.[12]

Die berühmte, in den Uffizien von Florenz zu bewundernde »Geburt der Venus« von Sandro Botticelli (um 1444–1510) ist ein ganz dem gelehrten Bemühen der Renaissance um Wiederbelebung der Antike verpflichtetes Werk. Auf den Wellen ist nachdrücklich der weiße Schaum betont, mit dem Uranos die formlose Materie befruchtete. Venus steht auf einer großen Muschel und wird von Zephyren dem Lande zugeblasen, wo die Frühlingshore

mit einem Blumenmantel herbeieilt. Mit ihrem Atem treiben die Windgötter einen Rosenregen vor sich her, eine duftende Wolke des zentralen Venusattributs.[13] Die leidenschaftliche Bewegtheit der als Liebespaar umschlungenen Zephyre kontrastiert mit dem Bemühen der Hore, die nackte Göttin einzuhüllen, und verleiht der Szene jene eigentümliche Spannung zwischen Sinnlichkeit und Keuschheit, die der Doppelnatur einer Liebesgöttin gerecht wird.
Tizian (um 1477–1576) hat die Liebesgöttin mehrfach und betont sinnlicher als Botticelli dargestellt. Im Interieur der »Venus von Urbino« (Florenz, Uffizien) wird der verhüllende kosmische Mantel zu einer von zwei Dienerinnen im Hintergrund umkümmerten Randepisode, während die schöne Nackte mit der einen Hand die Rosen eines Kranzes, mit der anderen aber die Rose ihres Schoßes berührt. Auf einem weiteren in den Uffizien ausgestellten Gemälde Tizians ruht die nackte Venus auf ihrem Mantel, gekost vom geflügelten Amor. Außer Rosen und einem Köcher mit Liebespfeilen findet sich eine – von einem Hündchen bekläffte – Taube als zusätzliches erotisches Symbol.
Die sinnenfrohen Sittenschilderer absolutistischer Dekadenz im Frankreich des 17. Jahrhunderts versetzten die Betrachter gern auf die Venusinsel Cythera, wo einigen Berichten zufolge die Göttin an Land gegangen sein soll. Vor allem François Boucher (1703–1770) und Honoré Fragonard (1732–1806) trafen mit ihren oft drastisch erotisch eingefärbten Kompositionen den Geschmack der spätfeudalen Hofgesellschaft. Ihre »Sujets galants« und idyllischen Schäferspiele waren nicht zuletzt durch Anakreons Dichtung um Liebe, Wein und Frohsinn inspiriert, was die bemerkenswerten Parallelen zwischen europäischem Rosenrokoko und spätantiker Rosenschwelgerei zusätzlich deutlich macht.
Eine Inkarnation der verfeinerten Lebenskultur des Dixhuitième ist Bouchers Porträt der Madame de Pompadour (1758, Alte Pinakothek, München). In einem von Rosen überbordenden Kleid auf einem Sofa lehnend, ist die Marquise umgeben von Büchern, Notenblättern und einer Mappe eigener Radierungen nach Werken Bouchers, den Zeichen ihrer vielfältigen Interessen. Augenfälliger kokettiert Boucher mit der erotischen Rosenmetaphorik auf einem als »Ruhendes Mädchen« bezeichneten Gemälde von 1752 (Alte Pinakothek, München). Als symbolischer Ersatz für die

vorenthaltene gänzliche Einsicht in die Anatomie der jungen Frau zieht den Betrachter eine vollerblühte Rose auf dem Parkettboden an. Eine Kopie des Gemäldes wurde Ludwig XV. gezeigt, der Bouchers Modell, Louise O'Murphy, daraufhin als Mätresse zu sich befahl.

»Die Schaukel« von Jean Honoré Fragonard; Darstellung auf einem Schaustellerwagen, 2. H. 20. Jh.

Fragonards »Sujets galants« sind die letzten bedeutenden Bildzeugnisse der in ihren Verfall verliebten spätabsolutistischen Adelswelt. Nahezu alle seine bekannten Schäferszenen wie »Die Schaukel« (1768, Slg. Wallace, London) schwelgen in Rosen als obligater Staffage pittoresker Parklandschaften. Venus und Cupido spielen unschuldigen Blickes noch einmal mit all ihren zweideutigen Insignien – Rosenkränzen, Tauben, Pfeil und Bogen, brennenden Fackeln –, bevor sie Revolution und aufstrebendes Bürgertum zu dekadentem Dekor einer vergangenen Epoche erklären.
Der Malerei des 19. Jahrhunderts ist die inflationäre Verwendung der Rose fremd. Nur selten und meist in betontem Singular taucht die Rose im Haar oder vor der Brust einer Frau auf, beispielsweise bei Camille Corot – »Die Frau mit der Rose« (1860–65, Kunsthalle Hamburg) – oder bei Eugène Delacroix – »Die Frauen von Algier«

(1834, Louvre, Paris) –, wobei diese Vertreter französischer Romantik und bürgerlicher Landschaftsmalerei bewußt mit der erotischen Ausstrahlung der Rose spielen. Bestenfalls noch unterbewußt tun dies Schilderer der frommen kleinbürgerlichen Welt der deutschen Biedermeierromantik. Auf Ludwig Richters »Brautzug im Frühling« (1847, Galerie Neue Meister, Dresden) trägt der Bräutigam eine voll erblühte Rose am Jackenschlag, eine weiße Taube und wilde Kletterrosen säumen den Weg. Die turbulente Historie der Venusattribute durch Jahrtausende hindurch scheint vergessen.

La Vie en Rose

Quand il me prend dans ses bras
qu'il me parle tout bas
je vois la vie en rose.

Wie Edith Piaf, die Sängerin des berühmten Chansons »La vie en rose«, beschrieben Liebende und Liebestolle das Leben immer wieder in Rosenfarben mit einer Vielzahl von Metaphern und Assoziationen. Die Rose ist Spezifikum zahlreicher Liebesrituale und in den bildenden Künsten ein geradezu unverzichtbares erotisches Accessoire. Schon das Überreichen einer Rose kommt einem Liebesgeständnis gleich. So wirft in Marcel Carnés Film *Die Kinder des Olymp* (1943) die schöne Garance dem Pantomimen Baptiste eine Rose zu, um ihre Zuneigung auszudrücken, und in Hugo von Hofmannsthals *Rosenkavalier* (1911) wird der junge Octavian als Brautwerber mit einer Rose zu der jungen Sophie geschickt:

Mir ist die Ehre widerfahren,
daß ich der hoch- und wohlgeborenen Jungfer Braut,
in meines Vetters Namen,
dessen zu Lerchenau,
die Rose seiner Liebe überreichen darf.[14]

Selbst die Legende vom Tod der heiligen Dorothea mag nicht auf die Rosenanspielung verzichten. Zahlreiche Darstellungen des

Spätmittelalters zeigen die heilige Dorothea, eine während der diokletianischen Christenverfolgung zu Cäsarea in Kappadozien zum Tode verurteilte Jungfrau. Als sie abgeführt wurde, trat der Legende nach der Advokat Theopilus zu ihr hin und bat sie spöttisch, ihm doch aus dem Garten ihres himmlischen Bräutigams Äpfel und Rosen zu schicken, was Dorothea versprach. Nach ihrer Enthauptung erschien wunderbarerweise ein himmlischer Knabe mit einem Körbchen, in dem sich, obwohl es Winter war, Äpfel und Rosen befanden. Aus dem Spötter wurde darauf ein Christ und bald selbst ein Märtyrer.[15] Das paradiesische Körbchen hat ganz ohne Zweifel ebenfalls die Bedeutung einer Liebesbotschaft, schickten doch Frauen im antiken Griechenland dem Liebhaber die von ihnen schon getragene Rose oder einen angebissenen Apfel zu.[16]

Häufig genügt der Hinweis auf Rosenduft, um eine erotisierte Atmosphäre zu schaffen:

> Ich ahne, was als Leben in dir waltet
> Wenn deine Blätter, wie in Wollust, prangen
> Und wenn dein Duft in sehnendem Verlangen
> Dem Kelch entschwebt, den seine Glut gespalten.

Friedrich Hebbel[17]

Theodor Storm schreibt an seine Base Constanze Esmarch, die er 1846 heiratete: »Es ist eine Stunde zum Nichtstun der Liebe; ich schmachte nach Dir; es steht ein ganzes Glas mit Rosen auf dem Tisch. Du glaubst nicht, wie es zärtlich macht, in diese halbgeöffneten duftenden Kelche zu sehen.« Oscar Wilde beginnt den seinerzeit als »shocking« empfundenen Roman *Das Bildnis des Dorian Gray* (1891) mit dem Satz »Das Atelier war von einem reichen Rosenduft durchtränkt«. In Tennessee Williams' Schauspiel *The Rose Tattoo* (1950) äußert sich die Sizilianerin Serafina über ihre leidenschaftliche Liebe zu Rosario, der eine tätowierte Rose auf der Brust trug: »In seinem Haar hat er Rosenöl! – Und wenn ich in der Nacht aufwache – die Luft um mich, das dunkle Zimmer – ganz voll Rosen. Jedes Mal ist es wie das erste Mal mit ihm.«[18]

In der indischen und fernöstlichen Kunst wird der Platz der Rose teilweise von der Lotusblume als weiblichem Symbol eingenommen.[19] So zeigt ein Deckenfresko der Tempel von Mount Abu im nordindischen Rajasthan den häufig abgebildeten Frühlingstanz des Gottes Krishna mit den Hirtinnen als Reigen um eine weit geöffnete Lotusblüte. Die Frauen, deren Erregung durch die schwingenden Zipfel ihrer Röcke (teilweise Rosendekor!) angedeutet ist, haben ihre Ehemänner verlassen, um sich dem schönen Götterjüngling hinzugeben, der den ekstatisch berauschten Frauen allen gleichzeitig beizuwohnen vermag.

Für all diese Sinnbezüge ist natürlich mitentscheidend, daß die Farbe Rot ein Symbol der Leidenschaft ist. Sobald ein Mensch von Liebe, Haß, Zorn, Wut, Scham, Begeisterung oder Ärger gepackt worden ist, schießt ihm das Blut ins Gesicht, gerät er »in Wallung«, »entbrennt er«. Die Charakteristika Farbe, Wärme und Bewegung haben diese Gefühlsregungen mit Glut, Feuer und Blut gemeinsam. Schon im Canticum canticorum heißt es: »Denn Liebe ist stark wie der Tod, und Leidenschaft unwiderstehlich wie das Totenreich. Ihre Glut ist feurig und eine Flamme des Herrn, so daß auch viele Wasser die Liebe nicht auslöschen und Ströme sie nicht ertränken können« (Hld 8, 6f, nach Luther).

Ähnlich der plattdeutschen Redensart »Se hat Röseken plantet« statt »sie errötet« setzt Der von Kürenberg im 12. Jahrhundert die zärtlichen Gedanken seiner Liebsten mit dem Erblühen der Rosenfarbe gleich:

Swenne ich stan aleine in minem hemede
unde ich gedenke an dich, ritter edele,
so erbluot sich min varwe als der rose an dorne tuot,
und gewinnet daz herze vil manigen trurigen mout.[20]

Ein anderer Minnesänger hat über dem brennend roten Mund seiner Geliebten den Einfall, sie habe eine Rose gegessen.[21] Das flammende Rot als Bild des Sexus ist uralt; von Natur aus sind gerade diejenigen Körperteile blutdurchsichtig und rot, welche die stärksten sexuellen Bezüge haben: Penis, Vulva, Brustwarzen, Lippen. Schon die Bibel weiß, daß sich Prostituierte in Rot kleiden, um Liebhaber anzulocken (Jer 4,30). Auch Dante berichtet in seiner *Vita Nuova,* Beatrice sei ihm zum ersten Mal in blutrotem Gewande erschienen.[22] Der rote Rock als Erossignal taucht in den

Vagantenliedern des 13. Jahrhunderts ebenso auf wie in der Barocklyrik oder der Dichtung unserer Tage.

Stetit puella rufa tunica; si quis eam tetigit, tunica crepuit. Eia!	Es stand das Mädchen im roten Kleid; wenn jemand sie berührte knisterte die Tunika. Eia!
Stetit puella tamquam rosula: facie splenduit et os eius floruit. Eia!	Es stand das Mädchen rösleingleich: leuchtenden Gesichts und ihr Mund blühte. Eia![23]

Sie gleicht wohl einem Rosenstock,
Drum gliebt sie mir im Herzen,
sie trägt auch einen roten Rock,
kann züchtig, freundlich scherzen;
Sie blühet wie ein Röselein,
das Bäcklein, wie das Mündelein.
Liebst du mich,
so lieb ich dich,
Röslein auf der Heiden!

Unbekannter Dichter (17. Jh.)[24]

Du erscheinst im Tor
in einem roten Kleid
mir zu sagen, daß du Feuer bist,
das verzehrt und wieder entzündet.

Eine Dorne hat mich gestochen
von deinen roten Rosen,
damit ich vom Finger sauge,
als wär' es schon deines, mein Blut!

Giuseppe Ungaretti (1888–1970)[25]

Mit rotem Schleier (»flammeum«) verhüllt erschien die römische Braut zur Hochzeit, worauf das folgende Gedicht epigonenhaft anspielt:

Rot sey der Schleier meiner Braut,
Die Hymen mir einst anvertraut:
Von ihren rosenroten Lippen
Will ich des Lebens Wonne nippen.

J. K. Unger[26]

Noch bemühter vergleicht der persische Lyriker Kamal-i Khodschandi (gest. um 1400) die Rose einer rotverschleierten Braut, die, von eifersüchtigen Dornen umgeben, dasitzt, während der Morgenwind ihr das Haar frisiert.[27]

In China trug die Nebenfrau ein – sonst der Hauptfrau vorbehaltenes – rotes Kleid, wenn sie zum ersten Mal zu ihrem Gemahl ging. Prostituierte wurden »rote Mädchen« genannt.[28] Else Lasker-Schülers Verszeilen »Wie die Freudenmädchen / Die welke Rose ihrer Lenden röten« sind im gleichen Zusammenhang zu sehen.[29] Dichter aller Zeiten wußten, daß Liebe und Leid ebensowenig getrennt werden können wie Rose und Dorn oder Wärme und Feuer:

Meine Liebe,
wir haben uns gefunden
voller Durst, und wir haben
uns getrunken, alles Wasser und das Blut,
wir haben uns gefunden
voll Hunger
und haben uns gebissen,
wie das Feuer beißt,
Wunden hinterlassend.

Aber warte auf mich,
bewahre mir deine Süße.
Ich werde dir auch
eine Rose geben.

Pablo Neruda[30]

Dard, ein indo-persischer Dichter, der in Delhi lebte (1721–1785), faßt dieses Geheimnis in einem unvergleichlichen Rosen-Bild zusammen:

Gleich sind an Form und Gestalt
Freude und Leiden. Die Rose –
Nenn' sie geöffnetes Herz,
nenn' sie gebrochenes Herz.[31]

Die kontrastreiche Gegenüberstellung von »Rosen und Lilien« kann wie das Bild von »Rosen und Milch« das jungfräuliche Erröten beschreiben. Häufiger aber weist die weiße Blüte auf noch unausgelebte Leidenschaft hin:

Unter den roten blüht einsam die weiße Rose,
längst schon geöffnet hat sich die weiße Rose.
Sag, um der Liebe willen, was zögerst du noch?

Anonymer armenischer Dichter[32]

Die Nonne klagt dem vorbeiziehenden Reitersmann:

Viel hundert weiße Lilien
im Klostergarten stehn;
die roten, roten Rosen
sind noch einmal so schön.

Ach Reiter, junger Reiter,
behalt die Rosen dein;
mir blühen bloß die Lilien,
doch nicht die Röselein.

Hermann Löns (1866–1914)[33]

Der jüdische Sohar interpretiert den Vers des Hohelieds »Ich bin eine Lilie von Scharon, eine Rose der Tiefen« wie folgt: »Anfänglich Lilie, wenn sie erst dem König sich zu vereinigen wünscht; dann aber, nachdem sie dem Könige in Küssen sich verbunden, wird sie Rose genannt, im Sinne der Worte: ›seiner Lippen Rosen‹ (Hld 5,13).«

Ein beliebtes Motiv des Rokoko verglich die Küsse mit dem an einer Rose anhaftenden Bienenschwarm.[34] Ein unbekannter Dichter des 17. Jahrhunderts etwa reimt »Die Rose blüht / Ich bin die fromme Biene / Und rühre (. . .) die keuschen Blätter an / Daher ich Tau und Honig schöpfen kann.«[35] Von Johann Christian Günther stammt der Vers:

Ihr angenehmen Nacht-Betrieger,
Ihr süßen Träume, schleicht herein!
Und sucht, wie Bienen jungen Rosen,
Der schönsten Seele liebzukosen,
Und nehmt so Herz als Lager ein.[36]

Gotthold Ephraim Lessing (1729–1781) spürt dem erotischen Geschehen in seinem Gedicht »Die Biene« nach:

Als Amor in den goldnen Zeiten,
Verliebt in Schäferlustbarkeiten,
Auf bunten Blumenfeldern lief,
Da stach den kleinsten von den Göttern
Ein Bienchen, das in Rosenblättern,
Wo sonst es Honig holte, schlief.

Durch einen Stich wird Amor klüger,
Der unerschöpfliche Betrüger
Sann einer neuen Kriegslist nach:
Er lauscht in Rosen und Violen;
Und kam ein Mädchen, sie zu holen,
Flog er als Bien' heraus und stach.[37]

Rosenbrechen

Ein Volkslied erzählt das Gespräch zwischen einem Reitersmann und seiner Liebsten:

Lieb, wollt ihr mit mir reiten?
Lieb, wollt ihr mit mir gahn?
ich will euch, Süßlieb, leiten,
wo die rothen Röselein stahn.

Ich will nicht mit euch reiten,
ich will nicht mit euch gahn,
mein Vater würde mich schelten,
meine Mutter würde mich schla'n.

Warum würd' er euch schelten?
warum würd' sie euch schlan'n?
ihr habt ja den rothen Röselein
keinen Schaden gethan.[38]

Ein von der Reise Zurückkehrender klagt:

Ich hab gepflanzt ein Würzgärtlein mit Blumen
und adlichen Rosen:
Nun ist noch andres dazwischen gewachsen,
dieweil ich nach Rom gezogen.
In meinem Garten ist gewesen ein Hirsch,
der die Blumen hat niedergetreten.
Er hat mir verwüstet das einzige Kraut,
das Freude meinem Herzen konnt geben.

Altdänisch[39]

»In die Rosen gehen«, »Blumen knicken«, »Blumen pflücken«, »den Garten umwühlen«, »den Rosenkranz verlieren« und ganz besonders »Rösleinbrechen« sind seit langem Chiffren für das Liebeseinverständnis und den Raub der Unschuld, worauf ja auch die Umschreibung »defloratio« verweist.

Zeit zum Rosenbrechen

Die Röslein sind zu brechen Zeit,
Derhalben brecht sie heut!
Und wer sie nicht im Sommer bricht,
Der brichts im Winter nicht.

Wilt du mit mir, saum dich nit lang
In diesem Ziel, ja Ziel!
Es geht ein frischer Sommer herein,
Der bringt uns Röslein viel.

Da brachen sie der Röslein viel
Mit großer Freud, ja Freud.
Wohlauf mit mir, brauns Mägdelein,
Es ist jetzt an der Zeit!

Sie brachen ihnen der Röslein ab
Zu einem Kranz, ja Kranz,
Sie globten einander die Treu und Ehr,
Das macht ihr Lieb erst ganz.[40]

Ludwig Uhland, der im vorigen Jahrhundert als einer der ersten den Motiven der deutschen Volksüberlieferung nachging, schreibt über den Blumenkranz:
»Er bezeichnet die jugendliche Freude und die jungfräuliche Unschuld, diese finden zwar ihre Einheit in der morgenfrischen, thauglänzenden Jugendblüthe, aber die Verbindung ist nicht ungefährlich, und wenn die Jugendlust vorschlägt, zerflattert das aufgelöste Gewinde.«[41]
Eine von Uhland zitierte »schamlose Jägerballade« endet dementsprechend:

Da zog sie ab ihr Kränzelein,
warf's in das grüne Gras:
»ich hab' dich gerne tragen,
dieweil ich Jungfrau was.«

Auf hub sie wohl ihr Kränzelein,
warf's in den grünen Klee:
»gesegen' dich Gott, mein Kränzelein,
ich seh' dich nimmermeh.«[42]

Selbst die Mystikerinnen des Spätmittelalters bedienten sich des gängigen Vokabulars der Volkserotik, um ihre Hingabe an den Gottessohn zu umschreiben:

Du hast ein Röslein brochen, Jesus, meins Herzens Traut,
Und hast auf mich gehäufet von Leiden ein bittres Kraut:
Muß ich das Kräutlein (ver)däuen, du mußt mein eigen sein,
Des sollt ich mich nun freuen, du bist mein und ich bin dein.

Anonym, um 1500[43]

Eine Uhland zufolge »leichtfertige Weise« ergänzt das Bild vom Rosenbrechen durch eine weitere sexuelle Anspielung:

Er thät ein Röslein brechen,
zum Fenster stieß er's hinein:
»thust schlafen oder wachen,
Herzallerliebste mein?«[44]

Auch Theodor Storm baut wohl darauf, daß der Leser die Anspielungen seines Kunstmärchens *Hinzelmeier* »durch die Blume« versteht: »Weit von dieser kleinen Stadt liegt der uralte Rosengarten, von dem die Sage geht, er sei am sechsten Schöpfungstage mit erschaffen worden. Innerhalb seiner Mauer stehen tausend rote Rosenbüsche, welche nie zu blühen aufhören; und jedesmal, wenn in unserem Geschlechte, welches in vielen Zweigen durch alle Länder der Welt verbreitet ist, ein Kind geboren wird, springt eine neue Knospe aus den Blättern. Jeder Knospe ist eine Jungfrau zur Pflegerin bestellt, welche den Garten nicht verlassen darf, bis die Rose von dem geholt worden, durch dessen Geburt sie entsprossen ist. Eine solche Rose (...) besitzt die Kraft, ihren Eigentümer zeitlebens jung und schön zu erhalten. Daher versäumt denn nicht leicht jemand, sich seine Rose zu holen; es kommt nur darauf an, den rechten Weg zu finden; denn der Eingänge sind viele, und oft verwunderliche. Hier führt es durch einen dicht verwachsenen Zaun, dort durch ein schmales Winkelpförtchen, mitunter – und Frau Abel sah ihren Eheherrn, der eben ins Zimmer trat, mit schelmischen Augen an – mitunter auch durchs Fenster!«[45]

Einem unwillkommenen Freier antwortet ein Mädchen:

Edler Herr, ich rat's euch nicht,
Die Rosen stehen hoch, ihr brecht sie nicht.[46]

Und die Erfahrung, die ein zudringlicher Liebhaber – einem Frankfurter Liederbuch von 1584 zufolge – schließlich macht:

Sie wehret sich mit dem Rosenzweig
bis daß der Stiel zerbrach.[47]

Solche Erlebnisse mögen Anlaß gewesen sein, die Problematik poetisch zu sublimieren:

Mein Wille lag mit Herz und Augen zwar im Streit,
daß ich dem Leib zum Zorn blieb voll Besonnenheit.
Ich brach die Rose nicht und hatte doch die Macht.

König Wenzel von Böhmen (1278–1305)[48]

Der Rose süßer Duft genügt,
man braucht sie nicht zu brechen
Und wer sich mit dem Duft begnügt
den wird ihr Dorn nicht stechen.

Friedrich von Bodenstedt (1819–1892)[49]

Unter Verwendung eines Volksliedes hat Johann Wolfgang von Goethe die dichterisch wohl ausgereifteste Formulierung dieses Motivs geschaffen, mit dem »Heidenröslein«:

Und der wilde Knabe brach
's Röslein auf der Heiden;
Röslein wehrte sich und stach,
Half ihr doch kein Weh und Ach,
Mußt es eben leiden.
Röslein, Röslein, Röslein roth,
Röslein auf der Heiden.[50]

Geradezu als ein Leitfaden des Rosenbrechens lesen sich die Lieder des *Kleinen Rosengarten* von Hermann Löns:

Das Lieben vor allen Leuten
macht nicht so viele Freud,
als wenn man bricht die Rosen
in aller Heimlichkeit.[51]

Ein Reitersmann zu Pferde
der soll mein Liebster sein;
er soll den Schlüssel haben
zu meinem Gärtelein.

Die Rosen soll er brechen
so viel und viel er mag;
es wachsen wieder neue
in meinem Gartenhag.[52]

Ich weiß einen Garten hübsch und fein,
da blüht ein rotes Röselein,
und darum ist ein Heckenzaun,
im Sommer grün, im Winter braun.

Und wer das Röslein brechen will,
muß kommen stumm, muß kommen still;
muß kommen bei der dustern Nacht,
wenn weder Mond noch Sternlein wacht.

Ich wollte meinem Glück vertraun,
stieg heimlich übern Gartenzaun;
das rote Röslein war geknickt,
ein andrer hatte es gepflückt.[53]

Die Rosensymbolik kennt aber noch weitere Umschreibungen des Beischlafs. Ein deutsches Volkslied gibt ein Gespräch zwischen Tochter und Mutter folgendermaßen wieder:

»Ach Mutter, ich bin im Rosengarten gewesen,
Da habe ich mir einen Dorn in den Fuß getreten.« –
»Ja wohl einen Dorn in den linken Fuß,
Davon du dreiviertel Jahr hinken mußt.«
Da weinte das Mädchen so sehre.[54]

Der englische Dichter, Kupferstecher und Visionär William Blake (1757–1827) bedient sich in seinen 1789/94 erschienenen *Songs of Innocence and Experience* der alten Schlangensymbolik, wobei er seiner Gewohnheit folgend das Gedicht zusätzlich illustriert:

Die kranke Rose

Ach Rose, du bist krank,
der unsichtbare Wurm,
der die Nacht durchfliegt
im heulenden Sturm,

fand deiner Freuden Bett
wie Karmesin so rot,
mit heimlichdunkler Liebe
bringt er dir nun den Tod.[55]

Clemens Brentano (1778–1842) verfaßte zwischen 1803 und 1812 das unvollendet gebliebene Epos *Romanzen vom Rosenkranz,* in dem er nicht mit erotischen Anspielungen spart, und in dem sich auch eine rosenschwangere Nachdichtung des biblischen Hohen Liedes findet.[56]

Nachdem Brentano zum katholischen Glauben zurückgekehrt war, verurteilte er die Dichtung als »geschminkte, duftende Toilettensünden unchristlicher Jugend«.
In den *Romanzen vom Rosenkranz* versucht der zum Büßer gewordene Maler Kosme mögliche Blutschande zwischen seinen drei ehelichen Töchtern (Rosarosa, Rosadora, Rosablanka) und seinen drei unehelichen Söhnen zu verhindern. Als Rosablanka ihrem Vater erzählt, sie habe schwere Träume gehabt, entwickelt sich folgender Dialog:

»War es Feuer, war es Wasser,
Rosablanka, was dir drohte?
War erwühlet dir der Garten?
Bebte unter dir der Boden?« –

»Ja, es waren Tränen, Vater,
Und es war die Glut der Rosen,
Und um göttliches Erbarmen
Ward erwühlt des Gartens Boden.« –

»Wehe! wehe! Rosablanka,
Der gewühlet in dem Boden,
Fand er göttliches Erbarmen,
Oder blieb sein Werk verloren?« –

»Er ging unter still ermahnend,
Über ihm ist aufgeschossen
Eine bunte schöne Schlange,
Dringend hin nach meinen Rosen.«

»Wehe! wehe! Rosablanka,
Gabst du hin die heil'gen Rosen?
Hat die bunte, schöne Schlange
Dich mit bunter Lust betrogen?« –

»Von dem Himmel kam gegangen
Die den Heiland hat geboren,
Sie zertrat das Haupt der Schlange,
Und ich gab *ihr* hin die Rosen.« –[57]

Es hassen und bedrängen einander also Venus- und Virgo-Rosen, Feindschaft besteht zwischen der Jungfrau und der mit der Schlange verbundenen Venus. Interessanterweise hatte auch Blake mit seinem Bild der wurmstichigen Rose nebenbei auf die Jungfrau Maria anspielen wollen, allerdings mit umgekehrtem Vorzeichen wie Brentano: Blake wollte seiner Auffassung Ausdruck geben, der katholische Klerus sei verrottet.[58]
Der romantische Dichter Ludwig Tieck greift in seinem kaum bekannten Lustspiel *Kaiser Octavianus* von 1804 – in dem sich seiner eigenen Vorrede zufolge »der lyrischen Ergüsse viele« finden – auf die althergebrachte Pfeilsymbolik zurück, um die Defloration einer Rose zu beschreiben:

Rose, liebste Mädchenblume,
Liebesblume, süße Rose! (...)
Und ich schau in deine Blätter,
In das Labyrinth, das rothe, (...)
Nicht umsonst bist du erst quillend
Eingehüllt in deiner Knospe;
Also schläft des Mädchens Busen,
Eh die Liebe ihn erhoben:
Und das Roth, ein heimlich Feuer,
Bricht hervor süß angeschwollen,
Und wie ein verstohlen Küßchen
Hängst du an dem Zweig gebogen:
Aber inniger entbrennen
Lüfte, die dich aufgesogen,
Immer süßer träumst du Liebe,
Hast die Luft in dich gezogen,
Immer buhlerischer küsset
Dich das Licht, das dir gewogen,
Und du lässest nun die Scham,
Und es dringt zu deinem Schooße

Alle Kraft des heil'gen Aethers,
Seine Pfeile, glänzend golden. –
Mußt du welken in der Liebe
Mädchenblume, süße Rose?[59]

Tau und Regen

Als von besonderem Reiz gelten taubenetzte Rosen. Einerseits schwingt hier die Verwandtschaft von Tau und Tränen mit:

Am süßesten glüht Rose,
vom Morgentau gefeuchtet,
am lieblichsten blickt Liebe,
wenn sie durch Tränen leuchtet.

Walter Scott (1771–1832)[60]

In orientalischer Tradition wird der Tau, der in der Frühe auf den Rosenblättern wie Perlen glänzt, häufig den Tränen der in tragischer Liebe zur Rose entbrannten Nachtigall verglichen.

Meine und deine Begegnung
ist die von Rose und Tau:
Alles Lächeln von Dir und
alles Weinen von mir.

Dard (gest. 1785)[61]

Zum anderen kann auf den zum oder vom Küssen gefeuchteten Mund angespielt werden:

Die Rosenknospe, feucht vom Morgentau,
lacht wie der Mund Schirins, der schönen Frau.

Mirza Kasim (pers. Literat)[62]

So wie die Rose aus der Knospenklause drängt,
wenn sie nach süßem Tau begehrt,
bot sie mir ihren zuckersüßen Mund.

König Wenzel von Böhmen (13. Jh.)[63]

Ungleich häufiger wird jedoch der Tau als der beim Liebesakt gespendete Samen aufgefaßt. Theokrit von Syrakus (3. Jh. v. Chr.) nennt die Geliebte noch dezent »der Rose im Taue gleich«, während islamische Dichter die schöne Blume schon recht deutlich schelten, daß sie »in der Umarmung des Taus geschlafen« und dadurch einen »feuchten Saum« bekommen habe.[64] Bei den Minnesängern heißt es:

Kommen ist uns ein lichte Augenweide,
man sieht der Rosen Wunder auf der Heide;
die Blumen dringen durch das Gras.
Wie schön eine Wiese getauet was,
Da mir mein Geselle seinen Kranze las.

Neidhart von Reuental (um 1190–vor 1246)[65]

Tau in Fülle aber träufet
auf die Rosen ohne Reif.

Konrad von Würzburg (1220/30–1287)[66]

Das Lied vom »Rosenbrechen« aus dem Ambraser Liederbuch gibt folgenden Ratschlag:

Ich reit mir aus Kurzweile
Für einen grünen Wald.
Was begegnet mir in der Aue?
Ein wunderschöne Jungfraue,
Nach Röslein wollt sie gan.

Da begegnet ihr ein Herre,
Zumal ein feiner Mann:
»Sag mir, du guter Geselle,
Wie man die Röslein soll fällen
Oder wie man sie brechen soll?

Bricht man sie gegen den Abend,
So scheinen sie von Farbe bleich,
Bricht man sie gegen Morgen,
Ein andrer hat sie verborgen,
Den Schaden, den muß ich han.«

»Die Röslein soll man brechen
Zu halber Mitternacht,
Denn seiend sich alle Blätter
Mit dem kühlen Tau beladen,
So ist es des Rösleinbrechens Zeit.«[67]

Eine im Mittelalter berühmte Sage erzählt die Geschichte der beiden Kinder Floire und Blanchefleur, die einander innig zugetan sind. Da aber Blanchefleur dem König als Gemahlin seines Sohnes Floire nicht ebenbürtig ist, wird das Mädchen fernab in einem Turm eingeschlossen, wo sie um den Geliebten trauert. Als jedoch an einem Maitage der eingesperrten Jungfrau Rosen gebracht werden sollen, versteckt sich Floire in rotem, blumengleichen Kleid in dem Korb und deckt sich mit Blumen zu. Die beiden Träger finden den Korb ungewöhnlich schwer, meinen aber, die Rosen seien naß im Tau gelesen worden, denn Blanchefleur habe sie lieber naß als trocken. Wie sehr sie auch traure, so werde ihr doch »an diesen Rosen Liebe geschehen«. Und so geschieht es denn auch.[68]

Der christlichen Tradition des Mittelalters war die Gleichsetzung von Tau mit Samen durchaus vertraut, galt doch das in Armenbibeln häufig abgebildete Tauwunder als Symbol der jungfräulichen Mutterschaft Marias. Im Buch der Richter (6, 36ff.) wird berichtet, wie als Wunderzeichen für den zögernden Gideon ein auf die Tenne gelegtes Vlies vom Tau befeuchtet wurde, während die ganze Umgebung trocken blieb, und danach allein trocknete, während ringsum alles naß wurde. In der Stephanuskapelle des Kölner Doms bildet ein Glasfenster von 1891/92, das auf ein Vorbild des 13. Jahrhunderts zurückgeht, eben diese Szene ab, wobei neben dem Vlies der marianische Rosenstrauch blüht.

In ähnlicher Metaphorik äußert sich der Geliebte im Hohen Lied (5,2–6 in der Übersetzung Luthers), als er an die Kammertür seiner Freundin klopft: »Tu mir auf, liebe Freundin, meine Schwester, meine Taube, meine Reine! Denn mein Haupt ist voll Tau und meine Locken voll Nachttropfen. Ich habe mein Gewand ausgezogen – wie soll ich es wieder anziehen? Ich habe meine Füße gewaschen – wie soll ich sie wieder besudeln? Mein Freund steckte seine Hand durchs Riegelloch, und mein Innerstes wallte ihm

entgegen. Da stand ich auf, daß ich meinem Freund auftäte; meine Hände troffen von Myrrhe und meine Hände von fließender Myrrhe am Griff des Riegels.«
Ein unbekannter Dichter des 15. Jahrhunderts beschreibt diese Schlüsselszene des Canticum canticorum aber auch in der von seiner Epoche favorisierten Symbolik:

Tochter von Syon, tritt herfür,
Dein Herr klopft an, schleuß uf die Tür,
Daß er nit gang hin fürbaß,
Er ist von roten Rosen naß.[69]

Unter den Gedichten Paul Éluards (1895–1952) findet sich der 1934 entstandene Zyklus *La rose publique (Die öffentliche Rose),* in dem die Geliebte des Hohen Liedes, über alle eifersüchtige bräutliche Zweisamkeit erhaben, davon singt, wie ihr Freund den Frauen in allen Straßen »eine Rose von Tau« anbietet, was im Französischen durch das Wortspiel »Une rose de rosée« zusätzlichen Reiz gewinnt.
Zweifellos ist die Tausymbolik eng verwandt mit der Metapher vom Regen als lebensspendendem Samen. So dringt bekanntlich Zeus als Goldregen in die Kammer der vor ihm verborgen gehaltenen Danae ein, während die Liebesmystik der Heiligen Teresa de Gesu (1515–1582) das *Gleichnis vom bewässerten Garten* kennt.[70] Emanuel Geibel formuliert im 19. Jahrhundert:

Ich bin die Rose auf der Au',
Die still in Düften leuchtet',
Doch du, o Liebe, bist der Thau,
Der nährend mich befeuchtet.[71]

Ganz ähnlich sieht der Mystiker Rumi sich als Erde, die Geliebte hingegen als Himmel, und wartet auf den Regen der Gnade, der auf Erden Rosengärten zum Blühen bringen soll. Auf einer indischen Malerei des 19. Jahrhunderts wässert der Mörder seiner ehebrecherischen Frau unter Aufsicht eine Rose im Gefängnisgarten, wobei er die Tülle der Gießkanne – vielleicht in Erinnerung an vergangene Freuden – genauso umfaßt wie es Frauen auf erotischen Miniaturen mit Langhalsflaschen tun.[72] Der wilde Alexander (um 1300) macht eine unberegnete Rose zum Gegenstand seiner Minneklage:

> Der weiß nicht gut Rosen pflegen,
> wer so hütet, daß ein Regen
> den Zweig nicht kann begießen:
> Auf den Rosen sollte sein
> ein Tau, danach ein Sonnenschein,
> so werden sie erschließen.
>
> Eine Rose steht, worum ich klage,
> verborgen in so dichtem Hage,
> wohin selten Freude irrt.
> Drum muß sie trauern um die Not,
> es bleicht auch ihre Farbe rot,
> wenn ihr nicht Raum geschaffen wird.[73]

Der rosenblühende Stab

Obgleich zwischen Rosenknospe und Phallus eine ebenso auffällige Ähnlichkeit besteht wie zwischen Rosenblüte und Vulva, läßt sich hier eine phallische Symbolik viel seltener nachweisen. Rainer Maria Rilke formuliert sie deutlich in seinen *Sieben Gedichten* aus dem Spätherbst 1915, die wegen ihrer unverhüllten Metaphorik lange Zeit nicht in die Gesamtausgabe seiner Werke aufgenommen wurden:

> Auf einmal faßt die zarte Rosenpflückerin
> die volle Knospe seines Lebensgliedes
> und an dem Schreck des Unterschiedes
> schwinden die (linden) Gärten in ihr hin.[74]

Als Ausdruck homoerotischer Neigungen findet sich phallische Rosensymbolik in den Gedichten von Dschalaluddin Rumi, mit denen er seine Liebe zu dem Wanderderwisch Shamso'd-Din aus Täbris besingt:

Von jener Zuckerlippe zart,
von jenem Schenken edler Art
mir Leib und Seele trunken ward:
O Freund, schlaf nicht heut nacht! (. . .)

Hab nicht auf Scham und Reue acht!
Sei frei von Scham, komm ohn Bedacht!
O komm, denn »schon die Rose lacht«!
O Freund, schlaf nicht heut nacht![75]

Die Rose ist die Lachende; wenn sie nicht lacht,
was soll sie denn?
Wenn sie aus Moschusduft sich nicht ein Kränzlein macht,
was soll sie denn?[76]

Ähnlich wird von einem anderen persischen Mystiker, Ahmad Ghazzali (gest. 1126) erzählt, »daß eine Schar von Sufis bei ihm eintrat und ihn allein mit einem unbärtigen Jüngling fand. Zwischen beiden stand eine Rose, und er blickte bald nach der Rose, bald nach dem Jüngling. Als sie Platz genommen hatten, sagte einer von ihnen: Vielleicht haben wir gestört? Er sprach: Ja. Da schrieen sie alle in Gefühlsekstase.«[77]

Zu dem Zyklus »Amori di Giove« des Italieners Correggio (um 1489–1534) gehört das 1527/28 in Auftrag gegebene Gemälde »Der Raub des Ganymed« (Wien, Kunsthistorisches Museum). Der Adler des Zeus trägt den Knaben geradewegs von einem blühenden Rosenbusch fort in die Lüfte. Die meisten Quellen des Altertums wollen wissen, daß der Göttervater in Leidenschaft zu diesem Schönsten unter den Sterblichen entbrannt war. Nach Homer wurde Ganymed jedoch lediglich zum Olympos entführt, »Zeus Becher zu füllen, wegen der schönen Gestalt den Unsterblichen zugesellet.«[78] Dierbachs *Flora Mythologica* berichtet, daß Ganymed in dieser Funktion als Mundschenk ebenfalls mit Rosen bekränzt war.[79]

Vermutlich dürfte es keine allzu gewagte Interpretation sein, die Rosensymbolik des folgenden schwedischen Volksmärchens als Selbstfindeprozeß eines latent (homo)erotischen Priesters aufzufassen: »Ein Priester ritt abends über eine Brücke und vernahm in demselben Augenblick Töne des anmutigsten Saitenspiels. Er blickte um sich und gewahrte über der Wasserfläche einen bis zur Hälfte des Leibes nackenden jungen Mann mit einer roten Mütze und goldgelocktem Haar, in der Hand eine goldene Harfe. Er erkannte, daß es der Nix sei, und rief in seinem Eifer ihm zu: ›Wie kommst du dazu, so fröhlich auf deiner Harfe zu spielen? Eher wird der dürre Stab, den ich hier in der Hand trage, grünen und blühen, als du der Erlösung gewärtig sein kannst!‹ Der unglückliche Harfenspieler warf nun betrübt seine Harfe auf das Wasser und saß bitterlich weinend auf den Fluten. Der Pfarrer trieb sein Roß an und ritt weiter. Aber kaum hatte er eine Strecke zurückgelegt, da gewahrte er, daß sein alter Wanderstab sich belaubte und die schönsten Rosen zwischen den Blättern zum Vorschein kamen. Das schien ihm ein Wink vom Himmel, daß er die trostreiche Lehre von der Versöhnung in andrer Art lehren müsse, als er getan. Er eilte sogleich zurück zu dem noch immer klagenden Nix, zeigte diesem den grünen Stab und sprach: ›Siehst du, jetzt grünt und blüht mein alter Stab, wie ein Schößling im Rosengarten, so blüht auch die Hoffnung im Herzen aller erschaffenen Wesen, denn ihr Erlöser lebt.‹ Hierdurch getröstet, griff der Nix wieder zu seiner Harfe, und freudige Töne erklangen die ganze Nacht hindurch an dem Ufer des Stromes.«[80]

Näherliegend sind Gleichsetzungen des Rosendorns mit dem Phallus, in »Die reinste Rose, die in Dornen fällt, ritzt ihr Blatt«, oder in einem erotischen Scherzrätsel:

> Ich ging durch ein Gäßlein,
> begegnet mir ein schwarz Pfäfflein,
> eh ich konnt' sagen och!
> Saß er mir schon im Loch.[81]

Rose als Vulva,
Dorn als Phallus.
Hausiererprodukt
um 1860

Dornröschens Erwachen

»Ein reicher Mann hatte drei Töchter. Als er auf eine große Reise ging, fragte er, was er ihnen mitbringen sollte. Die Älteren wählten sich Putz und Geschmeide, die jüngste bat allein um eine Rose. Es war Winter und nirgends eine Rose zu finden, als der Vater betrübt zurückkehrte, denn er liebte seine sanfte Tochter. Sieh' da, am Weg ein dunkles Gebäude. Seine Tore waren offen. Ein weiter Garten erstreckte sich dahinter, darin blüheten Rosen die Fülle. Niemand ließ sich sehen. Da brach der Kaufmann ein frisches Röslein ab, um es der Tochter heimzubringen. Doch kaum war dies geschehn, fiel ihn ein Ungetüm, wie ein Bär gestaltet, an. Der Vater bat um sein Leben. Um seiner Tochter willen habe er die Rose genommen. Das gute Kind habe nichts anderes gewollt. Der Bär versprach ihm, unter der Bedingung das Leben zu lassen, daß er nach bestimmter Zeit ihm die Tochter zur Gemahlin senden wolle, die die Rose verlangt hätte. Der Vater in Todesangst versprach. Doch betrübt kam er heim. Die Tochter war hocherfreut über die wundervolle Rose, die nimmer welkte. Jahre vergingen, immer blieb sie frisch. Da rollten eines Tages dunkelprächtige Wagen vor das Haus. Die Tochter wurd abgeholt. Tränen begleiteten sie, als ging es in den Tod. Sie kam in das dunkle Schloß. Pracht überall und köstliche Pflege. Bei Tisch und sonst setzte sich der Bär mit freundlicher Miene zu ihr. Sie bot ihm zu essen, er nahm nichts. Allmählich war seine Gesellschaft ihr gewohnt und lieb. Sie gingen miteinander durch Garten und Flur. Wenn er fehlte, vermißte ihr Herz den ungestalten aber treuen Gefährten. Eines Tages kam er nicht. Sie wartete lange, er kam nicht. Endlich ängstlicher Seele suchte sie den Freund und fand ihn wie tot am Rande des Wassers, das den Garten durchfloß. Da ergriff das gute Mädchen ein heftiger Schmerz; mit zärtlichen Rufen beugte sie sich über ihn nieder; Tränen flossen aus den Augen, daß sie den Toten benetzten. Kaum aber berührten die Tränen dessen Leib – da geschah ein Schlag; kein Bär war mehr zu sehn – ein herrlicher Jüngling stand vor ihren Augen. Die Dunkelheit wich heller Pracht. Leben und Freude überall. Der Zauber war gebrochen, die Liebe hatte ihn gelöst.«[82]

Die psychoanalytische Schule um C. G. Jung hat dieses alte Märchenmotiv – das Jean Cocteau 1946 als *La Belle et la Bête* verfilmt hat – als typischen Pubertätskonflikt heranreifender weiblicher Identität interpretiert. Die tugendhafte jüngere Tochter wünscht sich im Unterschied zu ihren älteren Schwestern nur eine Rose (in anderen Varianten einen »Rosenkönig«, d. h. drei Rosen auf einem Stiel): ein ganz von Verzicht geprägter Wunsch. Offenbar schwingen unterdrückte inzestuöse Neigungen mit, denn auch der Vater »liebte seine sanfte Tochter«. Die mit dem physischen Heranreifen des Mädchens immer stärker werdenden erotischen Antriebe werden jedoch so übermächtig, daß sie sich der gegengeschlechtlichen Hinwendung nicht länger entziehen kann. Parallel zum Ablöseprozeß von ihrem Vater gerät sie in den Machtbereich der »animalischen« Sexualität. Bald gewöhnt sie sich an den »ungestalten Gefährten«. In Cocteaus Verfilmung pflegt das Mädchen das kranke Tier, bis seine Liebe heranreift und sich das Ungetüm in den schönen Prinzen verwandelt.

In ihren *Kinder- und Hausmärchen* (1812/15) haben die Brüder Grimm eine Variante dieser Geschichte unter dem Titel *Das singende, springende Löweneckerchen* überliefert, die ihrerseits wieder die Episode von »Amor und Psyche« aus Apuleius' Roman *Der goldene Esel (Metamorphoses;* um 160/170 n. Chr.) variiert. Auch außerhalb des Eselromans findet sich das Motiv des Tierbräutigams, der seine menschliche Gestalt wiedererhält, indem er Rosen ißt – was wohl bedeuten soll, daß das von ihm geliebte Mädchen nun zur »genießbaren« Rose geworden ist.[84]

Für das gleichfalls von den Brüdern Grimm überlieferte Märchen der schönen Königstochter *Dornröschen* bietet sich ein ähnliches, wenngleich komplizierteres Interpretationsmuster an[84].

»Das Mädchen war so schön, sittsam, freundlich und verständig, daß es jedermann, der es ansah, lieb haben mußte. Es geschah, daß an dem Tage, wo es gerade fünfzehn Jahr alt ward, der König und die Königin nicht zu Haus waren, und das Mädchen ganz allein im Schloß zurückblieb. Da ging es allerorten herum, besah Stuben und Kammern, wie es Lust hatte, und kam endlich auch an einen alten Turm. Es stieg die enge Wendeltreppe hinauf, und gelangte zu einer kleinen Türe. In dem Schloß steckte ein verrosteter Schlüssel, und als es umdrehte, sprang die Türe auf. Saß da in einem kleinen Stübchen eine alte Frau mit einer Spindel und spann emsig Flachs. ›Was ist das für ein Ding, das so lustig herumspringt?‹ sprach das Mädchen, nahm die Spindel und wollte auch spinnen. Kaum hatte sie aber die Spindel angerührt, so ging der Zauberspruch in Erfüllung, und sie stach sich damit in den Finger. In dem Augenblick aber, wo sie den Stich empfand, fiel sie auf das Bett nieder, das da stand, und lag in einem tiefen Schlaf. Und dieser Schlaf verbreitete sich über das ganze Schloß.«

Wie für die Tochter des reichen Mannes beginnt auch für die junge Prinzessin ein neuer Abschnitt physischer Reife, spielt doch ihr Alter von »gerade fünfzehn Jahr« offenbar auf den einsetzenden Menstruationszyklus an. Turm, Wendeltreppe, Schloß, Schlüssel, Türchenöffnen weisen als deutliche Fingerzeige auf das erwachende sexuelle Interesse hin. Die Abnabelung von den Eltern und die Weiterentwicklung der eigenen Identität vollzieht sich durch eine Art Reifeschlaf. Ähnlich dem Spindelstich[85] markieren auch ursprüngliche Stammesgemeinschaften den Bruch mit der Kindheit durch schmerzhafte Initiationsriten wie Beschneiden, Tätowieren, Zahnfeilen.

Dem Zauberspruch einer beleidigten Fee zufolge hätte das Mädchen nach dem Spindelstich eigentlich tot umfallen müssen. Die Verwünschung konnte jedoch in einen hundertjährigen Schlaf gemildert werden. Zahlreiche Darstellungen auf antiken Grabdenkmälern belegen, daß diese Vorstellung vom Tod als lediglich einer Art langen Schlaf sehr alt ist: »Rings um das Schloß aber begann eine Dornenhecke zu wachsen, die jedes Jahr höher ward, und endlich das ganze Schloß umzog, und darüber hinauswuchs, daß gar nichts mehr davon zu sehen war. Es ging aber die Sage in dem Land von dem schönen schlafenden Dornröschen, denn so ward die Königstochter genannt, also daß von Zeit zu Zeit Königssöhne kamen und durch die Hecke in das Schloß dringen wollten. Es war ihnen aber nicht möglich, denn die Dornen, als hätten sie Hände, hielten fest zusammen, und die Jünglinge blieben darin hängen, konnten sich nicht wieder losmachen und starben eines jämmerlichen Todes.«

Damit neben den physischen auch die seelischen und geistigen Kräfte der jungen Frau heranreifen können, schläft Dornröschen lange und tief. Die Bruchkante zwischen der Welt des Kindes und der Welt der Erwachsenen muß verheilen. Die Dornenhecke schützt vor verfrühten Penetrationsversuchen: den Bewerbern gelingt es nicht, bis zu Dornröschen vorzudringen. Wie an Goethes »Heidenröslein« stechen sich die Freier, die die Rose brechen wollen. Auch in zahlreichen Legenden schützen höhere Mächte bedrohte Kinder durch Rosenhecken.[86] Ganz ähnlich rät die Volksweisheit: »Der etwas Liebes hat, das ihm in allen Dingen gefällt, von dem er aber nichts erzählen darf, der soll Hagedorn tragen, denn der hat die Art, daß er, wie freundlich er auch aussehen mag, sich wegen seiner Dornen doch nicht anrühren läßt.«[87]

Als ihr Reifeprozeß abgeschlossen ist, erwacht Dornröschen aus ihrem todesähnlichen Schlummer, wird das Mädchen als heiratsfähige Frau wiedergeboren. Ganz im Sinne der althergebrachten Metapher ist die jungfräuliche Knospe, das Röschen, zu einer reifen Rose geworden, die sich dem Freier bereitwillig öffnet: »Nach langen Jahren kam wieder einmal ein Königssohn in das Land. Nun waren aber gerade die hundert Jahre verflossen, und der Tag war gekommen, wo Dornröschen wieder erwachen sollte. Als der Königssohn sich der Hecke näherte, waren es lauter große schöne Blumen, die taten sich von selbst auseinander und ließen ihn unbeschädigt hindurch, und hinter ihm taten sie sich wieder zu einer Hecke zusammen. Da ging er weiter (...) und endlich kam er zu dem Turm und öffnete die Türe zu der kleinen Stube, in welcher Dornröschen schlief. Da lag es und war so schön, daß er die Augen nicht abwenden konnte, und er bückte sich und gab ihm einen Kuß. Wie er es mit dem Kuß berührt hatte, schlug Dornröschen die Augen auf, erwachte und blickte ihn ganz freundlich an. (...) Und da wurde die Hochzeit des Dornröschens mit dem Königssohn in aller Pracht gefeiert, und sie lebten vergnügt bis an ihr Ende.«

Der »Roman de la Rose«

Eine Schatzkammer erotischer Kultur mit der Rose als zentralem Medium ist der *Roman de la rose,* ein altfranzösischer Versroman des 13. Jahrhunderts. Obgleich ein Werk des Mittelalters, hat der Rosenroman Dichtung und Denken bis in die Aufklärung hinein maßgeblich beeinflußt, was sich allein daran ablesen läßt, daß über 300 Handschriften erhalten sind, während andere bedeutende Werke nur in wenigen Kopien überliefert wurden.[88]

Die ersten 4000 Verse des aus zwei ungleichen Teilen bestehenden Rosenromanes verfaßte Guillaume de Lorris zwischen 1225 und 1240. Der für den zeitgenössischen Adel schreibende Guillaume bedient sich dabei der Allegorie, die als beliebtes Darstellungsmittel den Epochenstil des Spätmittelalters prägte. Charakterzüge und Seelenregungen sind keine Eigenheiten des Individuums, sondern auf die Ebene allgemeiner Verbindlichkeit erhoben. Im Symbol der Rose ist die Geliebte ganz Typus jener höfischen Frau, die von den Troubadours als entrückter Gegenstand ihrer Verehrung in den Himmel gehoben wird.

Der *Roman de la rose* erzählt die Geschichte eines Traums: An einem Maimorgen spaziert der Dichter aufs Land hinaus und findet sich plötzlich vor einem von hohen Mauern umschlossenen Garten. Auf dessen Außenseite sind allegorische Gestalten wie »Haß«, »Untreue«, »Schwermut«, »Alter« gemalt, die den Zugang verteidigen – Verkörperungen all jener anti-höfischen Eigenschaften also, die den Zugang zu den Genüssen der Minne verwehren.

Da öffnet »Sorglosigkeit« dem Dichter eine kleine Pforte und berichtet, daß »Sinnenlust« der Besitzer des Gartens sei. Innen führt »Heiterkeit« einen Reigen an, an dem der Liebesgott mit »Schönheit«, »Reichtum«, »Jugend« und anderen allegorischen Gestalten teilnimmt. Entzückt durchstreift der Dichter den Garten, der ihm wie das Paradies erscheint. Als er einen verzauberten Brunnen entdeckt – den gleichen Brunnen, an dem der schöne Narziß starb – erblickt er in dessen Wasserspiegel eine herrliche Rosenknospe. Ihn erfaßt unsagbares Verlangen, die Rose zu pflükken, die jedoch von Disteln und Dornen umgeben ist. Der Liebesgott ist heimlich gefolgt und schießt dem Dichter fünf Pfeile durch das Auge ins Herz: »Schönheit«, »Einfachheit«, »Aufrichtigkeit«,

»Geselligkeit« und »Schöne Erscheinung«. Amor erklärt ihm die Gebote der höfischen Minne, aller Niedrigkeit zu entsagen, seinen Körper zu pflegen, sich dem Dienst an einer Frau zu ergeben. Als Unterpfand seiner Treue erlaubt der Dichter, daß Amor sein Herz mit einem Schlüssel verschließt.

»Der Liebende küßt die Rose«.
Aus dem *Roman de la Rose,* Miniatur, 15. Jh., Bibliothek Vienne.

»Guter Empfang«, ein das höfische Minnespiel verkörpernder Jüngling, lädt ihn zu der Rose ein, der unendlichen Sehnsucht und Leidenschaft stellen sich jedoch die Wachen der Rosenknospe entgegen: »Verzicht«, »Verleumdung«, »Angst« und »Scham«, die der »Keuschheit« zur besseren Bewachung der Rose gegen Venus übergeben worden war. Auch »Vernunft«, die von einem hohen Turme aus alles überblickt, meldet sich und rät von der Liebe ab. Als »Freund« dem Dichter Ratschläge gibt, wie er die Wächter beschwichtigen könne, wagt sich der Verliebte aufs neue in die Nähe seines Ziels. Er berichtet: »Als ich mich der Rose näherte, sah ich, daß sie ein wenig voller geworden, daß sie gewachsen war, / seit ich sie das letztemal aus der Nähe gesehen hatte. Sie verbreiterte sich ein wenig nach oben, und es freute mich, daß sie noch nicht so weit offen war, daß man den Samen sehen konnte. Er war noch zwischen den Blättern verborgen, die sich in die Höhe reckten, den Blütenboden bedeckend, so daß er nicht erscheinen konnte / ob der Fülle der Blätter. Die Rose war – Gott segne sie! – viel schöner als vorher und viel röter, seit sie sich geöffnet hatte. Sie war wunderbar; ich staunte.«[89]

»Keuschheit« verbietet jedoch ein weiteres Vordringen, bis sich schließlich Venus einschaltet, die mit ihrer flammenden Fackel schon »manche Dame erhitzt hat«. Venus verschafft dem Dichter den ersehnten Kuß, mit dem er die Geliebte an sich binden kann. Nun aber werden die Wächter zornig. »Verleumdung« ruft »Eifersucht«, die eine Mauer mit Turm um das Rosenbeet errichtet und auch den Helfer des Dichters, den »Guten Empfang«, dort einschließt. Das Gedicht bricht ab mit einem Klagemonolog des Dichters über seine unglückliche Liebe und die Wechselfälle Fortunas.

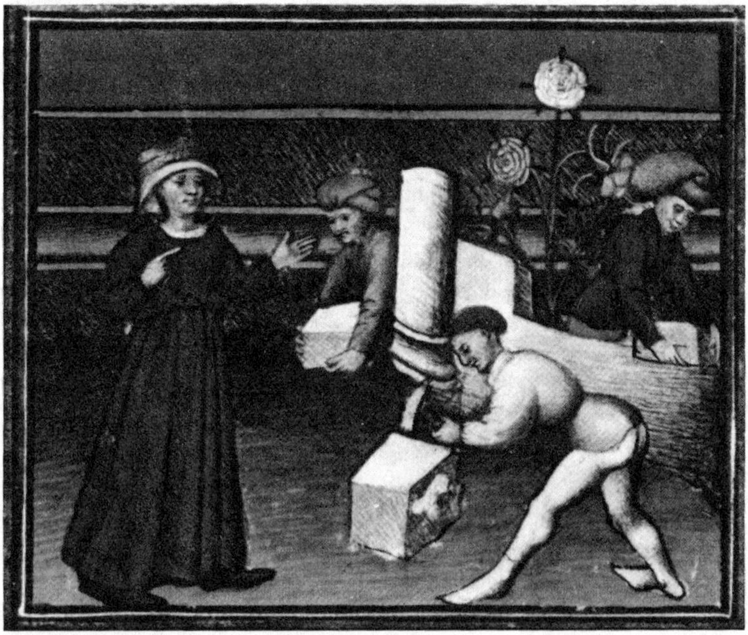

»Eifersucht läßt einen Wall um den Rosenstrauch herumführen«. Aus dem *Roman de la Rose, Miniatur, 15. Jh., Bibliothek Vienne.*

»Gefahr vertreibt den Liebenden aus dem Rosengarten«. Aus dem *Roman de la Rose, Miniatur, 15. Jh., Bibliothek Vienne.*

Um 1270, also etwa 40 Jahre später, wurde die zarte Minneallegorie des Guillaume des Lorris von einem in Paris lebenden Literaten, Jean Chopinel de Meun-sur-Loire, zu Ende gebracht. Nach außen hin führt de Meun die Traumfiktion fort, doch macht er den mit 18000 Versen ungleich umfangreicheren zweiten Teil des Rosenromans in quasi scholastischer Manier zu einem Kompendium literarischer Gelehrsamkeit. Die eigentliche Handlung verschwindet beinahe hinter der weitschweifenden philosophischen Enzyklopädik, in der de Meun eine Vielzahl antiker Texte verwendet, um seine eigenen Einstellungen zur weltlichen und religiösen Hierarchie aggressiv und kritisch auszubreiten.
Höfischer Minnedienst und ein idealisiertes Frauenbild sind Jean de Meun, der selbst kein Adliger ist, fremd. Eher bürgerlichen Auffassungen zuneigend, wird bei ihm aus der Verehrung der Hohen Frau eine fast hartherzige und zynische Verachtung weiblicher Schwächen, deren Ursprung er im sinnlichen Charakter der

Liebe selbst sieht. Mit voller Bewußtheit rückt de Meun statt des höfischen Eros profanen Sexus in den Mittelpunkt seiner Romanfortsetzung, was in der Folgezeit besonders deswegen zu scharfen Auseinandersetzungen zwischen Gegnern und Fürsprechern des *Roman de la rose* führte, weil dieser vom 14. Jahrhundert bis zur Mitte des 16. Jahrhunderts das meistgelesene Werk der französischen Literatur überhaupt war.

Pierre Col, ein Protagonist des *Roman de la rose* und damit Widersacher des berühmten Theologen und Kanzlers der Pariser Universität, Jean Gerson, wollte um 1400 sogar unter Berufung auf das Lukasevangelium beweisen, daß die weibliche Scham ehemals heilig gewesen sei, denn: »Alles Männliche, was zuerst den Mutterschoß durchbricht, soll dem Herrn geheiligt werden.« (Luk 2,23). Die Rezeption des Romans war dermaßen durchschlagend, daß die bei Hofe hoch angesehene Schriftstellerin Christine de Pisan sich 1399 genötigt sah, gegen das ungünstige Frauenbild, das darin vermittelt wurde, zu protestieren.

Im Gegensatz zum heiteren höfischen Idealismus Guillaumes ist Liebe für den rationalistischen de Meun eher simpler Ausdruck lebenserhaltender Zeugungspotenz. So läßt er gleich zu Anfang noch einmal »Vernunft« von ihrem Turm heruntersteigen, die in einem 2000 Verszeilen umfassenden Traktat die im ersten Teil vertretene höfische Konzeption der Liebe widerruft. Gegen Ende wird der Leser dann in die Schmiede von »Natur« geführt, die sich bitter darüber beklagt, daß alle Geschöpfe ihrem Gebot zur Fortpflanzung folgen, außer dem Menschen. Venus übergibt »Genius«, dem Priester von »Natur«, laut lachend eine brennende Kerze, »die nicht aus jüngfräulichen Wachs war«. Genius und auch Venus selbst schleudern ihre Fackeln in die Festung; die Flammen erfassen die ganze Welt. »Scham« und »Angst« fliehen daraufhin, und »Guter Empfang« stellt dem Liebhaber das Pflücken der Rose in Aussicht. Relativ hastig und in derber Symbolik, die keinen Zweifel an ihrer Interpretation offen läßt, bringt Jean de Meun die Handlung zu Ende:[90]

»Ich machte mich auf die Reise wie ein rechter Pilger, ungeduldig, glühend und von ganzem Herzen, ein unschuldig Liebender, hin zur Öffnung, dem Ziel meiner Wallfahrt. Unter großen Mühen schleppte ich Säckel und Stab, der dermaßen steif und fest war, daß er zum Reisen und Wandern nicht einmal mit Eisen beschlagen werden mußte. Auch der Säckel war gut gemacht, aus geschmeidiger Haut ganz ohne Naht. Du solltest wissen, daß er nicht leer war: ›Natur‹, die ihn mir gab, hatte klugerweise mit großer Sorgfalt zwei Hämmer geschmiedet...«[91]

Der Dichter findet die Burg gänzlich vom Feuer zerstört, das zentrale Heiligtum selbst jedoch unversehrt. »Ich küßte das Standbild demütig und wollte dann, um sicher in das Innerste hineinzukommen, meinen Stecken in die Öffnung stecken. Zwar hatte ich gedacht, ihn gleich beim ersten Versuch hineinstoßen zu können, aber er kam wieder zurück. Ich versuchte es nochmals, doch noch immer ohne Erfolg; er prallte wiederum ab. Trotz aller Mühe gelang es mir nicht, einzudringen, bis ich bemerkte, daß eine Umzäunung davor war, die ich spüren aber nicht sehen konnte.

Ich stürmte so heftig dagegen an, bis ich einen schmalen Eingang entdeckte. ... Beengt wie ich war, hatte ich mich dem Rosenbusch so sehr genähert, daß ich meine Hände nur noch nach Belieben austrecken mußte, um die Knospe auf den Zweigen zu ergreifen. Ich faßte den Strauch, der frischer als jede Weidengerte war, an seinen Zweigen. Als ich mich mit beiden Händen festgeklammert hatte, begann ich äußerst sanft, ohne mich zu stechen, die Knospe zu schütteln, weil ich sie so unzerstört wie nur möglich wollte. Allerdings konnte ich nicht verhindern, daß sich die Zweige rührten und erbebten... Schließlich streute ich ein wenig Samen auf die Knospe, als ich sie bewegte und innen befühlte, um ihre Blütenblätter sorgsam zu studieren. Denn die Rosenknospe schien mir so wunderbar, daß ich alles bis auf den Boden hinunter ergründen wollte. Auf diese Weise mischte ich die Samen, daß sie kaum noch unterschieden werden konnten. Und so vertiefte und dehnte ich den ganzen zarten Rosenbusch...

Bevor ich den Platz verließ, an dem ewig zu bleiben ich wünschen sollte, pflückte ich unter großem Entzücken die Blume vom Rosenbusch; und so erlangte ich meine rote Rose. Mit einem Male war es Tag, und ich erwachte.«

Rosa Alchemica

Es hat nicht an Versuchen gemangelt, sich über den Weg der erotischen Rosensymbolik dem Unvergänglichen anzuverwandeln. Die beiden wohl eindrücklichsten Beschreibungen solcher mystisch-okkulten Rituale stammen aus sehr unterschiedlichen Epochen, der italienischen Renaissance und dem fin-de-siècle. Beides sind – wie der *Roman de la rose* –Traumfiktionen. All diese exemplarisch Träumenden unterscheiden sich weniger durch den Inhalt ihrer Träume als durch ihre Empfindungen beim Erwachen. Auf Träumen folgt Erwachen, sonst wüßten die Träumenden nicht, daß sie geträumt haben. Durch die Jahrhunderte hindurch gleichen die Erwachten aber immer weniger Wiedergeborenen als Ernüchterten.

1499 erschien in Venedig bei Manutius, dem bekanntesten Verleger der italienischen Renaissance, das Werk eines anonymen Autors mit dem seltsamen Titel *Poliphili Hypnerotomachia.*[92] Der Titel ist ein Synthetikum aus den griechischen Worten für Traum, Liebe und Kampf und bedeutet soviel wie »Poliphilos Kampf der Liebe in einem Traum«. Das gewöhnlich dem venezianischen Mönch Francesco Colonna (geb. 1433) zugeschriebene Werk wurde bis 1833 zehnmal aufgelegt, war also durch Jahrhunderte hindurch weit verbreitet. In ihrer labyrinthartigen Ikonographie greift die *Hypnerotomachia* hauptsächlich auf antike Mythen zurück, während das Werk seinem Ethos nach noch immer dem französischen Feudalismus mit seiner Idee der höfischen Liebe verpflichtet ist. Seine Intention ist zweifellos esoterisch, d. h. sein Wissen nur Eingeweihten zugängig; teilweise drängen sich alchimistische Interpretationen auf.

Die Kernpassagen der Geschichte sind ein beredtes Beispiel für die Rezeption der antiken Mythologie um Rose und Liebesgöttin im Zeitalter des Cinquecento: Poliphilo träumt von der göttlichen Polia, die sich ihm nach langer, beschwerlicher Wanderung in einem Tempel der Venus in Gestalt einer Nymphe zu erkennen gibt. Polia bittet Mutter Venus, sich zu offenbaren. Mit einem Opfermesser tötet sie zwei Tauben, deren Blut sie in einem Gefäß auffängt und deren Körper sie in eine goldene Schüssel auf dem Altar wirft, wo sie zu Asche verbrennen. Die Hohepriesterin streut

Rosen und Meeresmuscheln auf den Altar und besprengt ihn mit Meerwasser. Zwei männliche Schwäne werden geopfert, ihre Leiber gleichfalls verbrannt und ihr Blut mit dem der Tauben vermischt. Polia und die Hohepriesterin tauchen ihre Finger in das Blutgemisch und malen geheime Zeichen damit.
Poliphilo fürchtet sich, denn gleich einem Gewitter in einer verschlossenen Höhle wird der Tempel von Wirbelwind, Erdbeben und Donner erschüttert. Als er die Augen wieder zu öffnen wagt, sieht er aus dem Rauch des Altares einen Rosenbusch herauswachsen und sich über die Tempelkapelle ausbreiten. Der Busch ist bedeckt von roten Rosen und runden, rosigen Früchten. Die Priesterin pflückt die wundersamen Früchte, von denen sie eine Hälfte selbst ißt und die andere den Liebenden gibt. Kaum hat Poliphilo davon gekostet, fühlt er sich seltsam erfrischt, und seine Liebe glüht neu und heftig auf. Nach dem heiligen Mahl verschwindet der Rosenbusch, und die Hohepriesterin entläßt Polia und Poliphilo unter ihrem Segen.

Das heilige Mahl mit den Früchten des Rosenbusches (aus der *Hypnerotomachia*, 1499)

Die goldene Barke des Liebesgottes Cupido bringt sie zur Venusinsel Cythera. Poliphilo und Polia werden mit Rosengirlanden aneinandergekettet und in feierlicher Prozession zwischen prächtigen Rosenhecken hindurch in die Mitte der Insel zu einem der Venus geweihten Springbrunnen geleitet. Zwischen den Säulen des Pavillons, der über dem Brunnen errichtet ist, hängt ein kostbarer Vorhang, auf dem das Wort »hymen« (Jungfräulichkeit) eingestickt ist.

Der Liebesgott überreicht Polia seinen goldenen Pfeil, doch die Unerfahrene ängstigt sich, den Vorhang damit zu spalten. Lächelnd gibt Cupido den Pfeil an Poliphilo, der sogleich von starkem Verlangen erfüllt wird, die Liebesgöttin zu sehen, und den Vorhang ohne Zögern zerreißt. Polia aber fühlt sich dadurch verletzt.

Die Liebenden können die Göttin nun in all ihrer Schönheit erblicken. Funkelnd wie ein Diamant und von goldenen Locken gekrönt steht sie bis an die Hüften im klaren, duftenden Wasser der Quelle, von weißen Tauben umflattert. In einer Hand hält sie eine mit Rosen gefüllte Muschel, in der anderen eine brennende Fackel. Auf den Stufen, die hinunter ins Wasser führen, wachsen Kräuter, die den Frauen das Gebären erleichtern.

Das Liebespaar kniet vor der Göttin, die Polia verspricht, daß Poliphilo stets ein treuer und glücklicher Liebhaber ohne Falsch und Schwächen sein wird. Cupido spannt seinen Bogen und durchbohrt die Liebenden mit seinem Pfeil: Ihre zwei Körper verschmelzen zu einem.

Die Nymphen des Cupido bitten Polia, einen Rosenkranz für ihren Geliebten zu flechten, damit auch er ein Zeichen der Venus trage. Polia beginnt, Blumen zu pflücken, während die Nymphen das Paar zu einer weiteren Quelle bei einer von Kletterrosen überwucherten Laube führen.

Die Rosenlaube überdacht das mit Marmorplatten umkleidete Grab des Adonis, über dem eine lebensgroße Statue der Venus in Gestalt einer jungen Mutter errichtet ist. Sie säugt ihren Knaben Cupido, und eine Inschrift lautet:

»Nein, grausames Kind, nicht Milch saugst du aus deiner Mutter Brust, sondern Tränen, die du zurückgeben mußt, damit sie weinen kann um den toten Adonis.«

Während Poliphilo zum ersten Male ohne Scheu Küsse und Zärtlichkeit mit Polia tauscht, erzählen die Nymphen die traurigberühmte Geschichte, die auf den Marmorplatten abgebildet ist: Von der Liebe der Venus zum schönen Adonis, von dessen Tod auf der Jagd durch den rasenden Eber und davon, daß Venus ihrem sterbenden Geliebten zu Hilfe eilen wollte und sich dabei einen Dorn in den Fuß trat. Cupido aber fing ihr Blut in einer Muschel und die von ihr um Adonis vergossenen Tränen in Rosen auf und verwahrte beides in seinem Grab.

Jedes Jahr zur Maienzeit läßt Venus daher die Adonismysterien feiern, an denen sie gemeinsam mit Cupido und den Nymphen das Grab besucht. Sie alle pflücken dann Rosen von den Laubenranken. Doch am nächsten Morgen finden sie wieder frische in Blüte stehen, die jedoch rein weiß sind. Die Feier wird mit einem Bad der

Polia und Poliphilo bei der Rosenlaube an der Adonisquelle (aus der *Hypnerotomachia)*

Venus im Adonisbrunnen und den anschließenden Totenklagen fortgesetzt.
Aus dem Grab bringt Cupido dann Blut und Tränen der Göttin, und im gleichen Moment färben sich alle weißen Rosen der Laube rot. Nachdem die Reliquien in das Grab zurückgebracht sind, klingt die Zeremonie mit Spiel, Gesang und Tanz aus.[93]
Die *Hypnerotomachia Poliphili* entleiht ihre Dramaturgie also weitgehend den beschriebenen Mythen um Aphrodite. Die abschließende Maifeier bezieht sich eindeutig auf die in Griechenland seit dem 5. vorchristlichen Jahrhundert zu Ehren des toten Adonis gefeierten Feste, bei denen in flachen Beeten Grünpflanzen gezogen wurden, die rasch wuchsen und ebenso schnell verwelkten. Diese »Adonisgärtlein«, von denen schon im ersten Kapitel die Rede war, weisen offenbar auf Fruchtbarkeitsriten zurück und erinnern an die alljährliche Rückkehr des Jünglings aus der Unterwelt.
Die von Venus inszenierte Auferstehungsfeier verstanden die französischen Alchimisten des 16. und 17. Jahrhunderts vor allem als geheimes Ritual zur Herstellung des Steines der Weisen im Menschen selbst, wie es die Maxime des Paracelsisten Dorneus ausdrückt: »Transmutemini in vivos lapides philosophicos! – Wandelt euch in lebendige philosophische Steine um!«[94] Blut und Tränen sind dabei die Tinktur, die einen toten gewöhnlichen Körper in den Zustand endgültiger Reinheit transformiert, wobei das Röten der Rosen dem Stadium des »Rubedo« korrespondiert, dem großen Ziel der alchimistischen Experimente.[95] Die Feier trägt zugleich deutliche Züge einer heiligen Hochzeit. Stellvertretend für Göttin und Gott wird die Hierogamie von Polia und Poliphilo vollzogen, antizipiert durch die Opferzeremonie und eingeleitet durch das Zerreißen des Vorhangs als unzweideutige – dem *Roman de la rose* entlehnte – Symbolhandlung einer Defloration. Allein der Liebesakt scheint adäquat nicht nur die Vereinigung des Liebenden mit seiner anima, seiner auf langer Irrfahrt gesuchten Seele zu repräsentieren, sondern zugleich das innige Verschmelzen des Sterblichen mit dem Göttlichen. Durch diese Initiation werden die Liebenden nicht zu Göttern, aber zu göttlichen Dienern, zu reinen Gefäßen, in die sich das Göttliche ergießen kann.
Bei der Opferhandlung kommt den erotischen Attributen der Liebesgöttin – Tauben, Muscheln und Rosen – zentrale Bedeutung

zu. Als polare Ergänzung der weiblichen Tauben werden die beiden geopferten Schwäne als männlich beschrieben, in Parallele zum Besuch des Zeus in Gestalt eines Schwans bei Leda. In der Art einer »chymischen Hochzeit« werden also weibliche und männliche Substanzen vereinigt, wobei ein geisterhafter Rosenbusch entsteht, dessen kraftspendende Früchte ein alchimisches Lebenselixier enthalten.

400 Jahre nach Erscheinen der *Hypnerotomachia* sind alchimistische Gedanken noch immer lebendig. Der irische Lyriker und Dramatiker William Butler Yeats (1865–1939) veröffentlicht 1897 seinen Band *The Secret Rose (Die geheime Rose),* in dem sich eine Erzählung mit dem Titel *Rosa Alchemica* findet. Ein Freund fordert den Ich-Erzähler auf, sich in einem mystischen Orden einweihen zu lassen, um sich mit den Mächten, die die Welt beherrschen, zu vereinigen. Sie fahren zu einer Kultstätte nahe am Meer. Er wird dort auf seine Initiation vorbereitet und muß dabei die Schritte eines sehr alten Tanzes lernen, denn »das Rad der Ewigkeit ist Rhythmus, auf dem allein das Vergängliche und Zufällige gebrochen werden kann.« Schließlich wird er an einen »kleine Pforte« geführt: »Die Tür ging auf, und wir betraten einen großen, kreisrunden Raum, worin Männer und Frauen, in karminrote Gewänder gehüllt, einen gemessenen Tanz aufführten. An der Decke befand sich eine ungeheure Rose in Mosaik. Die Figuren des Tanzes schlangen sich ineinander und lösten sich wiederum und zeichneten auf dem Boden die Umrisse von Blumenblättern nach, Abbild der Rosenblätter über unseren Häuptern. Mit jedem Augenblick wurde der Tanz leidenschaftlicher, bis es schien, als ob alle Stürme der Welt unter unseren Füßen erwacht wären.« Die großen Rosenblätter sinken allmählich in das »Gewühl der flammengleichen Gestalten« und werden zu lebenden Wesen erlesener Schönheit. Eine Fackel tragend, taucht manchmal Eros unter den Tanzenden auf, »mit verhülltem Antlitz, weil seit Anbeginn der Welt kein Mensch je erfahren hat, was die Liebe ist.« Dem in Gedanken versunkenen Dichter ruft schließlich eine Stimme aus der Schar der karminroten Gestalten zu: »Auf zum Tanz! Niemand ist beim Tanz zu entbehren! Zum Tanz, zum Tanz, damit sich die Götter Leiber schaffen aus dem Stoff unserer Herzen!« Von einer »Welle der Leidenschaft« ergriffen, tanzt er mit einer »erhabenen Unsterblichen«, die

schwarze Lilien im Haar trägt, die aber, wie er am Ende des rasenden Tanzes mit Entsetzen bemerkt, seine Seele trinkt, »wie ein Ochse am Straßenrand eine Wasserlache schlürft.«

Am Morgen erwacht er, auf dem Fußboden liegend. Halbfertige Malereien bedecken die Wände, und »auf der niederen Decke war eine plumpe Rose gemalt.«[96]

Mit einem zur Religion gesteigerten Ästhetizismus beschreibt Yeats immer wieder die Sehnsucht Liebender nach vollkommener und ewiger Vereinigung. Die Rose war ihm stets das angemessenste Symbol dieses Ziels. Eines der Gedichte aus *The Wind among the Reeds (Der Wind im Ried,* 1899), trägt den Titel »An die geheime Rose«. Es beginnt mit

> O ferne, heimlichste und keusche Rose,
> Umfange mich

und endet:

> Auch ich, ich harre
> Des Sturmwinds deiner Stunde Lieb und Haß.
> Wann werden Sterne über den Himmel sprühn
> Wie Funken aus der Esse und vergehn?
> Die Stunde naht, es weht der Sturm, der große,
> O ferne, heimlichste und keusche Rose.[97]

Rose und Nachtigall

»Die Dichtung der Liebe der Nachtigall zur Rose ist eine der ältesten und zartesten Mythen der persischen Poesie, so alt und zart wie die Rosenhaine von Persis, wo die Nachtigall schon vor Firdusi Altpersisch sprach. Die Rose, die hundertblättrige (Gul sad berg), ist der König der Schönen, die Nachtigall, die tausendstimmige (Hepar das istan), der König der Sänger, beide die Gefährten des Frühlings, der schönsten Zeit der Tugend und der Lust. Immer prangt hellglänzend und lacht frohlockend die Rose, während die Nachtigall flehend und wimmernd die Schmerzen ihrer Liebe der Nacht klagt, daher sie auch ›Sänger der Nacht‹ heißt. Wo Rosen erblühen, kosen auch Nachtigallen, welche nie aufhören, unter tausend wechselnden Formen des Wohllauts der Rose ihre Liebe zu erklären, während diese, darüber unbekümmert, sich nur des Lebens freut, ohne sich die melancholischen Klagen der Nachtigall sehr zu Herzen zu nehmen. Unablässig singt jene von Liebe und, wiewohl nicht immer beglückt durch Gegenliebe, erscheint sie doch dem Wanderer als Ideal der Leidenschaft und Treue.«

So schreibt Joseph von Hammer-Purgstall, einer der großen Kenner und Übersetzer orientalischer Literatur im frühen 19. Jahrhundert in seiner *Geschichte der schönen Redekünste Persiens.*[98] Das lautmalerische und leicht reimende Wortpaar »gul-bulbul« (Rose-Nachtigall, türkisch »gül-bülbül«) ist dem deutschen »Herz-Schmerz« durchaus vergleichbar[99]. Auch das Spiel mit »gül« und »gülmek« (lachen) bietet Anlaß zu zahlreichen reizenden Variationen wie »Sen gülersin gül gibi, ben bülbülü nalanim – Du lachst wie die Rose, ich bin die klagende Nachtigall«.[100] Das französische »rossignol« deutet ebenfalls auf die enge Beziehung zwischen dem lieblichen Vogel und der Rose hin. Wie Hammer-Purgstall bemerkt, bedeutet das deutsche »Nachtigall« (mhd. nahtegal, engl. nightingale) eigentlich »Nachtsängerin«, etymologisch wurzelnd im untergegangenen althochdeutschen Verb »galan« (singen), das wiederum in die Wortgruppe von »gellen« gehört.[101]

Da die Nachtigallen zur gleichen Jahreszeit singen wie die Rosen blühen, lag es nahe, ihre Beziehung als ein Liebesverhältnis aufzufassen. Der Armenier Konstandin Jersnkazi verfaßte im 13./14. Jahrhundert ein »Lied vom hellen Frühling«, in dem es heißt:

Zur Rose flog die Nachtigall.
Vom Morgen bis zum Abendrauch
sang sie mit ihrem frohen Schall,
ganz trunken von der Rose Hauch.

Dies Lied ließ sie die Rose hörn:
»Du bist das Licht, das mich besonnt,
bist Morgenstern und Abendstern,
bist meine Sonne und mein Mond.

Du funkelst rot wie ein Rubin,
Topas, Saphir sind dir verwandt.
Du bist die Stadt Tschinimantschín
und raubest vielen den Verstand.«[102]

Das Rose-Nachtigall-Motiv illustriert einmal mehr die Tendenz, Blumen als charakteristisch weibliche, Tiere hingegen als männliche Symbole aufzufassen. Dem weiblichen Rollenklischee entspricht damit Standortgebundenheit und passives Angesehen- oder Gebrochen-Werden, dem männlichen Ungebundenheit und aktives Ansehen, Besingen oder Pflücken der Geliebten. Zumindest im Türkischen wird die Nachtigall »bülbül« unter phallischer Anspielung zur »bülbüle« genannten langhalsigen Weinflasche in Beziehung gesetzt.[103] Ähnlich deutlich fliegen im *Roman de la rose* amouröse Nachtigallen um einen Rosenkranz herum und zupfen seine Blätter herunter.[104]

Ein Gedicht des Farid ad-Din Attar (um 1140–1230) beschreibt, wie die schönheitstrunkene Nachtigall mit dem Verblühen der Rose verstummt:

In ihre Liebe ganz versenket
Gedenkt sie ihres Daseins nicht,
Sie denkt nur an der Rose Liebe,
Begehrt für sich nichts als die Rose.
Die Nachtigall genügt der Rose,
Sie blühet hundertblättrig ihr,
Wie soll das Leben ihr nicht blüh'n?
Die Rose blüht ihr nach Verlangen
Und lächelt ihr mit süßer Lust.
Wenn sie ihr unterm Flore lacht,
Die Lust auf ihrer Stirn erwacht.
Was wäre eine einz'ge Nacht,
Von der Geliebten fern durchwacht![105]

Der osmanisch-türkische Dichter Qara Fazli verdankt seinen Ruhm fast ausschließlich den um 1552/53 vollendeten 2000 Versen seiner – an den Stil des *Roman de la rose* erinnernden – Allegorie *Gül u Bülbül (Rose und Nachtigall)*, dem Urteil des Übersetzers Hammer-

Purgstall zufolge »eines der lieblichsten romantischen Gedichte des Morgenlandes.«
Nach einem Hymnus auf Allah beginnt die Erzählung mit einer Schilderung der Schönheit der Rose. Am Hofe von Schah »Frühling« ist der Rose ein Rosenhain als Statthalterschaft zugewiesen. Voller Stolz erkennt die Rose ihre Schönheit, als »Morgen« ihr den Spiegel reicht. Derweil erzählt »Ostwind«, Botschafter am Hofe, dem Mundschenk »Nachtigall« von der Schönheit der Rose, warnt aber auch, sich einer hoffnungslosen Liebe hinzugeben. Doch vergebens. »Nachtigall« zieht zum Rosenhain, befreundet sich mit dem Türhüter am Palast der Rose, der schwankenden Zypresse, und läßt sich auf deren Schultern nieder. Hier klagt er der Nacht, dem Monde, dem Morgen und der Sonne sein Leid. Die geschmeichelte Rose hört die Klage, »Ostwind« wird der Liebesbote der beiden. »Narzisse«, der Hofpfaffe, und »Dorn« schwärzen den Verliebten beim Schah an, worauf »Nachtigall« gefangen und in einen Käfig gesperrt wird. Schah »August« erscheint im Osten und sendet »Glutwind« zum Rosenhain, um ihn zu zerstören. Schah »Frühling« muß ins Gebirge fliehen. Schah »Herbst« kommt von Norden, um Rosenhain als Statthalter zu verwalten. Doch nun rückt von Osten Schah »Winter« heran und unterwirft durch seinen Feldherrn »Schnee« den Rosenhain. Schah »Frühling« flieht nach Süden, wo er den Beistand von Schah »Newrus« (Tag- und Nachtgleiche) anruft. »Winter« wird darauf besiegt und vertrieben, Schah »Frühling« besteigt seinen Thron aufs neue. Da erinnert sich die Rose wieder ihres gefangenen Verehrers und läßt ihn befreien. Die Rose gibt ein großes Morgenfest, wozu sie »Nachtigall« einlädt und sich ihm in reiner Liebe ergibt.
Fazli unterlegt der graziösen Liebesromanze einen zusätzlichen abstrakten Sinn: Der Frühling ist die Vernunft, die Rose der von der Vernunft erzeugte Geist, der Rosenhain ist der Leib, die sich nach Geist sehnende Nachtigall das Herz, denn durch Geist erst vollendet sich das Herz: »Denn Geist und Herz vereint im Kuß sind Ros' und Sprosser (die Nachtigall) im Genuß«.[106] Mit dieser bewußten Oszillation zwischen mystisch religiöser und sinnlich-profaner Seinsdeutung steht Fazlis Werk ganz in der Tradition persisch-sufischer Dichtung: die Rose als doppelgesichtigem Symbol himmlischer und irdischer Liebe.[107] Auch das profanste

Gedicht, das die Liebe zwischen Nachtigall und Rose preist, ist zugleich eine Allegorie des liebenden Verlangens der – bei vielen Völkern als Vogel aufgefaßten – Seele zu Gott: »Ist nicht die Seele wie eine Nachtigall, die hier auf Erden unter die Eulen gefallen ist und eilends zurückfliegt zum Rosengarten, sobald sie den Duft der Rose verspürt?«.[108] Schon 1258 hatte der Dichterscheich Sa'di seinen *Golestan (Rosengarten)* verfaßt[109], und 1317 schrieb Scheich Mahmud Sabestari sein *Golsan-e raz*, den *Rosenflor des Geheimnisses*[110], beides Kompendien islamischer Mystik mit umfangreicher symbolischer Terminologie. Bereits 140 Jahre vor Qara Fazli griff ein anderer türkischer Dichter, Lufti, das alte persische Gül-Bül-Märchenmotiv auf und verarbeitete es zu der Verserzählung *Gül u Navruz (Rose und Neujahr)*, in der die Nachtigall den schönstimmigen Liebesboten zwischen der Jungfrau Rose und dem Herrschersohn Navruz spielt.

An eine Erzählung um die stets gefährdete und zerbrechliche Zuneigung der Nachtigall zur Rose knüpft Sa'di Betrachtungen über die Vergänglichkeit aller Dinge an: »Eine Nachtigall hatte auf einem Aste ihr Nest gemacht, worunter eine schwache Ameise auf wenige Tage ihr Lager aufschlug. Die Nachtigall umflog Tag und Nacht das Rosenbeet und ergoß ihr Lied in herzraubenden Melodien. Die Ameise war Tag und Nacht geschäftig, und die Nachtigall freute sich in Fluren und Gärten ihrer eignen Töne. Sie koste mit der Rose von ihren Geheimnissen und machte den Ostwind zu ihrem Vertrauten. Die schwache Ameise, als sie die Schmeicheleien der Rose und das Flehen der Nachtigall sah, sprach zu sich selbst: Was wird aus diesem Geschwätze zu anderer Zeit wohl herauskommen? Als nun die schöne Jahreszeit verflossen war, und der Herbstwind daher fuhr, traten Dornen an die Stelle der Rosen, und Raben nahmen den Sitz der Nachtigallen ein. Es stürmten die Herbstorkane und beraubten die Bäume ihres Schmuckes, die Blätter wurden gelb und die Luft kalt. Aus den Wolken fielen Perlen, und in der Luft flog der Kampher des Schnees. Da kam die Nachtigall auf einmal in den Garten, in dem nicht mehr Farbe der Rosen und Geruch der Jasminen war. Ihre tausend-Sagen-kundige Zunge verstummte. Da war keine Rose, deren Bild sie anschauen, kein Grün, dessen Schönheit sie betrachten konnte. Im entblätterten Haine entsank ihr der Muth, und in der allgemeinen Stille erstarb ihr der Ton in der Kehle. Sie erinnerte sich, daß in vorigen Tagen eine Ameise an diesem Baume gewohnt und viele Körner gesammelt habe. Ich will heute zu ihr gehen, dachte sie sich, und um guter Nachbarschaft willen etwas von ihr erbitten. So ging nun die Nachtigall nackt und hungrig zur Thüre der Ameise hin und sprach: Die Freigebigkeit ist ein Wahrzeichen deines Geistes und das Kapital meines Wohlstandes. Ich habe das kostbare Leben fahrlässig durchgebracht, du aber bist fleißig gewesen und hast Proviant gesammelt. Was wird es denn auch sein, wenn du mich heute von diesem Unglücke großmüthig rettest. Die Ameise sprach: Du brachtest die Nacht zu mit verliebtem Rath und ich mit emsiger That. Du warst bald mit der Blüthe der Rose beschäftigt und bald stolz auf den Anblick des Frühlings. Wußtest du denn nicht, daß auf den Frühling der Herbst folgt und daß jede Straße durch Wüsten führt?

Freunde, wendet die Erzählung von der Nachtigall auf euren eignen Zustand an und wisset, daß auf alles Leben Tod folget und auf jeden Genuß Trennung. Der Trank des Lebens ist nicht ohne Hefen, und der Atlas des Daseins hat Streifen.«[111]

Das Hingerissensein und die verzweiflungsvolle Liebe der Nachtigall ist auch Thema einer jüdisch-orientalischen Legende: »Die Vögel im Himmel versammelten sich im Hof des Salomo, des weisesten aller Monarchen, und führten Klage über den traurigen, elegischen Gesang der Nachtigall, der ihnen den Schlaf raubte. Salomo ließ die Nachtigall herbeirufen. Als er ihre Verteidigung vernommen hatte, sprach er sie auf der Stelle ohne jede Einschränkung von jeder Schuld frei: Ihr Plädoyer war unwiderstehlich – sie war verzweifelt in die Rose verliebt, eine Blume, die der Allmächtige gerade geschaffen hatte, daß sie nicht einmal mehr ihre Seele zu beherrschen imstande war. Ihr Gesang brach aus ihr heraus in unkontrollierbare Klage über ihre unstillbare Sehnsucht; so übermächtig war sie, daß nur noch Hesekiels Klagelieder mit ihr wetteifern konnten.«[112]

Von Persien zuerst in die Türkei gelangt, wurde das im Orient so populäre Rose-Nachtigall-Motiv im Laufe der Jahrhunderte zunehmend bereitwilliger auch vom christlich-abendländischen Denken assimiliert. Dieser Prozeß spiegelt sich beispielsweise in der klassischen Dichtung Armeniens, dessen spätestens im 2. Jahrhundert begründete christliche Kirche in steter Auseinandersetzung mit dem mächtigen Nachbarn Persien lebte. Während im 13./14. Jahrhundert Konstandin in seinem oben zitierten »Lied vom hellen Frühling« inhaltlich noch ganz dem orientalischen Vorbild verpflichtet ist, deutet sein Zeitgenosse Arrakhel Baghischezi das Motiv in christlichem Sinne um. Die Nachtigall wird zum Verkündigungsengel Gabriel, die Rose zur Jungfrau Maria:

Die Nachtigall sprach zur Rose: »Höre, ich bin dir erschienen mit dieser Kunde: Auch du wirst dem mächtigen König dienen.
Unaufhörlich wirst du gepriesen durch meine Stimme,
von allen Vögeln gerühmt, ja wahrhaft vergöttert von ihnen!«

Zur Nachtigall sprach die Rose: »Es dürstet danach meine
Seele, daß dieser König auch mich zu seiner Dienerin wähle.
Doch es befällt mich ob seiner Größe ein banges Zittern:
Wer kann ohne Fehl erfüllen, was du mir nanntest? Erzähle!«
[...]

Die Nachtigall sprach zur Rose: »Ich will dir alles erzählen.
Er wird dich, noch ehe du blühst, zu seiner Gefährtin erwählen.
Er hat seine Wohnstatt schon sorgfältig vorbereitet,
um sich zur rettenden Tat in Gnade mit dir zu vermählen.«[113]

In Europa bemächtigte sich die Troubadourdichtung um 1100 der Volkssprache. Der betörende Nachtigallenschlag wird zu einer willkommenen Bereicherung der Lieder um Frühlingsluft und -lust, Vogelsang und Blumenblühen, gleichzeitig aber auch ein Affront gegenüber der von Bernhard von Clairvaux propagierten glühenden Marienverehrung. Für wie gefährlich der eifrige Klostergründer aus Cîteaux die Nachtigall hielt, wird aus einer Eifelsage deutlich: »Als der heilige Bernhard beim Besuche des Zisterzienserklosters Himmerod in der Eifel die Mönchszucht in tiefem

Verfall fand und zugleich der üppige Gesang der Nachtigall zu seinen Ohren drang, wurde ihm klar, daß dieser verführerische und leidenschaftlich aufregende Nachtigallenschlag am weltlichen Sinn der Brüder schuld sei. Zürnend erhob er die Hand, und sein Bannspruch zwang das ganze Volk der Nachtigallen, von dort hinwegzufliehen. Sie flohen zum Frauenstift Stuben an der Mosel.«[114]

Einen Dauererfolg im Kampf gegen die pagane Nachtigallenplage hatte Bernhard sicher nicht erzielt, denn einer anderen Legende zufolge sang beim Konstanzer Konzil (1414/18) eine Nachtigall im Baseler Walde so hinreißend, daß alles, statt beim Konzil zu bleiben, zu ihr eilte, sie zu hören. Es soll die Seele eines von der Kirche Verdammten gewesen sein.[115] Bernhards reformbestrebte Nachfolger verhielten sich geschickter. Eines der mächtigsten Propagandamittel der im 13./14. Jahrhundert von den neuen Orden der Dominikaner und Franziskaner ausgehenden katholischen Reformbewegung war ihre umfangreiche religiöse Dichtung. Sie nutzte die Mode der höfischen Minne, um – in einem als »geistliche Kontrafaktur« bezeichneten Verfahren – die Minne-Terminologie und -Phraseologie auf die Liebe zu Christus und Maria zu übertragen. Die Mystik des 13./14. Jahrhunderts wird damit aufs stärkste aus der umgeleiteten Minne-Inbrunst des 12. Jahrhunderts gespeist. So war es nicht mehr nötig, die Liebessängerin Nachtigall zu verbannen; sie wurde gemeinsam mit der Liebesblume Rose in den Dienst der neuen Tendenz gestellt.

Der Spanier Gonzalo de Berceo (um 1195–1264) besingt in seinen *Miraclos de Nuestra Señora* 25 Marienwunder, die von einem allegorischen Vogelkonzert eröffnet werden. In der frommen Auslegung werden dann alle Heiligen kurzweg zu Nachtigallen unserer Lieben Frau befördert. In einer anderen *Philomena*-Dichtung knüpft der englische Franziskaner John Pecham (gest. 1292) an die von Plinius überlieferte Fabel an, wonach die Nachtigall bis zum Erschöpfungstod singt. Er parallelisiert dabei die an die Leidensstunden Christi gemahnenden Stundengebete Laudes, Prim, Terz, Sext und Non mit den Phasen des Mit-Leidens der Nachtigall. Zur Non, der Todesstunde Christi, stirbt auch die Nachtigall. Pechams *Philomena* wurde häufig seinem geistlichen Lehrer Bonaventura zugeschrieben und erschien noch 1883 als *Des heiligen Bonaventura*

Nachtigallenlied. Aber bereits seit Hans Sachs in seinen Reformationsliedern Luther als »Die Wittembergisch Nachtigall, die man jetzt höret überall«[116] gepriesen hatte und der Jesuit Friedrich von Spee seinerseits eine *Trutznachtigall* (1649) verfaßte, war die christliche Umschulung des liebestollen Vogels abgeschlossen.[117]
Erst mit der großen Übersetzungswelle orientalischer Literatur begann eine zaghafte Renaissance des erotischen Nachtigallenmotivs in verhaltenen Tönen:

Die Nachtigall

Das macht, es hat die Nachtigall
Die ganze Nacht gesungen;
Da sind von ihrem süßen Schall,
Da sind in Hall und Widerhall
Die Rosen aufgesprungen.

Sie war doch sonst ein wildes Blut;
Nun geht sie tief in Sinnen,
Trägt in der Hand den Sommerhut
Und duldet still der Sonne Glut
Und weiß nicht, was beginnen.

Das macht, es hat die Nachtigall
Die ganze Nacht gesungen;
Da sind von ihrem süßen Schall,
Da sind in Hall und Widerhall
Die Rosen aufgesprungen.«

Theodor Storm[118]

In der abendländischen Literatur hat wohl Oscar Wilde dem Motiv ergreifendsten Ausdruck verliehen. Bei seinen fünf unter dem Titel *The Happy Prince and Other Tales* erschienenen Kunstmärchen von 1888 findet sich auch *The Rose and the Nightingale.* Das Märchen erzählt, wie sich eine Nachtigall opfert, um mit ihrem Herzblut einen Rosenstrauch zum Blühen zu bringen. Sie tut dies für einen jungen Studenten, der die rote Rose seiner Angebeteten bei einem Ball überreichen möchte, in der Hoffnung, sie möge dann mit ihm tanzen. Aber das Mädchen hat inzwischen einen reichen Kavalier gefunden. Der Student wirft die Rose weg,

erklärt, die Liebe sei dumm und unpraktisch und wendet sich dem Studium der Metaphysik aus staubigen Büchern zu.
Selbst in Wildes Märchen ist zu spüren, wie erotische Vorstellungen liebender Vereinigung mit christlicher Passionsminne verschmolzen sind. Der Liebestod der Nachtigall ist eine Allegorie des Kreuzestodes Christi, die Liebe dem Tod aufs nächste verwandt: »Und als der Mond in den Himmeln schien, flog die Nachtigall zu dem Rosenstrauch und preßte ihre Brust gegen den Dorn. Die ganze Nacht sang sie, und der Dorn drang tiefer und tiefer in ihre Brust, und ihr Lebensblut sickerte weg von ihr.
Zuerst sang sie von dem Werden der Liebe in dem Herzen eines Knaben und eines Mädchens. Und an der Spitze des Rosenstrauchs erblühte eine herrliche Rose. Blatt reihte sich an Blatt wie Lied auf Lied. Erst war sie bleich wie der Nebel, der über dem Fluß hängt, bleich wie die Füße des Morgens und silbern wie der Flügel des Dämmers. Wie das Schattenbild einer Rose in einem Silberspiegel, wie das Schattenbild einer Rose im Teiche, so war die Rose, die aufblühte an der Spitze des Rosenstocks. Der aber rief der Nachtigall zu, daß sie sich fester noch gegen den Dorn presse. ›Drück fester, kleine Nachtigall‹, rief er, ›sonst bricht der Tag an, bevor die Rose vollendet ist.‹ Und so drückte die Nachtigall sich fester gegen den Dorn, und lauter und lauter wurde ihr Lied, denn sie sang nun von dem Erwachen der Leidenschaft in der Seele von Mann und Weib.
Und ein zartes Rot kam auf die Blätter der Rose, wie das Erröten auf das Antlitz des Bräutigams, wenn er die Lippen seiner Braut küßt. Aber der Dorn hatte ihr Herz noch nicht getroffen, und so blieb das Herz der Rose weiß, denn bloß einer Nachtigall Herzblut kann das Herz einer Rose färben. Und der Baum rief der Nachtigall zu, daß sie sich fester noch gegen den Dorn drücke. ›Drücke fester, kleine Nachtigall‹, rief er, ›sonst ist es Tag, bevor die Rose vollendet ist.‹ Und so drückte die Nachtigall sich fester gegen den Dorn, und der Dorn berührte ihr Herz, und ein heftiger Schmerz durchzuckte sie. Bitter, bitter war der Schmerz, und wilder, wilder wurde das Lied, denn sie sang nun von der Liebe, die der Tod verklärt, von der Liebe, die auch im Grabe nicht stirbt. Und die wundervolle Rose färbte sich rot wie die Rose des östlichen Himmels. Rot war der Gürtel ihrer Blätter, und rot wie ein Rubin war

ihr Herz. Aber die Stimme der Nachtigall wurde schwächer, und ihre kleinen Flügel begannen zu flattern, und ein leichter Schleier kam über ihre Augen. Schwächer und schwächer wurde ihr Lied, und sie fühlte etwas in der Kehle.
Dann schluchzte sie noch einmal auf in letzten Tönen. Der weiße Mond hörte es, und er vergaß unterzugehen und verweilte am Himmel. Die rote Rose hörte es und zitterte ganz vor Wonne und öffnete ihre Blätter dem kühlen Morgenwind. Das Echo trug es in seine Purpurhöhle in den Bergen und weckte die Schläfer aus ihren Träumen. Es schwebte über das Schilf am Fluß, und der trug die Botschaft dem Meere zu. ›Sieh, sieh!‹ rief der Rosenstrauch, ›nun ist die Rose fertig‹; aber die Nachtigall gab keine Antwort, denn sie lag tot im hohen Gras, mit dem Dorn im Herzen.«[119]

Sub Rosa

»Lerne schweigend lächeln wie die Rose« rät ein persischer Spruch.[120] Weil die Rose ihr Innerstes durch Blätter verhüllt, wurde sie im Spätmittelalter in dieser besonderen Funktion als Hüterin von Geheimnissen populär. Auf das von ihren Blütenlippen bewahrte Stillschweigen spielt der Vers eines Tegernseer Mönchs aus dem 15. Jahrhundert an:

Quidquid sub rosa fatur
repetitio nulla sequatur.
Sint vera vel ficta
sub rosa tacita dicta.

Was immer unter der Rose geschieht,
nichts davon wird aufgesagt.
Ob wahr oder erfunden,
unter der Rose herrscht Schweigen.[121]

Die Wendung »sub rosa« war im Zeitalter des Humanismus in Deutschland, Frankreich und England weit verbreitet, wovon die heutige verflachte Formulierung »etwas durch die Blume sagen« oder »verblümt« nur noch wenig ahnen läßt. An den Decken der

Sitzungssäle der Rathäuser von Lübeck oder Bremen befanden sich ebenso gemalte oder geschnitzte Rosen wie über den Beichtstühlen des Domes zu Worms oder des Stephansdoms zu Wien.[122]
»Sub rosa« spielt auf den angeblichen antiken Brauch an, mittels einer um den Trinkbecher gewundenen Rosengirlande oder einer an der Decke angebrachten Rose den Zecher daran zu erinnern, über das »unter der Rose« Geplauderte Schweigen zu bewahren.[123]
Johann Fischarts *Bienenkorb* von 1579 rät: »Sie mögen davon, wan sie unter den Rosen sitzen, mit etlichen Kannen Rheinischen Weins magistralisch disputieren.«[124]
In Sebastian Brants *Narrenschiff* wird gebeten: »Und daß er's unter der Rosen bett'/und in din eigen Herz geredt«.[125] Natürlich sind es besonders die Liebenden, deren vertraulicher Umgang des Schutzes der Rose bedarf. Ein durch J. J. Winckelmann im 18. Jahrhundert überliefertes Epigramm berichtet, das Venuskind Cupido habe Harpokrates, dem Gott des Schweigens, eine Rose gegeben, damit dieser über das Treiben seiner Mutter Stillschweigen bewahre:

> Rose, Blume der Venus, dich gab dem Harpokrates Eros,
> Daß im Verborgenen bleib, was die Mutter gefehlt.
> Darum hängt der Wirth die Rose über die Tafel,
> Daß, was darunter gesagt, weise verschweige der Gast.[126]

Also gilt der Spruch: »Was wir hier kosen oder bedryven / dat soll under diser Rosen blyven.«[127]

Vertreibung aus dem Paradies.
Giovanni di Paolo (1403–1482) Slg. Lehman, New York.

IV Die blühenden Wunden

Der Dorn der Erbsünde

Die Ambivalenz und Gleichzeitigkeit von Rosen und Dornen bot dem Christentum steten Anlaß, sie typologisch mit biblischen Geschehnissen in Beziehung zu setzen. Anhand der mannigfachen Symbolinhalte läßt sich die alt- und neutestamentliche Heilsgeschichte nahezu vollständig rekonstruieren.

Der von Gottes Seite gestoßene abtrünnige Engel Luzifer soll sich den Hagedorn erschaffen haben, um daran wieder in den Himmel zu klettern. Gott aber bemerkte seine Absicht und bog sowohl die Triebe des Strauches als auch die Stacheln, die Luzifer als Leiter dienen sollten, nach unten.[1]

Den Kirchenvätern zufolge kamen die Dornen erst mit der Sünde in die Welt; Basilius schreibt im 4. Jahrhundert:

»Nun war damals (als Gott befahl ›Es sprosse die Erde das Grün des Grases‹) noch die Rose ohne Dornen; erst später kamen zur Schönheit der Blume die Dornen, damit der süße Geruch auch die Trauer in Begleitung habe und wir der Sünden gedächten, derentwegen die Erde dazu verurteilt wurde, uns Dornen und Disteln zu tragen.«[2]

Im Mittelalter galt der Dorn schlechthin als Symbol der Erbsünde, der Dorn im Fuß als Strafe für den, der vom »rechten Weg« abgewichen war – wie es die antiken Dornauszieherstatuen in säkularerem Zusammenhang plastisch darstellten.[3]

Doch nicht nur die Dornen, sondern auch die rote Farbe der Rosen, zurückzuführen auf Evas Schamröte, zeugen vom Sündenfall:

Es blühten in dem Paradeis
zuerst die Rosen alle weiß,
und ringsum auf den jungen Auen
war nicht ein Röslein rot zu schauen.
Doch einst als Eva sich vergaß,
und vom verbotnen Baume aß,

als zürnend Gott sie vor sich rief,
da barg sie schamerglühend tief
ihr Antlitz in den Rosenstrauch.
Und plötzlich, wie durch einen Hauch,
strahlt rot der Rose Blüte auch.[4]

In seinen Nachdichtungen morgenländischer Sagen setzt Johann Gottfried Herder (1744–1803) das von Abel vergossene Blut bereits in einen typologischen Bezug zum Neuen Testament:
»Tief in der Mitternacht vor jenem Frühlingsfeste, an welchem die ersten Zwillingssöhne des Menschengeschlechts dem Schöpfer ein Dankopfer bringen sollten, sah ihre Mutter im Schlaf einen wunderbaren Traum. Die weißen Rosen, die ihr jüngerer Sohn um seinen Altar gepflanzt, waren in blutige vollere verwandelt, die sie noch nie gesehen. Sie wollte die Rose brechen, aber sie zerfiel von ihrer Hand. Auf dem Altar, auf welchem sonst nur Milch geopfert ward, lag jetzt ein blutiges Lamm. Weinende Stimmen erhuben sich ringsum, und eine Stimme der Verzweiflung war in ihnen, bis Alles sich zuletzt in süße Töne verlor, in Töne, die sie noch nie gehört hatte. Und eine schöne Aue lag vor ihr, schöner als selbst ihr Jugendparadies; und auf ihr weidete in ihres Sohnes Gestalt ein weiß gekleideter Schäfer. Die rothen Rosen waren um sein Haar, und in der Hand hielt er ein Saitenspiel, aus welchem jene süßen Töne kamen. Er kehrte liebreich sich zu ihr, er wollte ihr nahen und verschwand. Der Traum verschwand mit ihm. Erwachend sah die Mutter des Tages Morgenröthe wie blutig aufgehen und ging mit schwerem Herzen zum Opferfest. Die Brüder brachten ihr Opfer, die Eltern gingen heim. Am Abend aber kam der jüngere nicht wieder. Angstvoll suchte die Mutter ihn, und fand nur seine zerstreute traurige Heerde. Er selbst lag blutig am Altar: die Rosen waren mit seinem Blute gefärbt, und Kains Ächzen schallte laut aus einer nahen Höhle. Ohnmächtig sank sie auf des Sohnes Leichnam, als ihr zum zweitenmal das Traumgesicht erschien. Ihr Sohn war jener Schäfer, den sie dort im neuen Paradiese sah, die rothen Rosen waren um sein Haar; liebliche Töne klangen aus seiner Harfe; also sang er ihr zu: ›Schaue hinauf gen Himmel zu den Sternen: weinende Mutter, schaue hinauf. Sieh jenen glänzenden Wagen dort! er fährt zu anderen Auen, zu schöneren Paradie-

sen, als du in Eden sahst: wo die blutgefärbte Rose der Unschuld voller blüht, und alle Seufzer sich in süße Töne wandeln.‹ – Das Traumgesicht verschwand; gestärkt stand Eva vom blassen Leichnam ihres Sohnes auf. Und da sie Morgens ihn mit ihren Thränen bethaut und mit den Rosen seines Altars bekränzt hatte, begruben Vater und Mutter ihn an Gottes Altar, vorm Angesicht einer schönern Morgenröthe. Oft aber saßen sie an seinem Grabe zu Mitternacht, und sahen gen Himmel hinauf zum hohen Sternen-Wagen, und suchten ihren Schäfer dort.«[5]

Gleichfalls auf den biblischen Brudermord anspielend, schreibt aus jüdischer Tradition, zweihundert Jahre nach Herder, Nelly Sachs im Exil:

> Kain! um dich wälzen wir uns im Marterbett
> Warum?
> Warum hast du am Ende der Liebe
> deinem Bruder die Rose aufgerissen?[6]

Die islamische Mystik setzt das durch die Blüte zerrissene Knospen»hemd« der Rose mit dem zu Jakob gebrachten zerrissenen Hemd des nach Ägypten verkauften Josef gleich (Gen 37).[7] Den Dornenbusch, in dem sich der von Abraham anstelle seines Sohnes Isaak geopferte Widder mit seinem Gehörn verfangen hatte (Gen 22), deutete die biblische Typologie als Hinweis auf den an seinem Kreuze hängenden Christus und dessen Dornenkrone. Der brennende und doch nicht vom Feuer verzehrte Dornbusch schließlich, in dem sich Gott dem Mose offenbarte (Ex 3), wurde als Typus der intakt bleibenden Jungfräulichkeit Marias verstanden.[8]

Gemäß dem Merkspruch »Das Neue Testament ist im Alten verborgen, das Alte wird im Neuen offenbar« waren den Bibelinterpreten des Mittelalters also auch und gerade die Dornen ein Vorauszeichen des Kommenden.

Dornenkrone und Kreuzesrosen

Als eine zarte Vorausdeutung auf kommende Passionswunden liest sich ein »Des Gärtners Lohn« betiteltes Volkslied des 16. Jahrhunderts aus Spanien, das einen Dialog zwischen Jesus und einem Jünger wiedergibt:

> Herr, wofür willst du gießen
> die Erde reichlich hier?
> »Euch mögen Rosen sprießen,
> die Dornen bleiben mir.«
>
> Von deinem Tau im Lenze,
> wie wird der Garten blühn!
> »Ja, doch ungleiche Kränze
> wird draus der Gärtner ziehn.«
>
> Herr, und wen wird man krönen
> mit diesen Kränzen? – sprich.
> »Euch mit den zarten, schönen;
> und mit den Dornen mich.«[9]

Die Evangelien berichten von Folterung und Verspottung Jesu: »Darauf nahm Pilatus Jesus und ließ ihn geißeln. Und die Soldaten flochten eine Krone aus Dornen und setzten sie auf sein Haupt und warfen ihm einen Purpurmantel um, traten auf ihn zu und sagten: ›Sei gegrüßt, König der Juden‹, und sie gaben ihm Ohrfeigen.«[10]
Der Kirchenvater Basilius verglich die Geißeln mit Rosen. Nach anderen Berichten wurde die Dornenkrone aus einem Hundsrosenstrauch gemacht, in den seitdem nie ein Blitz einschlägt.[11]
Die wild wachsende Rostrose (Rosa rubiginosa), wegen ihrer weinartig riechenden Blätter auch Weinrose genannt, hieß im Tübinger Land angeblich »Heilands Dornenkrone«; die roten Punkte auf den Zweigen sollen von Christi Blut herrühren.[12] Die Moosrose wiederum soll aus einem vom Kreuz ins Moos gefallenen Tröpfchen Bluts entstanden sein.[13]
Ursprünglich war die Dornenkrone weniger ein Marterinstrument als ein Zeichen der Verspottung, da Jesus wie ein Karnevalskönig der römischen Saturnalien behandelt wird. Erst im Mittelalter,

befruchtet durch Mysterienspiele, wurde ihre Grausamkeit zunehmend betont.

Welches der vielen in Palästina beheimateten Dornengewächse tatsächlich für Jesu Dornenkrone (Joh 19,2) geflochten wurde, ist nicht bekannt. Die unter dem Namen »Christdorn« bekannte Kreuzdornart (Ziziphus spina Christi) läßt sich nur schlecht zu einem Kranz flechten und kommt auch heute bei Jerusalem nicht vor. Viel eher läßt sich an den biegsamen und häufigen Bocksdorn (Lycium europäum), an die überall wuchernde distelartige Flokkenblume oder das Becherkraut denken.[14]

Der Verräter Judas soll sich schließlich an einem Hagedorn erhängt haben, und dadurch seien die Dornen abwärts gebogen. Mancherorts heißen die Hagebutten daher »Judasbeeren«.[15]

In der pseudo-bernhardinischen *Vitis mystica* sind die einzelnen Tropfen des Blutes Christi die Blätter der blutig-roten Rose seines Leidens.[16] In diese Gleichsetzung spielt ein uralter Analogiezauber hinein, bei dem sündhaftes Rot mit dem Rot des Opferblutes getilgt wurde. Die Apokryphen des Alten Testaments berichten von Götzenbildern, die mit Rötel und roter Schminke gefärbt waren (Weish 13,14). Das Weib Babylon, »die Mutter der Huren und der Greuel der Erde«, war gemäß der Apokalypse des Johannes »in Purpur und Scharlach gehüllt«, und das siebenköpfige Monstrum, auf dem sie saß, war ein »scharlachrotes Tier« voll Lästernamen (Offb 17, 1–6). Als geeignetes Tilgungsmittel für solch frevelhaftes Rot galt die Asche einer »roten Kuh«, die jung und ohne Makel sein mußte (Ex 19, 1–10). Der Apostel Paulus knüpft an diese alttestamentliche Praxis an, wenn er auf die viel wirkungsvollere Reinigungskraft des Blutes Christi verweist (Hebr 9, 13f). Auch die geröteten Kleider des keltertretenden Messias (Jes 63, 1–3) weisen nach christlichem Verständnis auf die Tilgung des Sündenrots hin.

Noch heute ist es mancherorts üblich, die Leidenswerkzeuge Christi (Kreuz, Nägel, Dornenkrone, Purpurmantel) während der Passionszeit zusammen mit roten Rosen als Wundensymbole in Kirchen auszustellen. Die fünf Wunden Jesu (Hände, Füße, Seite) wurden entweder mit einzelnen Kronblättern der fünfblättrigen Rose oder mit ganzen Rosenblüten analogisiert[17]:

Merkt ihr Christenleute!
Die Rosen ich euch deute:
Das sein fünf Wunden rot und zart,
Damit er uns erlöset hat,
Die Fraun und auch die Mann.

Meistersängerlied[18]

Ein Hymnus des Gottfried von Straßburg aus dem 12./13. Jahrhundert verherrlicht den Kreuzestod, gleichfalls im Bild der Rose:

Dich minnet aller Sterne Schein,
der Mond und auch die Sonne
dich, alle Elemente Dein!
Ach, was könnte minniglicher sein!
Kein Lieb so rein
wie du, o Minnewonne.
Ach Herzen Bruch, ach Herzen Not,
ach Treue bis zum Kreuzestod,
ach! Rose rot,
ach! Rose wandelsfreie.[19]

Paul Gerhardt (1607–1676) steht also – wie öfters – auch hier in einer langen Traditionskette:

Sei wohl gegrüßet, guter Hirt
und ihr, o heilgen Hände.
Voll Rosen, die man preisen wird
bis an des Himmels Ende.
Die Rosen, die
ich mein' allhie,
sind deine Mal' und Plagen.
Die dir am End in deine Händ'
am Kreuze sind geschlagen.[20]

Angelus Silesius macht ebenfalls die Passionsrose zu einem der zentralen Motive seines religiösen Spruchbüchleins *Cherubinischer Wandersmann:*

Allegorisches Rosenkreuz. Robert Fludd, Summum Bonum, Frankfurt 1926

Die Dornene Kron.
Die Dornen die das Haupt deß Herrn zerstechen gantz /
Sind meines Haubtes Kron und ewger Rosenkranz:
Was auß den Wunden fleust ist meiner Wunden heil:
Wie wol wird mir sein Spott / und seine Pein zutheil!

Von den Rosen.
Die Rosen seh ich gern: denn sie sind weiß und roth/
Und voller Dornen / wie mein Blutt-Bräutgam mein Gott.

Auch unter Dornen blühen.
Christ / so du Unverwelkt in Leyden Creutz und Pein /
Wie eine Rose blühst / wie seelig wirstu seyn.

Es muß Gecreutzigt seyn.
Freund wer in jener Welt wil lauter Rosen brechen /
Den müssen vor allhier die Dornen gnugsam stechen.[21]

Die Dichtungen des »schlesischen Boten« zeigen bereits jene grotesken Züge, wie sie zunächst für die deutsche Barockmystik und später den Pietismus etwa der Herrenhuter oder Zinzendorf-Anhänger charakteristisch sind. Beispielsweise ist der Kult um die Wunden Christi in Silesius' Werk *Heilige Seelenlust* nicht mehr von dem tändelnden Rokoko-Motiv zu unterscheiden, das Küsse mit Bienen vergleicht, die Rosen anhaften:

Du grüner Zweig, du edler Reis,
Du honigreiche Blüte;
Du aufgetanes Paradeis,
gezweig mir meine Bitte;
Laß meine Seel' ein Bienelein
Auf deinen Rosen-Wunden sein.

Ich nahe mich mit Herz und Mund
Sie tausendmal zu küssen:
Laß mich zu jeder Zeit und Stund'
den Honigsaft genießen;
Laß meine Seel' ein Bienelein
Auf deinen Rosen-Wunden sein.[22]

Ein Paradebeispiel solcher Verniedlichung findet sich in einem *Auszug aus des sel. Dr. th. Fritzschen's sog. Himmelslust und Weltunlust* von 1750, der die »Altlutherische Blut-Theologie« so darlegt:
»Siehet die Braut Christi eine rothe Feldblume oder andere Blumen, so gedenket sie an ihren Bräutigam; den Herrn Jesum, und spricht: Mein Freund ist weiß und roth, der unter Rosen weidet. Siehet ein in Jesum verliebtes Herze eine rothe Frucht an einem Baume, oder was es sei, welches entweder an Farbe roth, oder einen rothen Saft von sich giebt, so kommen ihm solche rothe Früchte vor, als wenn sie mit dem Kraftblute des unschuldigen unbefleckten Lämmleines Jesu Christi bestrichen, gemalt oder gefärbt wären. Siehet oder koset es den rothen Wein, so erinnert sich's des lieblichen süßen Safts, des Freudenweins des Blutes Jesu, welches aus seiner eröffneten Seite geflossen. Summa: was nur einem andächtigen Jesuherzen vorkommt, das scheint demselben mit dem rosenfarbenen Blute des gekreuzigten Jesu gefärbt zu sein.«[23]

Der Kelch

Die fünf grünen, die Rosenblüte umfassenden Kelch-Blätter interpretiert die jüdische Kabbala folgendermaßen:
»Sie heißen die fünf Heilesweisen und bilden fünferlei Tore. Auf dieses Geheimnis weist der Satz: ›Den Kelch der Heilesweisen erhebe ich‹ (Ps 116,13). Das ist der Kelch des Segens. Und dieser Kelch bedarf fünf umschließender Finger und nicht mehr – gleichwie auch die Rose auf fünf starken Blättern sitzt, in der Form von fünf Fingern. So bedeutet die Rose den Kelch des Segens.«[24]
Seit alters hat man im Kelch auch den Menschen selbst symbolisiert gefunden, der auf dem Erdboden stehend sich mit ausgestreckten Armen nach oben öffnet, um sich von Gott füllen zu lassen. So empfängt der Mensch aus der Hand Gottes sein Geschick, sei es Segen, Zorn oder Strafe.
Auch Jesus beschreibt die ihm aufgetragene Passion in diesem Bilde: »Könnt ihr den Kelch trinken, den ich trinken werde?« (Mt 20,22). Und kurze Zeit später am Ölberg: »Mein Vater, wenn es möglich ist, so gehe dieser Kelch an mir vorüber.« (Mt. 26,39).
Der irische Lyriker Joseph Mary Plunkett (1887–1916) hat die Vision

Im Kelch der Rose sehe ich Sein Blut
Und Seiner Augen Herrlichkeit in allen Sternen;
Im ewigen Schnee noch leuchtet Seines Leibes Glut,
Und Seine Tränen fließen aus des Himmels Fernen.

In jeder Blume wir Sein Antlitz schauen;
Der Donner und der Vögel Lieder
Sind Seiner Allmacht Stimme. Eingehauen
In Felsen klingen Seine Worte wider.

In Meeres steter Brandung pulst Sein Herz,
Der Erde Pfade all Sein Fuß beschritt,
Geflochten ist in Seine Krone aller Dornen Schmerz.
Den Kreuzestod an jedem Baum er litt.[25]

Paul Celan scheute sich nicht, Christi Passion mit dem Schicksal seines jüdischen Volkes unter der Naziherrschaft zusammenzu-

bringen: »Kelche, die vollstehn mit deinem / Königsblut, Mensch (...) / Kelche der großen / Ghetto-Rose«.[26]
Die Rose wird zum Symbol einer Schale, die das Blut Christi auffängt; umgekehrt können aus einem Kelch quellende Rosen das mit der Eucharistie weitergegebene Blut Christi bedeuten: »Und er nahm einen Kelch, sprach das Dankgebet und gab ihn ihnen mit den Worten: Trinket alle daraus. Denn das ist mein Blut des Bundes, das für viele vergossen wird zur Vergebung der Sünden« (Mt 26,27f).
Die Art und Weise, in der der Pelikan seine Jungen aus dem dehnbaren Kehlsack heraus füttert, indem er den Schnabel beim Auswürgen des Fisches auf die Brust stemmt, deren weiße Federn sich dabei oft mit Fischblut röten, gab Anlaß zur uralten Fabel, der Pelikan reiße sich die Brust auf, um mit seinem Blut die Jungen zu nähren. Seit dem Mittelalter wurde der Pelikan so zu einem Symbol des gekreuzigten Christus:

> Ach, ja, ach du vergeußt dein rosenfarbnes Blut,
> Gleich wie ein Pelikan für seine Kaüchlein tut.
>
> Angelus Silesius[27]

Interessanterweise läßt ein Fresko des 15. Jahrhunderts von Lorenzo und Jacopo Salimbeni in Urbino die Blutopfer des Pelikans in einem schalenförmigen Nest auf einem kelchartig gebogenen Blätterzweig stattfinden, was eindeutig auf die im Dornbusch erblühende Passionsrose anspielt.

Maria im Dornwald

Maria hat mit durch ihr Herz fahrenden Schwertern um ihren Sohn gelitten, auf dessen Wunden und Blut auch die Rosen der im Spätmittelalter weit verbreiteten Darstellungen der »Maria im Rosenhag« anspielen. Das unblutige Martyrium der Gottesmutter und die kommende Passion des Messias sieht ein Wallfahrtslied aus dem Paderborner Liederbuch in einem visionären Bilde:

Maria durch ein Dornwald ging,
Kyrieleison!
Maria durch ein Dornwald ging,
Der hatt in sieben Jahr kein Laub getragen.
Jesus und Maria!

Was trug Maria unter ihrem Herzen?
Kyrieleison!
Ein kleines Kindlein ohne Schmerzen,
Das trug Maria unter ihrem Herzen.
Jesus und Maria!

Da haben die Dornen Rosen getragen,
Kyrieleison!
Als das Kindlein durch den Wald getragen,
Da haben die Dornen Rosen getragen.
Jesus und Maria!«[28]

So hatte schon Peter Olavi (1310–1378) das Leid Marias besungen:

Die rote Rose erbleichte,
Des Sohnes Tod erreichte
Die Jungfrau. Des Propheten Mund
Gab solche Leiden kund.[29]

Daniel Caspar Lohenstein (1635–1683) beschreibt die »Tränen der Mutter Gottes unter dem Kreuze des Herrn«:

Benetze diesen Stock des dürr- und toten Baumes,
An dem der Lebensbaum hängt schmerzlich angepflöckt;
Vermenge seinen Fluß des blutgen Purpurschaumes
Mit Perlen, die in sich der Augen Muschel heckt!
Wo Himmels-Rosen solln aus seinem Blut aufschießen,
So muß der Glaubens-Geist mit Tränen es begießen.

Erlöser! ach, ich schau, ich schaue dich gebunden,
Mit Stricken um den Hals, mit Nägeln durch die Hand!
Ich fühl in meiner Brust das Merkmal deiner Wunden,

Mein Hals fühlt deine Not, mein Herze deinen Brand;
Ich fühl ein schneidend Schwert durch meine Seele dringen,
Indem die Seite dir muß durch den Speer aufspringen.

Ich fühle Lipp und Zung und Gaumen mir erherben,
Wenn itzt dein süßer Mund Ysop und Galle schmeckt;
Die Tropfen, welche dich mit Rosenströmen färben,
Die haben meine Brust mit Traurigkeit befleckt;
Die Dörner, welche dir bekränzen Schläf und Stirne,
Durchstechen mir mein Haupt, verwirren mein Gehirne.[30]

Die innige Passionsverbindung zwischen der Gottesmutter und ihrem Sohn deutet sehr eindrücklich eine oberösterreichische Hinterglasmalerei aus dem Anfang des 19. Jahrhunderts an: Eine der beiden zwischen Maria und Jesus schwebenden Rosen ist mit ihrer vollen roten Blüte auf den Heiland hin geneigt, der sein dornenumflochtenes und kreuzbekröntes Herz zeigt.
Auf die Fünf-Wunden-Symbolik und das Mitleiden der Gottesmutter spielt offenbar auch die Legende des heiligen Josbert an, der im Kloster Doel als Verehrer der Maria jeden Tag die fünf mit den Buchstaben ihres Namens beginnenden Psalmen sang, nämlich:

MAGNIFICAT	Lk 1,46
AD DOMINUM	Ps 120,1
RETRIBUE	Ps 119,17
IN CONVERTENDO	Ps 126,1
AD TE LEVAVI	Ps 121,1

Als Josbert 1186 starb, sollen aus Mund, Augen und Ohren des Leichnams fünf Rosen hervorgewachsen sein, auf deren Blättern die ersten Verse der fünf Psalmen standen. Als der hinzugekommene Abt eine Rose aus dem Munde des Toten nahm, um sie als Reliquie aufzubewahren, sanken die anderen vier verwelkt zusammen.[31]
Es wird auch erzählt, die von der büßenden Maria Magdalena vergossenen Tränen hätten die roten Rosen entfärbt, weshalb die weißen »Magdalenenrosen« heißen.[32]

Aus den Gedichten auffällig vieler moderner Lyrikerinnen läßt sich geradezu eine Renaissance der mit der Rose verknüpften Passionssymbolik heraushören. Es ist nicht nur marianische Solidarität, feminine Imitatio Christi, die aus diesen Versen spricht, sondern in viel stärkerem Maße emanzipatorischer Protest, ein Nicht-Einverstandensein angesichts der offenbaren Sinnlosigkeit des Leides, des Schmerzes, den die – männergemachten – apokalyptischen Zusammenbrüche des 20. Jahrhunderts grausamer als je aufgerissen haben.

Wohin wir uns wenden im Gewitter der Rosen
ist die Nacht von Dornen erhellt, und der Donner
des Laubs, das so leise war in den Büschen,
folgt uns jetzt auf dem Fuß.[33]

Dieser harten Diagnose von Ingeborg Bachmann (1926–1973) antwortet die nicht minder aufgewühlte, aber entschieden persönlich adressierte Symbolsprache von Gertrud von Le Fort (1876–1971)

Ich bin in das Gesetz deines Glaubens gefallen
  wie in ein nackendes Schwert!

Aber es geht noch Kraft aus von deinen Dornen,
  und aus deinen Abgründen tönt Gesang.
Deine Schatten liegen auf meinem Herzen wie Rosen,
  und deine Nächte sind wie starker Wein:
Ich will dich noch lieben, wo meine Liebe zu dir endet.
Ich will dich noch wollen, wo ich dich nicht mehr will.[34]

Ganz ihren eigenen Kreuzweg der Liebe in der Leidensnachfolge Christi schildert die der Welt der Pflanzen und der Gestirne so urtümlich nahestehende Christine Lavant (1915–1973):

Du hast meine Sinne verrückt,
hast sie einander entfremdet
um einer gläsernen Rose willen,
nachgebildet deinem echten
zum Himmel blühenden Herzen.

Meine Sinne sind Ampeln geworden,
und ihre Dochte beten um Öl,
und ihr Beten weht durch das Blut
wie Vogelstimmen im Wind.

Lang ist der Kreuzweg der Liebe.
Ich muß in mir einen Engel erschaffen,
der aus den Wurzeln des Leides
fünf fremde Öle gewinnt.

Meine Amseln werden sich nimmer vereinen.
Seit die gläserne Rose vom Stengel brach,
hängt jede an einem anderen Finger
des tanzenden Irrsinns und sucht.

Aber ich werde den Engel erschaffen!
Nachgebildet der heiligen Freude,
welche dir half, mein Gemüt zu erleuchten
am Anfang des Weges, wird er am Ende
die echte Rose in dir berühren,
um dann zu erblinden.[35]

Die englische Lyrikerin Edith Sitwell (1887–1964) veröffentlichte 1949 ihre gesammelten Gedichte als *The Canticle of the Rose (Das Hohelied der Rose);* hier deutet sich eine tastende Überwindung des sie so lange Zeit kennzeichnenden Grundgefühls tragischer Ausweglosigkeit an – im Dialog mit der Passion Christi:

The Rose upon the wall
Cries – »I am the voice of Fire:
And in me grows
The pomegranate splendour of Death, the ruby, garnet, almandine
Dews: Christ's Wounds in me shine.«

Die Rose auf der Mauer
Schreit: ›Ich bin die Stimme des Feuers:
Und in mir wächst
Die Granatapfelpracht des Todes, rubinrote,
granatrote, almandinrote
Tautropfen: Die Wunden Christi strahlen in mir.[36]

Ganz der Ambivalenz von Blühen und Sterben verhaftet, bleibt die Rose ein – wenngleich sehr zerbrechliches – Zeichen der Hoffnung, – auch der ganz persönlichen Hoffnung auf neues, durch den Tod hindurchgerettetes Leben:

Komm näher mir
Mein armer Bräutigam
Der nichts zustande gebracht hat
In zwei Jahrtausenden
Dem seine Wunden nicht fruchteten
Und die Dornenkrone nicht blühte . . .

Diese drei Tage
Vom Tod bis zum Grabe
Wie frei werd ich sein
Hierhin und dorthin schweifen
Zu den alten Orten der Freude. [. . .]

Denn ein Totenbett
Ist ein Totenbett mehr nicht
Einen Freudensprung
Will ich tun am Ende
Hinab hinauf
Leicht wie der Geist der Rose.

Marie Luise Kaschnitz (1901–1974)[37]

Stärker dem zeitlichen Leiden als dem Rosenbaum der Hoffnung verhaftet, betrauert Else Lasker-Schüler (1869–1945) in der ihr eigentümlichen beinahe pietistischen Manier den Tod ihres Geliebten:

Seit du begraben liegst auf dem Hügel,
Ist die Erde süß.

Wo ich hingehe nun auf Zehen,
Wandele ich über reine Wege,

O deines Blutes Rosen
Durchtränken sanft den Tod.[38]

Märtyrerkränze

Das ganze Mittelalter hindurch blieb eine von Kirchenvätern und Kirchenlehrern entwickelte Tradition lebendig, Leiden der Märtyrer mit Rosen in Verbindung zu bringen. Aurelius Prudentius Clemens, christlicher Dichter am römischen Hofe des Theodosius im 4. Jahrhundert, verfaßte zum Fest der Unschuldigen Kinder einen Hymnus, der in den Opfern des bethlehemitischen Kindermordes bereits das Opfer Christi erahnt:

Salvate, flores martyrum,
Quos lucis ipso in limine
Christi insecutor sustulit,
Ceu turbo nascentes rosas.

Vos, prima Christa uictima,
grex inmaculatorum tener,
aram ante ipsam simplices
palma et coronis luditis.

Ihr Märtyrerblüten seid gegrüßt,
Lichter seid ihr vor dem Lichte,
Der Verfolger hat geopfert euch,
Wie der Wirbelwind die Rosen abstreift.

Erstgeopferte des Herrn!
Zarte Herde, hingeschlachtet,
Spielt in Unschuld nun vor dem Altare
Mit Kronen und mit Palmenzweigen.[39]

Der heilige Cyprianus (um 200–258) vergleicht die Kirche einem blühenden Garten. Weiße Kränze aus Lilien werden von den im Frieden siegenden Gläubigen durch gute Werke, durch Blut purpurn gefärbte Kränze aus Rosen in Zeiten der Verfolgung durch Leiden empfangen.[40] Der Kirchenvater Hieronymus (um 347–420) erweitert die Weiß-Rot-Antithese durch Veilchenblüten:
»Non solum effusio sanguinis in confessione reputatur, sed devotae quoque mentis servitus immaculata quotidianum martyrium est. Illa corona de rosis et violis plectitur, ista de liliis. – Nicht nur das Bekenntnis durch die Hingabe des Blutes erwirbt Ruhm, sondern

Die heiligen Herzen. Hinterglasbild, Sandl, Oberösterreich, A. 19. Jh.

auch der makellose Dienst eines frommen Sinnes ist tägliches Glaubenszeugnis. Jener Kranz wird aus Rosen und Veilchen geflochten, dieser aus Lilien.«[41] Ähnlich formuliert auch Angelus Silesius »Roth von deß Herren Blut wie Sammet Röselein / Durch Unschuld weiß wie Schnee sol deine Seele seyn.«[42]
Walahfrid Strabo spricht in seinem anmutigen *Hortulus*-Gedicht über 23 Pflanzen des Reichenauer Klostergartens von dem Sproß aus der Wurzel Jesse; Jesus habe durch seinen Tod die Rosen und Lilien geweiht und sie zu Geschenken an die Märtyrer gemacht:

Denn diese beiden Blumen, berühmt und gepriesen, sind Sinnbild
Seit Jahrhunderten schon der höchsten Ehren der Kirche,
Die im Blut des Martyriums pflückt die Geschenke der Rose
Und die Lilien trägt im Glanze des strahlenden Glaubens.
Er hat die lieblichen Lilien geweiht durch sein Wort
und sein Leben,
Färbend im Tode die Rosen, hat Frieden und Kampf seinen
Jüngern
Auf dieser Erde gelassen, die Tugenden beider verbindend,
Beiden Siegen verheißend die Krone des ewigen Lohnes.[43]

Christus mit Soldatenmärtyrern St. Florian (l.) und St. Sebastian (r.). Hinterglasbild, Bayern 20. Jh.

Auch im Purgatorium seiner *Divina Comedia* gibt Dante den 24 Ältesten (aus Offb 4,4) als Sinnbild der Reinheit ihrer Lehre Lilienkränze, den sieben ihm erscheinenden Aposteln und Evangelisten aber Kränze von Rosen als Sinnbild ihres Märtyrertums.
In einem aus dem 12. Jahrhundert stammenden Responsorium des Hymnus »Ad Martyribus« der Mystikerin Hildegard von Bingen heißt es:

> Blühende Rosen, selig seid ihr
> durch das Verströmen eures Blutes.
> Und eure jubelnden Freuden, sie duften
> und sprossen aus der Erlösung,

die da entsprang dem Ratschluß des innersten Herzens
vor allem Zeitenbeginn
in ihm, der da war ohne Anfang.

Ehre sei eurer Gemeinschaft!
Euch, die ihr seid durch den Blutstrom der Wunden
Werkzeug der Kirche
in ihm, der da war ohne Anfang.[44]

Das Hauptbild des Genter Altars der Brüder van Eyck von 1432 zeigt »Die Anbetung des Lammes«. Auf einem zentralen Altar läßt das Lamm sein Blut in den Abendmahlskelch strömen. Von rechts kommen palmwedeltragende und mit Rosen bekränzte heilige Jungfrauen heran, während sich auf der linken Seite die Prozession der Märtyrer an einem großen Busch voll erblühter roter Rosen vorbeibewegt. Im Freskenzyklus des Domes von Orvieto (um 1500) läßt Luca Signorelli von göttlichen Boten Rosen auf den Weg der auferstehenden Frommen streuen, und auf einem Gemälde Alonso de Tovars (1678–1758) in Madrid füttert Maria Schafe mit Rosen.[45]

Auch in konkreterem Bezug sind Leidensrosen und Rosendornen Bestandteil zahlreicher Heiligenviten. Die heilige Rosa von Lima soll zeitlebens einen Kranz von blutig stechenden Dornen getragen

Rosa sine spinis – Rose ohne Dornen

haben. Die Rosen, die sie pflegte und pflückte, warf sie ihrem Gotte zu; in Kreuzesform gestaltet, offenbarten sie in den Lüften, daß Gott ihre Liebe empfing.[46] Der heilige Benedikt wälzte sich zur Selbstmarterung auf Dornen. Der heilige Franz, gerührt davon, küßte die Dornen, und sie verwandelten sich in ein Rosenbeet, dessen Blumen nachher viele Wunder wirkten.[47] Nach anderer Überlieferung hat sich der stigmatisierende heilige Franz selbst in Dornen gewälzt,[48] worauf die Dornen nicht nur zu Rosen wurden, sondern der Strauch zudem seine Dornen verlor. Der dornenlose Rosenstock wird noch heute in Assisi gezeigt.

Ganz ähnlich heißt es von einer zu Bethlehem fälschlich angeklagten und zum Feuertode verurteilten Jungfrau, daß sich der aus Dornen errichtete Scheiterhaufen plötzlich in ein Rosengebüsch verwandelte.[49]

Die karthagische Märtyrerin Perpetua erschaute in einer Vision das Jenseits als blühenden Garten mit zypressenhohen Rosenbäumen. Ihr entzückter Begleiter wendete sich an seine fromme Gefährtin mit den Worten: »Siehe, nun sind wir im Besitz der Verheißungen des Herrn.«[50]

Ikonen der Ostkirche sind, insbesondere, wenn sie Märtyrerlegenden zum Gegenstand haben, häufig über und über mit Rosen geschmückt. Eine Ikone aus Ägypten bildet beispielsweise in einer Nebenszene die Steinigung des Protomärtyrers Stephanus ab, wie er, in einem Kleid mit Rosendekor knieend, den Himmel offen sieht. Die zentrale Apotheose des Stephanus zeigt ihn in einem Rosenkleid und mit Rosennimbus, ein Weihrauchgefäß schwenkend, dem duftige Rosen entsteigen. Eine russische Ikone des 18. Jahrhunderts stellt den guten Schächer dar, dem Jesus auf Golgatha versprochen hatte »Noch heute wirst du mit mir im Paradies sein« (Lk 23,43). Eine begleitende Inschrift erläutert das Geschehen: »Der gute Schächer kam zu den Toren des Paradieses, ein Cherub mit flammendem Schwert verbot ihm den Eintritt. Der Schächer aber zeigte sein Kreuz und wurde in das Paradies hineingelassen.« Interessanterweise verschwindet das Kreuz des Schächers in einem gleich einer Losung getragenen Rosenstrauß.

Unter den zahlreichen Legenden, die auf den »tausendjährigen Rosenstock« am Dom zu Hildesheim Bezug nehmen, findet sich auch eine Variante, die ihn mit einem Reliquienkreuz in Verbindung bringt, das Kaiser Ludwig der Fromme auf der Jagd verloren haben soll. Es wurde an einem mitten im Schnee blühenden Rosenstrauch wiedergefunden, worauf der Kaiser dortselbst einen Dom bauen ließ.[51]

Nachdem die Kirche der Märtyrer das Imperium ihrer einstigen Verfolger geerbt hat, vergibt der Papst seit dem 15. Jahrhundert eine »Goldene Rose«, die er meist – als eine Art Investiturinsignie – an Mitglieder königlicher Familien verschenkt. Diese »Tugendrose« ist durchaus als vergoldete Märtyrerrose aufzufassen. Eine alte Erklärung weist ausdrücklich darauf hin, in der Hand des Papstes stünde sie für jene andere Blume, »deren rote Farbe im Leiden sich kundgibt«.[52]

Jean Genet (1910–1986) setzt in seiner berühmten, im Gefängnis entstandenen Prosadichtung *Miracle de la rose (Das Wunder der Rose,* 1946) das Kostbarste und Verwundbarste im Innern eines Menschen mit der Rose gleich. Der Mörder Harcamone scheint einerseits vom Raub dieser innersten Stubstanzen zu leben, wenn er »hinter einem Rosenbusch« mordet oder jemanden namens »Rosenstrauch« umbringt. Im Gefängnis ist der mit deutlichen Märtyrerzügen versehene Harcamone – »die Locken lagen wirr und mit der erfahrenen Grausamkeit einer Dornenkrone auf seiner Stirne« – selbst durch die Rose gefangen, gebunden und dem Tode geweiht. In einer Vision erblickt der in homoerotischer Zuneigung zu dem Todeskandidaten entbrannte Häftling Jeannot, wie dessen Handkette sich in eine weiße Rosengirlande verwandelt. Die Hinrichtung schließlich wird als das Zerpflücken und Zerknittern einer ungeheuerlich großen, mystischen Herzensrose roter Farbe geschildert.[53]

Interessanterweise greift auch Oscar Wilde die alte patristische Gleichsetzung von Märtyrerleiden und Rosen auf, als er mit seiner Tragödie *Salome* (1891) einen vielbehandelten Stoff neu in Szene setzt. Das liebreizende Kindweib Salome wird von ihrem Stiefvater Herodes begehrt, sie hingegen sieht in dem gefangengehaltenen Propheten Jochanaan (Johannes der Täufer) ihr Männerideal verkörpert.

Als Herodes Salome anfleht, für ihn zu tanzen, kündigt sich der Tod des ersten Märtyrers in einer Atmosphäre explosiver Sinnlichkeit an: »HERODES: Bei meinem Leben, bei meiner Krone, bei meinen Göttern. Alles, was du wünschst, werde ich dir geben, und sei es die Hälfte meines Königreichs, wenn du für mich tanzt. O Salome, Salome, tanze für mich! Als Königin wirst du sehr schön sein, Salome, wenn es dir gefällt, die Hälfte meines Königreichs zu begehren. Wird sie nicht sehr schön sein als Königin? Ah! Es ist kalt hier! Ein eisiger Wind weht, und ich höre... warum höre ich in der Luft dieses Flügelschlagen? Oh! Man könnte meinen, es sei ein Vogel, ein ungeheurer schwarzer Vogel, der über die Terrasse schwebt. Warum kann ich ihn nicht sehen, diesen Vogel? Das Schlagen seiner Flügel ist gräßlich. Der Wind von seinem Flügelschlagen ist gräßlich. Es ist ein kalter Wind. Doch nein, er ist nicht kalt, er ist heiß. Ich ersticke. Gießt mir Wasser über die Hände. Gebt mir Schnee zu essen. Löst die Agraffen meines Mantels. Schnell, schnell, löst die Agraffen meines Mantels... Nein, laßt es. Mein Blumenkranz ist es, der mich quält, mein Kranz aus Rosen. Die Blüten brennen wie Feuer. Sie haben mir die Stirn verbrannt. *Er reißt sich den Kranz vom Kopf und wirft ihn auf den Tisch.* Ah! Ich atme wieder. Wie rot diese Blütenblätter sind! Wie Flecken von Blut auf dem Tischtuch. ’s ist nichts. Man darf nicht in jedem Ding, das man sieht, Zeichen erblicken. Das macht das Leben unmöglich. Man sollte lieber sagen, die Blutflecken sind so schön wie die Blütenblätter der Rose. Es wäre viel besser, das zu sagen... Doch sprechen wir nicht davon. Jetzt bin ich glücklich, ich bin überglücklich. Ich habe das Recht, glücklich zu sein, nicht wahr? Eure Tochter wird für mich tanzen. Nicht wahr, du wirst für mich tanzen, Salome? Du hast versprochen, für mich zu tanzen.«[54]

Der Rosenbaum zeitlichen Leidens

Einigen Legenden zufolge soll aus dem Holz des Baumes der Erkenntnis – des die Sünde auslösenden Baumes – das Kreuz von Golgatha – der die Sühne bringende Baum – gezimmert worden sein. Dadurch wurde das dürre, tote Holz des Kreuzes Christi zum neuen Lebensbaum, aus dem Zweige, Äste und Blüten austreiben, ganz im Sinne der biblischen Lebensbaumaussagen: »Und er zeigte mir einen Strom von Lebenswasser, glänzend wie Kristall; der geht vom Throne Gottes und des Lammes aus. Inmitten ihres Platzes und zu beiden Seiten des Stromes steht der Baum des Lebens, der zwölf Früchte trägt. Jeden Monat spendet er seine Frucht, und die Blätter des Baumes dienen zur Heilung der Völker« (Offb 22,1f.).[55] In den Ikonographien des Mittelalters setzt sich kunst- und symbolgeschichtlich die breite Tradition der Lebensbaumsymbolik, insbesondere der Kunst des Vorderen Orients fort.[56] Häufig blühen Lebensbäume – wie auch gotische Türme und Türmchen – in Zweige blühender Rosen aus, um die lebensspendende Kraft der Kreuzeswunden noch deutlicher zu betonen.

Von wesentlichem Einfluß auf solche Darstellungen waren Visionen des deutschen Mystikers Heinrich Seuse (1295–1366) vom »köstlichen Rosenbaum zeitlichen Leidens«. Der Konstanzer Patriziersohn Seuse, von Thomas von Aquin wie Meister Eckhart gleichermaßen beeinflußt und lange Jahre Prediger in Frauenklöstern, entfaltete eine an zarte lyrische Formen der Minnedichtung gemahnende Passionsmystik. Seuse entwickelte seine Leidensbetrachtungen gern in Gesprächen des »Dieners« – wie er sich selbst bezeichnete – mit der »Ewigen Weisheit« – das ist Christus. In seinem *Büchlein der ewigen Weisheit* (um 1328 entstanden) antwortet die Weisheit dem Diener, als er sie nach dem Nutzen des Leidens fragt: »Es züchtigt den Leib, der ja doch der Fäulnis verfällt, speist aber die edle Seele, die ewig leben soll. Diese wächst durch Leiden, so wie die schöne Rose durch den Tau des Maien. Leiden bringt Weisheit und Erprobung. Was weiß ein Mensch, der nicht gelitten hat?

Es kleidet die Seele in ein rosenfarbenes Gewand, in Purpur; sie trägt den Kopfschmuck aus roten Rosen, das Zepter aus grünen Palmzweigen, einen glänzenden Rubin in jungfräulicher Gewandspange. Mit süßer Stimme frohen Mutes singt sie ein neues Reigenlied vor in der Ewigkeit, wie es alle Engel nicht singen konnten, denn sie haben nie gelitten.«[57]

Im *Leben des seligen Heinrich Seuse* – einer Art Biographie, in der teilweise Berichte der »geistlichen Töchter« des Dieners wiedergegeben sind – schildert Seuse, wie ihn das Jesuskind in der »schmerzvollen Unterwerfung« unterrichtet: »Du sollst dich wie ein Mädchen verhalten, das Rosen pflückt; bricht sie eine Rose vom Strauche ab, so genügt ihr das (noch) nicht, sie nimmt sich vor, noch mehr zu pflücken. So tu auch du: Bereite dich darauf vor, daß, wenn ein Leiden ein Ende hat, dir geschwind ein anderes begegnet.«

Am Engelfeste hat eine fromme Frau eine Vision und sieht, wie über dem Diener »ein schöner Rosenstrauch aufblühte, groß und umfangreich. Er hatte eine anmutige Gestalt und trug viel schöne rote Rosen. Sie blickte zum Himmel, und ihr schien, die Sonne gehe strahlend an einem wolkenlosen Himmel auf. Im Sonnenglanz (aber) stand ein schönes Kindlein mit ausgebreiteten Armen. Auch sah sie, daß aus der Sonne ein Strahl in des Dieners Herz drang, so kräftig, daß alle seine Adern und Gelenke aufleuchteten. Der Rosenstrauch aber hätte gern, sich neigend, mit seinen starken Ästen den Sonnenstrahl, der in des Dieners Herz fiel, gehemmt. Das aber gelang ihm nicht, denn die aus der Sonne hervorbrechenden Strahlen waren so stark, daß sie die Äste (des Strauches) durchdrangen und bis in des Dieners Herz leuchteten. Danach sah sie, daß das Kind aus der Sonne herausschritt. Sie fragte: ›Ach, liebes Kind, wohin willst du?‹ Es antwortete: ›Zu meinem lieben Diener!‹ Jene fuhr fort: ›Ach, teures Kind, was bedeutet der Sonnenstrahl in deines geliebten Dieners Herz?‹ Es erwiderte: ›Sein liebreiches Herz habe ich mit solch hellem Glanze durchglüht, daß dessen ein Widerschein von seinem Herzen ausgehen wird, der menschliche Herzen auf liebreiche Weise zu mir ziehen soll; und der starke Rosenstrauch, der meines Dieners mannigfache zukünftige Leiden versinnbildet, kann das nicht hindern: es wird herrlich an ihm vollendet werden.‹«[58]

Eine andere geistliche Tochter erblickte den Diener im Rosenschmuck der Märtyrer: »Er trägt einen grünen Kranz um sein Haupt, der ist ringsum abwechselnd mit roten und weißen Rosen besetzt, wie ein Rosenkranz; die weißen Rosen versinnbilden seine Lauterkeit, die roten seine Geduld in mannigfachem Leiden, das er ertragen muß.« In einer Art Stigmatisierung erblühten dem Diener dann bald darauf Rosen aus den Wundmalen Christi: »Einst waren ihm die äußeren Sinne entschwunden, da sah er sich in einer Erscheinung an eine Stelle geführt, wo gar viele Engel waren, und einer, der ihm am nächsten stand, sprach zu ihm: ›Reich deine

Hand her und sieh!‹ Als er seine Hand dargeboten hatte und hinblickte, sah er mitten auf der Hand eine schöne rote Rose mit grünen Blättern entspringen. Die Rose ward so groß, daß sie die ganze Hand bis an die Finger bedeckte, und so schön und glänzend, daß sie den Augen gar wohlgefiel. Er wandte die Hand nach innen und außen um: es war auf beiden Seiten ein wundervoller Anblick. Da sprach er voll tiefer Verwunderung: ›Ei, lieber Freund, was bedeutet dieses Gesicht?‹ Der Himmelsbote antwortete: ›Es bedeutet Leiden und nochmals Leiden und noch mehr Leiden und wieder und immer noch Leiden, das dir Gott schicken will, und das versinnbilden die vier roten Rosen, die du an beiden Händen und Füßen siehst.‹ Der Diener seufzte und sprach: ›Ach, lieber Herr, daß Leiden dem Menschen gar so weh tut, und es ihn, geistlich gesehen, doch so sehr verherrlicht, ist ein erstaunliches Verhalten Gottes!‹«[59]

Heinrich Suso, vor der Ewigen Weisheit knieend und vom Jesuskind mit Rosen überschüttet, zwischen 1475 und 1480

Schließlich erfüllt sich die Vision so, wie ein Druck aus dem 15. Jahrhundert es darstellt.[60] »Dieselbe fromme geistliche Tochter erzählte, daß sie einst im Geiste einen schönen Rosenstrauch gesehen habe, geziert mit roten Rosen. Auf dem Strauche zeigte sich ihr das Jesuskind mit einem roten Rosenkränzlein. Unter dem Strauch sah sie den Diener sitzen. Das Kindlein brach viele Rosen ab und warf sie auf den Diener herab, daß er über und über damit bestreut war. Als sie das Jesuskind fragte, was die Rosen bedeuteten, sprach es: ›Die Zahl der Rosen deutet die vielfältigen Leiden an, die Gott ihm senden wird; er soll sie voll Liebe von Gott entgegennehmen und sie geduldig tragen.‹«[61]

Der blutige Rosengarten

Im Althochdeutschen bezeichnet das Wort »bluot« sowohl die Blüte als auch das Blut.[62] Die augenfällige Vereinung dieser Doppelbedeutung im Bild der roten Rose ist seit jeher Anlaß für Wappensagen und Schlachtenanekdoten gewesen. Scipio soll den Soldaten der achten Legion, die zuerst das feindliche Lager erstürmt hatten, die Freiheit gegeben haben, das Bild einer Rose im Schilde zu führen. Auf einem Gemälde in der Kirche Santa Susanna in Rom überreicht der heilige Petrus Karl dem Großen eine mit Rosen übersäte Fahne – den Lohn des Sieges im Kampf gegen die Langobarden.[63] Nach der Schlacht von Sankt Jakob (1444) soll Burkhard, Mönch zu Landskron, beim Ritt über das mit gefallenen Schweizern übersäte Schlachtfeld ausgerufen haben »Wir baden heute in Rosen«.[64] In der Schlacht von Minden im Siebenjährigen Krieg (1759) schmückten sich die britischen Soldaten des siegreichen Lancashire Füsilierregiments mit Rosen. Bis auf den heutigen Tag muß angeblich jeder Offizier dieser noch bestehenden Einheit beim jährlichen Festessen eine Rose verspeisen.[65]

Schleiden überliefert eine weitere verbreitete Wappensage: »In einer Schlacht sah ein Herzog einen Knappen aus drei Wunden bluten und fragte teilnehmend: Mein armer Knabe, was ist dir geschehen? Da erwiderte der Knappe heiteren Mutes: O Herr, ich habe drei Rosen gepflückt, die ich meiner Mutter bringen will. Der Herzog, von dem frischen Mut erfreut, schlug ihn zum Ritter und sagte: Du sollst hinfort Herr von Rosen heißen!«[66]

August Graf von Platen (1796–1835) dichtet:

> Ich stand im Traum in einem Rosengarten,
> beschützt von Linden, hohen, grandiosen,
> sie neigten sich wie riesige Standarten
> auf dieses blut'ge Schlachtgefild von Rosen.[67]

Johannes Tauler redet im 14. Jahrhundert vom »rosinfarbenen Ritterkleid« des Sohnes Gottes; in ebensolchen Gewändern denkt er sich die Streiter Christi. Die Schar der Märtyrer nennt Tauler die »peinrote Ritterschaft«.[68] Rot ist nicht nur prädestiniert, Erosfarbe zu sein, sondern ebenso Farbe des Krieges und damit Symbol nicht nur im Glaubensstreit, sondern auch in sehr säkularem Kampfe erstrittener und erlittener Wunden. Der alttestamentliche Prophet Nahum beschreibt die Erstürmer Ninives mit den Worten »Der Schild seiner Helden ist blutig gefärbt, seine Krieger sind in Scharlach gekleidet« (Nah 2,4). Die Apokalypse des Johannes beschreibt die Vision bei der Öffnung des Buches mit den sieben Siegeln: »Und es zog ein anderes Roß aus, ein feuerrotes; und dem, der darauf saß, ward die Gewalt gegeben, den Frieden von der Erde fortzunehmen, so daß sie sich gegenseitig hinschlachten sollten; und es wurde ihm ein großes Schwert gegeben.« (Offb 6,4) Gelegentlich wird auch eine Verbindung zwischen der als blutendroter Wunde gedeuteten Vulva und der Rose hergestellt, etwa wenn das Menstruationsblut als »Rosen« und die Monatsbinde als »Rosenhecke« bezeichnet wird.[69] Franz Kafka (1883–1924) schildert in einer alptraumartigen Erzählung, wie ein zu einem dringenden Krankenbesuch aufbrechender Landarzt sein Dienstmädchen Rosa allein zurücklassen muß, obwohl er weiß, daß der Pferdeknecht die junge Frau vergewaltigen wird. Bei der Untersuchung des Kranken hat der Arzt dann eine Vision:
»In seiner rechten Seite, in der Hüftengegend hat sich eine handtellergroße Wunde aufgetan. Rosa, in vielen Schattierungen, dunkel in der Tiefe, hellwerdend zu den Rändern, zartkörnig, mit ungleichmäßig sich aufsammelndem Blut, offen wie ein Bergwerk

obertags. So aus der Entfernung. In der Nähe zeigt sich eine Erschwerung. Wer kann das ansehen, ohne leise zu pfeifen? (...) Ich habe deine große Wunde aufgefunden; an dieser Blume in deiner Seite gehst du zugrunde.«[70]
Interessant ist, daß sich der nicht gewaltsame Tod gelegentlich durch weiße Rosen ankündigt. So bestand in Lübeck, Breslau und Hildesheim die Sage, jeder Domherr finde drei Tage vor seinem Tode eine weiße Rose auf dem Chorstuhl.[71] Hingegen klagt Kriemhild dem sich zur Jagd rüstenden Siegfried:

»Laßt Eurer Jagen sein,
Mir träumte vom Leide, wie Euch zwei wilde Schwein
Über die Heide jagten. Da wurden die Blumen rot.
Drum muß so sehr ich weinen, das schafft mir armem
Weibe Not.«[72]

Kriemhild ist nicht nur die tragische Heldin des Nibelungenliedes, sondern auch die Herrin des *Rosengartens zu Worms*, eines in mehreren Fassungen überlieferten Heldenepos von einem unbekannten Verfasser aus dem Anfang des 13. Jahrhunderts. Das auch unter dem Titel *Der große Rosengarten* bekannte Werk beginnt mit einer Einladung Kriemhilds an Dietrich von Bern, mit elf Mann gegen ihren Geliebten Siegfried und dessen elf Recken im Rosengarten zu kämpfen.[73] Dietrich läßt sich den Brief vorlesen, der auch einen Siegespreis verheißt:

Eine Königin vom Rheine hat Boten hergesandt,
es steht in diesem Briefe, ihr Recken hochgenannt.
Sie heget einen Anger mit Rosen wohl bekleid't,
der ist eine Meile lang und eine halbe breit.
Darum geht eine Mauer, eine Borte fein,
getrutzt sei allen Füßen, daß keiner kommt darein,
Den Garten hüten Zwölfe der allerkühnsten Mann
so man sie beim Rheine nur finden kann (...)

Und wer besiegt die Zwölfe, die in dem Garten san,
Rosen zu einem Kranze gibt man jedem Mann.
Ein Halsen und ein Küssen von der jungen Königin,
und muß vor allen Recken immer verherrlicht sin.

»Hie nach folget der rosengart zu Wurms/mit seinen figuren.« Einleitungsbild zum Rosengartenlied. Aus dem *Heldenbuch*, um 1500

Kriemhilds Rosengarten ist also kein eigentlicher Rosenhag, denn statt einer Rosenhecke wird er von einer Mauer umgeben, sondern weist eher auf Friedhöfe, Turnier-, Kult- und Thingstätten zurück, die durch die oft umgrenzenden Wildrosenhecken in der Volksetymologie zum Rosengarten wurden. Kriemhilds Garten besitzt mit Linden, Vögeln und zum heiteren Spiele vereinten Frauen aber auch unverkennbare Charakteristika mittelalterlich-höfischer Lustgärten. Die Rosen des Gartens sind jedoch hauptsächlich Vorausdeutungen der Kampfeswunden, in gewisser Weise natürlich auch Erinnerung an die mythologischen Begräbnisstätten. Zuweilen ist »Rose« sogar im direkten Wortsinn als »Wunden- und Todbringerin« zu verstehen, wenn etwa Siegfried seinen Gegner mit seinem Schwert Balmung begrüßt und Dietrich darauf erwidert: »Den Gruß vergelt ich Dir / mit meinem Schwerte Rosen.« In konsequenter Adaption der Symbolik an Entwicklungen der Waffentechnik taucht in einem Heldenlied von 1504 gar eine Kanone namens »Rose« auf.[74]
Dietrich läßt Kriemhild die Absicht, den Kampf aufzunehmen, mit den Worten melden:

»Euch läßt entbieten mit Etzel der von Bern
sie hätten lichte Rosen aus Eurem Garten gern.
Sie wollen hier zertreten die Rosen und das Gras,
daß sie begossen werden mit heißem Blute naß.«

Kriemhild wünscht darauf in ihrem Übermut:

»Sie sollen wie die Kinder spielen in den Rosen rot.«

Einzeln treten die Kämpferpaare gegeneinander an, ein »Rosenzertreten« für Thanatos statt einem »Rosenbrechen« für Eros:

In dem Rosengarten hob sich ein großes Kampfesspiel,
sie traten in den Anger der lichten Rosen viel.
Sie stritten kräftigliche, die zwei kühnen Mann.
Es wurden tiefe Wunden mit den Schwertern geschlan
durch Helm und durch Brünne, also wir's han vernommen.
Zwei kühne Helden waren zusammen kommen.

Bei allen elf Kämpferpaaren erweisen sich jedoch die Wormser als die jeweils schwächeren und schließlich unterliegt selbst Siegfried gegen Dietrich. Nach jedem der vielen Zweikämpfe wird genauestens berichtet, daß Rosenkranz und Kuß auch ausgeteilt werden. Als besonders wütender Kämpe zeichnet sich der Mönch Ilsan aus Dietrichs Gefolgschaft aus, der schließlich noch 52 weitere Ritter besiegt. Ilsan fordert darauf mit folgenschwerer Konsequenz für Kriemhild den ihm zustehenden Tribut:

Er sprach: »Zweiundfünfzig Küsse   will ich von dir han,
ich spreche es auf meine Treue,   ihr werdet es nicht erlang'.«
Wenn sie ihn sollte küssen,   den Mönch Ilsan,
so reibt er sie so harte,   die Königin wohlgetan,
mit seinem langen Barte,   den der Mönch trug,
daß der Königin   danach rann das rote Blut.

»Hie haben gestritten Dietlieb von Steir/und Walther von Wachsenstein. Und jegklicher fordienet ein rosenkrenczelein und ein helssen un kissen.« Aus dem *Heldenbuch*

In der Schlußszene des Gedichts, das die Rückkehr Ilsans zu seinem Orden beschreibt, mischt sich spielmännische Komik mit christlicher Passionsüberlieferung:

> Da hieß er die Mönche   alle vor sich gahn:
> »Ich bringe die Rosenkränze   als ich gelobet han.«
> Auf setzte er jedem Bruder   ein Rosenkränzelein;
> Da drückte er's mit den Fingern   in die Häupter hinein,
> Daß ihnen's Blut beidenthalben   über die Ohren rann. (...)
> Da sprach gar zornig   der Mönch Ilsan:
> »Ihr büßet meine Sünde,   die ich han getan.«
> Da gelobeten sie gleich   dem Fürsten hochgeborn,
> daß ihm keiner widerrede   sie fürchten seinen Zorn.
> Sie sprachen: »Lieber Herre,   seit ihr wieder kommen,
> so haben wir unsre Sünde   gar auf uns genommen,
> des freuet sich unser Gemüte   und ist uns allen lieb.«
> Hiermit endet sich   das Rosengartenlied.

V Rosa Mystica

Die neue Venus

Die in den *Carmina burana* überlieferte Vagantenlyrik des 13. Jahrhunderts, die in tiefer Frömmigkeit wurzelt und gleichzeitig durch frivole Blasphemie und ironische Distanz gegenüber dem Klerus gekennzeichnet ist, preist in einem Lied die Venus:

Ave formosissima	Sei gegrüßt, du schönste Frau,
Gemma pretiosa;	Edelstein und Perle,
Ave Decus Virginum	Stolz der Jungfraun, sei gegrüßt.
Virgo gloriosa	Herrlichste der Jungfraun.
Ave mundi luminar,	Sei gegrüßt, du Licht der Welt,
Ave mundi rosa,	Weltenrose, sei gegrüßt,
Blanziflor et Helena,	Blancheflor und Helena,
Venus generosa.	Du, o hehre Venus.
Stella matutina,	O du heller Morgenstern,
Illa, qui terrestria	Herrschest hier im Irdischen,
Regit et divina.	Herrschest dort im Himmel.
Das in herba violas	Die im Grün du Veilchen gibst,
et rosas in spina,	Rosen auch auf Dornen,
Tibi salus, gloria	Dein sei Preis und Herrlichkeit
Sit et medicina.	Du der Menschen Heilung.[1]

Die christliche Vorstellungswelt hatte zu jener Zeit die antiken Prädikate der Venus bereits vollständig für Maria assimiliert. Fehlte der Name der antikheidnischen Göttin, könnte dieses Lied bedenkenlos für einen Marienhymnus gehalten werden. Die Marienverehrung übernahm viele geprägt kultische und gelockert volkstümliche Traditionen aus dem antiken Götterkult und dem Islam, wie bereits aus der beschriebenen »Christianisierung« des Nachtigallmotivs deutlich wurde (s. Kap. III). So erhält Maria alle Beinamen, die in alter Zeit Venus, Isis und Kybele schmückten: »Heilige Jungfrau, himmlische Jungfrau, Göttermutter, Gottesgebärerin, Himmelskönigin.« Diana und Isis leihen ihr den Halbmond, Ceres die Ähren, die Farbe der »schwarzen Madonnen« geht u. a. auf ägyptische Göttinnen zurück. Die Vorstellung von Maria mit dem Kinde hängt besonders von Venus mit dem Cupidoknaben ab, was sich etwa in der *Hypnerotomachia Poliphili* (s. Kap. III) leicht nachweisen läßt. Die zentralen venerischen Attribute Taube, Muschel, Abend- und Morgenstern und vor allem die Rose gingen ebenfalls auf Maria über, und auch die »rosa mystica«, die »geheimnisvolle Rose«, wird aus den ältesten Theotokien übernommen.[2] Die Verbindung von Venus und Adonis in den Adonisgärtchen und Rosenlauben reproduziert sich vermutlich im Typus der »Maria im Rosenhag«.

Selbst Pflanzen, die bei den klassischen Völkern der Venus, bei den Germanen der Freia (Frigga) geheiligt waren, gingen unkompliziert auf Maria über: Capillus veneris (Venushaar) wird »Unsrer lieben Frauen Haar«; Pallim veneris (Venusmantel) wird »Frauenmantel«; Cypripedium (Schuh der Kypris) wird »Liebfrauenkamm«; Speculum wird »Liebfrauenspiegel«; die Orchis »Freias Tränen« wird »Marientränen«.[3]

Der Rosenkranz

Seit Jahrhunderten kennt der Katholizismus die Tradition, Ketten verschiedener Gebete zu »Rosenkränzen« zusammenzuschließen, wobei das »Ave Maria« gleichsam als Refrain dient und eine mit Perlen versehene Schnur das Abzählen der Wiederholungen erleichtert. Bei näherer Betrachtung entpuppt sich auch dieses Herzstück der Marienverehrung als im Brauchtum zahlreicher Religionen wurzelnd und also keineswegs als ein Spezifikum christlicher Frömmigkeit.

Der kleine Rosenkranz (»Krone«) zählt 33 kleine Perlen nach den Lebensjahren Christi und fünf größere Perlen nach den fünf Wunden des Heilands; jede kleine Perle steht für ein zu betendes Ave Maria, jede größere für ein Paternoster. Der mittlere Rosenkranz zählt 63 kleine Perlen nach den Lebensjahren der Maria und sieben große nach ihren sieben Freuden und Schmerzen. Beim großen Rosenkranz werden 150 Ave Maria durch 15 Vaterunser in 15 Zehnergruppen gegliedert. Jeder Gruppe ist ein Ereignis aus dem Leben Jesu zugeordnet, und zwar so, daß je fünf den freudenreichen Rosenkranz der Mysteria gaudiosa, den schmerzensreichen Rosenkranz der Mysteria dolorosa sowie den glorreichen Rosenkranz der Mysteria thriumphosa bilden. Der Legende zufolge hat der Engel Gabriel selbst aus 150 himmlischen Rosen diese drei Kränze für die heilige Jungfrau geflochten, und zwar

– einen weißen (silbernen) Rosenkranz der Freuden, in dem die Kindheit Jesu betrachtet wird: Verkündigung an Maria – Heimsuchung – Geburt Christi – Darbringung im Tempel oder Anbetung der Könige – das Auffinden des zwölfjährigen Jesus im Tempel;

– einen roten Rosenkranz der Schmerzen der Passion Jesu: Gethsemane – Geißelung – Dornenkrönung – Verurteilung durch Kaiphas oder Kreuztragung – Kreuzigung;

– einen gelben (goldenen) Rosenkranz der Glorien der Verherrlichung Jesu und seiner Mutter: Auferstehung Christi – seine Himmelfahrt – Ausgießung des Heiligen Geistes zu Pfingsten – Himmelfahrt der Maria – Krönung der Maria oder Jüngstes Gericht.[4]

Zahlreiche Mariendichtungen des Hochmittelalters mit 150 Strophen grüßen die Gottesmutter mit der stets wiederholten Anrede »Ave rosa«. Dennoch werden diese Reimgedichte ursprünglich nicht, wenngleich die stereotype »Ave rosa«-Wendung dies vermuten ließe, als »Rosenkranz« bezeichnet, sondern heißen in Anlehnung an die 150 Psalmen »Psalterium«. Auch der um 1300 gebräuchliche Begriff »Rosarium« bezieht sich in ganz allgemeinem Sinne auf alle möglichen religiösen und profanen Textsammlungen (»Blütenlesen«). Die Bezeichnung »Rosenkranz« für 50 oder 150 Ave Maria geht vielmehr direkt auf die Kränze und Reifen zurück, die während des Mittelalters als Kleidungs- und Schmuckstücke getragen wurden, im Holländischen »rosenhoedje« (Rosenhütchen), im Französischen »chapelet« (Hut, vom lateinischen »capellus«). Dieser Kranz aus Juwelen, Edelmetall, künstlichen oder frischen Blüten, wurde um 1200 fester Bestandteil der Kleidung von Frauen und Männern.

Das neue Handwerk der »chapeliers«, der Blumenkranzverkäufer mit eigenen großen Rosenpflanzungen bildete sich. Die Zunft der Blumenkranzbinder besaß mancherorts sogar die Privilegien, sonntags arbeiten zu dürfen oder von Abgaben befreit zu sein. Kränze wurden allgemein üblicher Festschmuck bei weltlichen und religiösen Feiern, waren Minne- und Ehrengabe sowie Liebeszeichen, wie die mittelalterliche Roman- und Liedliteratur von den Minnesängern über den *Rosengarten zu Worms* bis hin zum *Roman de la rose* eindrücklich illustriert. Die neue höchst weltliche Mode wurde mehr und mehr in den Dienst der Marienverehrung gestellt. In den Sakralräumen wird das Bild der Jungfrau wie das einer vornehmen Dame von ihren Verehrern mit einem Kranz von Blumen geschmückt. Erbauliche Schriften tauchen unter dem Namen »chapelet« auf, etwa ein »Chapelet des sept fleurs«, das mit sieben Blumen auf die sieben Tugenden der christlichen Jungfrau deutet.[5]

Genau an dieser Stelle des Ineinandergreifens säkularen und religiösen Brauchtums findet sich nun in der frühen Legendensammlung des *Alten Passionals* die Legende »Marien Rosenkranz« oder »Der Mönch und die Rosenkränze«, die Rainer Scherschel in seiner Abhandlung über den Rosenkranz folgendermaßen zusammenfaßt: »In einer Stadt lebte ein Schüler, dem man alle Voraussetzungen zum Lernen geschaffen hatte. Aber Faulheit und Desinteresse führten dazu, daß er nichts lernte, ›so sehr ihn auch sein Lehrer verprügelte‹. Nur weltliche Lust hatte er im Sinn. Doch bei aller Verderbtheit hatte er sich eine löbliche Gewohnheit angeeignet und beibehalten, nämlich der seligen Jungfrau zu Ehren ihrem Bildnis jeden Tag einen Kranz zu flechten und ihr Haupt damit zu schmücken. Fand er keine Blumen, etwa im verschneiten Winter, so suchte er so lange und scharrte den Schnee beiseite, bis er genug Grünpflanzen gefunden hatte, um einen Kranz flechten zu können. Nun fügte sichs, daß er die Gnadenanregung verspürte, in ein Kloster einzutreten. Alle Angehörigen und Freunde rieten ihm zu und halfen ihm, daß er von den ›grauen Mönchen‹ (= Zisterzienser) aufgenommen wurde. Dort lebte er ganz nach der Regel wie die anderen und war auch zufrieden, bis er eines Tages an einem Bildnis unserer lieben Frau vorüberkam und ihm der ehemals so liebe, jetzt aber aufgegebene Brauch einfiel; denn das Klosterleben bot nicht die Möglichkeit, täglich das notwendige Blumen- oder Grüngewächs zu suchen, um einen Kranz zu flechten. Das betrübte ihn gar sehr, so daß er schon daran dachte, das Kloster wieder zu verlassen; ein alter Mönch aber, dem er seinen Kummer anvertraute, zeigte ihm einen Weg, wie er der Gottesmutter täglich einen viel angenehmeren Kranz flechten und aufsetzen könnte, als man ihn mit Blumen und Grünzeug machen kann:

wiltu der wandels vrien,
der kunigin Marien,
tegelich in edelen sachen
ein rosen crentzlin machen
und daz mit lobe zieren,
so saltuz ordinieren,
daz du uber dine tage zit,
di dir din regele sprechen git,
immer sprechest ie dar na
vumfzic Ave Maria,
da mite ist daz schepil gantz.
und wizze, daz si disen crantz
vur lilien und vur rosen nimt...

Diesen Brauch, anstatt eines Kranzes von Blumen oder Pflanzengrün der Gottesmutter täglich 50 Ave Maria zu widmen, nimmt der junge Mönch freudig auf. Und der Segen dafür bleibt nicht aus, denn er wächst an Tugend und Tüchtigkeit und gewinnt Ansehen bei seinen Mitbrüdern.

So erhält er von seinem Abt eines Tages den Auftrag, in Ordensangelegenheiten eine Reise zu unternehmen. Unterwegs steigt er auf einer in voller Sommerpracht stehenden Waldlichtung vom Pferd, um seine täglichen 50 Ave zu beten. Zwei Räuber aber, die ihm heimlich gefolgt waren und es auf sein Pferd abgesehen hatten, warteten im Gestrüpp auf die günstige Gelegenheit, ihn zu berauben.

Als nun der Mönch anfing zu beten, erblickten die Räuber auf einmal eine wunderschöne edle Frau bei ihm, die ihm eine Rose nach der anderen vom Mund pflückte, diese zu einem herrlichen Kranz von 50 Rosen zusammenband, sich dann den Kranz aufs Haupt setzte und entschwand.

Als die Räuber ihrem Plan entsprechend den Mönch überfielen, um ihm das Pferd abzunehmen, wollten sie wissen, was das für eine schöne Frau gewesen sei, die ihm die Rosen vom Munde gepflückt und zu einem Kranz gewunden habe. Der Mönch aber wußte nichts von einer solchen Frau, da nur die Räuber die wundersame Gestalt gesehen hatten. Schließlich ging ihm ein Licht auf und er begriff, daß es die heilige Jungfrau und Königin Maria gewesen war, die dieses Zeichen gegeben hatte. Voll Freude lobte und dankte er der heiligen Jungfrau und Gott. Sodann erklärte und predigt er den Räubern die Gnade Christi, die ihm selbst zuteil geworden sei und ihn aus der Sünde gezogen habe, so wie auch sie heute durch dieses Zeichen bekehrt werden sollten.

Auf solche Worte hin und durch das Wunderzeichen gingen die Räuber in sich, wurden von Reue erfaßt und bekehrten sich. Sie folgten dem Mönch in sein Kloster und wurden selber zwei gute und fromme Klosterleute.«[6]

Seit etwa der Mitte des 13. Jahrhunderts bezieht sich der Name »Rosenkranz« damit auf das Gebet der 50 Ave Maria. Die Rosenkranzlegende sorgte für die Verbreitung des Namens, und während die Sitte der weltlichen »chapelets« mit den höfischen Festen vergangen ist, eroberte sich das »geistliche chapelet« allmählich die katholische Welt.

Einer der wichtigsten Förderer – wenngleich nicht, wie traditionell angenommen, der »Erfinder« – des Ave-Fünfzigers und Ave-Psalters war der Gründer des Dominikanerordens, der heilige Dominikus (1170–1221). Die Dominikaner wollen wissen, die Muttergottes selbst habe Dominikus das Rosenkranzgebet gelehrt. Zur Pflege dieses Gebetes werden 1474 von Köln aus spezielle Rosenkranzbruderschaften gegründet, der nach vier Jahren bereits eine halbe Million Mitglieder angehören, darunter die Familie Kaiser Friedrichs III. Zusätzlichen Aufschwung erfuhr der Rosenkranzkult, als Pius V. angeblich mehr durch öffentliches Rosenkranzbeten als durch Waffengewalt den Seesieg über die Türken am 7. Oktober 1571 bei Lepanto im Golf von Korinth errang, was Papst Gregor XII. zwei Jahre später veranlaßte, den Siegestag als jährliches »Rosenkranzfest« feiern zu lassen.[7]

Parallel mit der zunehmenden Verbreitung der Rosenkranzgebete entwickelte sich in der bildenden Kunst der Typus sogenannter Rosenkranzbilder, die Maria, den Rosenkranz, das Gebet und dessen Wirkungen zum Thema haben. Häufig wurden diese Bilder von den Rosenkranzbruderschaften gestiftet, darunter auch eine der frühesten Darstellungen aus dem 15. Jahrhundert auf dem Triptychon der Andreaskirche zu Köln: Auf Marias Arm sitzt Jesus, einen Rosenkranz in der Hand, während zwei Engel über die Gottesmutter eine dreifache Rosenkrone halten.[8]

In einer interessanten Variante wird Maria von 15 Zehnergruppen Ave-Rosen umrahmt, während die Vaterunser durch 15 Medaillons mit Mysterien aus dem Leben Jesu dargestellt sind.

Guido Reni malte 1631 im Auftrag der Stadt Bologna eine Rosenkranzmadonna (Bologna, Pinacoteca Nazionale) als eine Art Votivtafel zur Erinnerung an die schreckliche Pestepidemie des Jahres 1630. Lange Jahre wurde das Bild bei den großen jährlichen Dankprozessionen mitgeführt. Die allerseligste Jungfrau sitzt auf einem Regenbogen und Wolken; sie ist umgeben von Engeln, die sie mit einem Rosenkranz bekrönen und Rosen sowie Gebetschnüre an sieben unten versammelte Heilige verteilen, wobei der heilige Dominikus (r.) und der heilige Franz (M.) besondere Ehrenplätze einnehmen.

Erst in der ersten Hälfte des 15. Jahrhunderts verbanden Trierer Kartäuser die Aves mit der Betrachtung des Lebens Jesu und entwickelten so den »Leben-Jesu-Rosenkranz«. Den Sinn dieser Aufschlüsselung des Lebens Jesu in viele Einzelsätze, sogenannte »Clausulae«, betont ein Passus aus den Lesungen zum Rosenkranzfest: »Est autem Rosarium certa precandi formula, qua quindecim angelicarum salutationum decades, oratione dominica interiecta, distinguimus, et ad earum singulas totidem nostrae reparationis mysteria, pia meditatione recolimus. – Der Rosenkranz ist eine bestimmte Gebetsweise, nach der wir fünfzehn Zehnergruppen des Englischen Grußes unterscheiden, zwischen denen jeweils ein Vaterunser eingefügt wird und zu denen wir ebensoviele Geheimnisse unserer Erlösung in gläubiger Betrachtung meditieren.«[9]

Das entscheidende spirituelle Element des Rosenkranzes ist also die Betrachtung, die »meditatio«, das gläubige »Wiederkäuen« der Glaubensgeheimnisse zur Verinnerlichung: »Die Perlen sollen die Finger beschäftigen, die Gebete unsere Lippen, und so wird unser Geist frei für die Betrachtung.«[10] Demgegenüber ist die rein praktische Methode, nämlich das Prinzip der Wiederholung bestimmter

Gebete – zur »Verstärkung« der Bitte – und das Zählgerät von untergeordneter Bedeutung. Prinzipiell lassen sich alle möglichen mechanischen Hilfsmittel verwenden. Als sich zum Beispiel im 4. Jahrhundert der heilige Paulus von Theben – einer der ersten Eremiten der Kirche – vornahm, täglich 300 Gebete zu sprechen, sammelte er angeblich die entsprechende Anzahl kleiner Steine und warf sie nach dem Ende jedes Gebetes fort. Schnüre zum Gebetszählen sind Jahrtausende alt und den meisten Religionen gemeinsam.[11] Im Sanskrit heißen sie sinnvollerweise »Flüsterkette« oder »Erinnerer«, im Arabischen »der Rezitator«, in Europa wurden sie anfänglich »calculi« oder »numeralia« genannt. In vielen Ländern werden die Perlen noch heute tatsächlich aus Rosenholz hergestellt. In Europa bildeten die Hersteller solcher Gebetsschnüre eine anerkannte Handwerkerzunft, die »Paternosterer«, deren ehemaliges Quartier in London noch heute »Paternoster Row« heißt. Im Englischen heißen die Rosenkranzperlen interessanterweise »bead«, abgeleitet vom älteren »bede«, und wurzelt damit ebenso wie unser Substantiv »Gebet« in der Wortgruppe »bitten«.[12]
Das Gleiten der Perlen muß aber durchaus nicht nur als nackter, mechanischer Zählvorgang und Erinnerungshilfe verstanden werden, sondern kann dem nach Vereinigung mit Gott strebenden Asketen und Mystiker ein Symbol der spirituellen Reise ins himmlische Reich werden. Mit jeder Perle, die durch ihre Finger wandert, kommen die Gläubigen Gott quasi einen Schritt näher. Die indischen Sikhs können daher ganz sinnenfältig beten: »Du bist die Schnur, Du bist die Perlen des Kranzes, Du bist seine Knoten, Du bist die Hauptperle, Du bist Gott.«[13]

Die neue Eva

»Und wie aus scharfen Dornen die sanfte Rose hervorwächst, die nichts Verletzendes hat und den Mutterstrauch ehrenvoll krönt, so kam aus dem Stamm der Eva Maria ganz heilig hervor, und es sühnte die neue Jungfrau den Fehltritt der früheren. So brachte Judäa Maria hervor wie die Dornen die Rose.« Sedulius (ca. 430)[14]

Der Kontrast von Dorn und Rose war den Gläubigen des Mittelalters plastischer Ausdruck der biblisch-typologischen Gegenüberstellung von Eva und Maria.

»Eva spina, Maria rosa« – definiert lakonisch Bernhard von Clairvaux.[15] Der Schuld Evas verdankt die Menschheit nicht nur die weitervererbte Ursprungssünde, sondern – bildlich gesprochen – auch die Tatsache, daß die Rosen Dornen tragen. Solange die Menschheit in Unschuld lebt, war die Rose weiß und dornenlos. Als sie aber in Sünde fiel, färbte sich nicht nur die Rose rot, sondern sie bekam auch Dornen, die desto zahlreicher und bedrohlicher wurden, je mehr und länger die Menschen sündigten. Maria aber erblühte als leuchtende, wohlriechende Rose unter den Disteln und Dornen des sündigen Menschengeschlechts. Der Cherub mit dem bloßen, hauenden Schwert verwehrt nun nicht mehr den Zugang zum Paradies. Die Königspforte ist aufgetan. Das »Ave« des Engelsgrußes an Maria »überbannt« den Namen »Eva«, verkehrt ihn ins Positive:

O Rosenrot, o Lilienweiß,
Wir leiden Not um all die Speis,
die Gott verbot im Paradeis.
  Die das Ave überbannt,
Maria, Magd, du werter Nam,
Der hat erjagt, der zu dir kam,
Als man uns sagt, das wahre Lamm,
  das Christus ist genannt.

O Maria, Ros ohn alle Dorn,
ob allen Frauen hochgeboren,
Gott selber hat dich auserkorn,
Behüt uns vor des Kindes Zorn,
Daß seine Marter nicht an uns wär verlorn.

Hermann von Salzburg (Ende 14. Jahrh.)[16]

Aber nicht nur für den Maria-Eva-Kontrast, sondern auch für die Bewertung von Christen und Juden bot die Rose aus dem Dorn ein willkommenes Bild. Im Judentum selbst war die Rose ein modellartiges Prädikat des erwählten Volkes; »Israel soll blühen wie eine

Rose« (Hos 14,6). Das Hauptwerk der jüdischen Kabbala, der Sohar, legte das Hohe Lied entsprechend gleichnishaft aus: »Rabbi Chiskija begann mit den Schriftworten: ›Wie die Rose zwischen den Dornen ...‹ (Hld 2,2). Wer ist die ›Rose‹? Die Gemeinschaft Israels. Und was bedeutet ›eine Rose zwischen den Dornen?‹ In ihr ist Rot und Weiß – so auch in der Gemeinschaft Israels ›Strenge‹ und ›Liebe‹.«[17] Die allegorische Schriftauslegung des Mittelalters kehrt dieses Verständnis in deutlich antisemitischer Tendenz um, wie beispielsweise aus dem oben zitierten Vers des Sedulius »Wie der Dorn die Rose hervorbringt, so erzeugt Judäa Maria« deutlich wird. Auch Johannes Damascenus stellt um 700 in einer Predigt über die Geburt Christi die Juden als Dornen hin: »O Rose, die du aus den Dornen, das heißt: den Juden, hervor gesproßt bist und alles mit göttlichem Duft durchströmt hast.«[18]

Neben anderen antik-heidnischen Attributen wird in der Folgezeit die Verbindung zwischen Maria und der Rose in der mystischen Dichtung immer enger:

O du schöne Rose im Dorn!
O du fliegende Biene im Honig!
O du reine Taube in deinem Sein!
O du schöne Sonne in deinem Stande!
Ich kann mich nit von dir abkehren«

Mechthild von Magdeburg (1207–1282)[19]

Das weitverbreitete Adventslied »Es kommt ein Schiff geladen« Johannes Taulers aus dem 14. Jahrhundert wurzelt in Vorstellungen der Venus marina als Patronin der Schiffer. Maria wird als Schiff besungen, das Gottes Sohn trägt. Das Lied enthält ebenfalls eine – in protestantischen Gesangbüchern fortgelassene – Rosenstrophe:

Maria, du edler rose,
aller saelden ain zwy
(aller Seligkeit ein Zweig)
Du schöner zitenlose,
mach uns von sünden fry.

Maria, edle Rose,
voll Freuden mancherlei,
du Schöne, Zeitenlose,
mach uns von Sünden frei.[20]

Die Rose ist ein feststehendes Bild der liturgischen Wechselgebete zwischen Priester und Gemeinde zu Ehren Marias – beispielsweise der *Lauretanischen Litanei (Vesperale Romanum)* – wie vieler Wallfahrtslieder, die im Wechsel gesungen wurden:

Rose ohne Dornen,
o Maria, hilf!
Du von Gott Erkorne,
o Maria, hilf
Maria, hilf uns allen aus unserer tiefen Not...

Paderborner Wallfahrtslied (17. Jahrh.)[21]

Ein unbekannter niederrheinischer Dichter des 15. Jahrhunderts reiht Rosenmetaphern auf zu einer »Sequenz von den Freuden der seligen Maria«:

Rose, freu dich, du gegrüßte,
die durch wunderbar versüßte
Gotteshuld befruchtet war.

Rose, die den Herrn der Engel,
Welten, trieb aus keuschem Stengel,
Freu dich, alles freut sich mit.

Rose, freu dich, opfre, glaube,
Den Getauften lobt die Taube:
Gott wird lebend offenbar.

Rose, rosenkranzumwunden,
Bräutigam und Braut verbunden
Schaust der Leuchten Leuchte du.

Rose, ganz in Gott versunken
wirst du von dem Tranke trunken
übergroßer Süßigkeit.

Rose, die dich bittend kosen,
deinen Lilien und Rosen
reich der Milde Blumenkranz.[22]

Ein sprudelndes Beispiel marianischer Bibelauslegung bietet der stark kompilatorisch arbeitende Kommentar eines Gelehrten der Barockzeit, Cornelius a Lapide (eigentlich Cornelis Cornelissen van Steen, 1567–1637) zu Kap. 24,14 des Buches Jesus Sirach: »Die göttliche Weisheit spricht: Wie eine Palme zu Engedi wuchs ich empor, und wie eine Rosenpflanzung in Jericho.« Da heißt es zum mystischen Textverständnis: »Die Rose in Jericho ist die selige Jungfrau. Alles was in dieser Welt unter dem Mond zum Lob der Rose bereits gesagt worden ist, kommt viel zutreffender der seligen Jungfrau zu, die mit ihrer höchstgezierten Schönheit und Würde allen Glanz der Welt übertrifft...

Die Rose ist wohlriechend und strömt Duft aus. Wer aber riecht nicht in Maria den Strom aller Tugenden als einen Strom der Wohlgerüche? Wer wird nicht zu ihm hingezogen und durch seine Süßigkeit gewonnen? Wer läuft nicht hinzu zum Wohlgeruch seiner Salben? Christus macht nämlich durch sie in höchstem Maße den Duft seiner Erkenntnis allerorten offenbar. Er gießt und atmet aus: den Thymian, das Amomum, den Moschus der Göttlichkeit und die ausgewählte Eleganz aller Farbstoffe, entsendet gleichsam den aromatischen Balsamgeruch seiner Süßigkeit und schmückt die ganze Welt mit den Blumen des Paradieses. So wird sie also mit Recht Rose von Jericho genannt. (...) Und darum ehren die Gläubigen die selige Jungfrau mit dem Rosenkranz wie mit einer Krone, der hundertfünfzigfachen Wiederholung des Englischen Grußes.«[23]

Den ganzen Reichtum barocker Bilderfülle entfaltet auch Jakob Balde (1604–1668), um Maria in einem Hymnus mit dem Titel »Die Unnennbare« zu preisen:

Und wie soll ich dich nennen? Dich, des Lebens
Heilquell, Schatten der Müden, dich, in Flammen
Glänzender Rosenbusch? Den Stern am Morgen
Oder Aurora?

Regenbogen der Gnade über dunkeln
Wolken? Rose der Dornen? Wenn einst jede
Schöne Blume verblüht, der Blumen schönste
Blühet unsterblich.[24]

»Sei gegrüßt, du mystische Rose, daraus uns Christus entströmt«, heißt es auch im wohl ältesten und berühmtesten Marienhymnus der Christenheit des Ostens, dem *Hymnos Akathistos*, entstanden vor 817/18 als Dank für die wiederholte Befreiung Konstantinopels von feindlichen Belagerungen.[25]

In enger gedanklicher und textlicher Beziehung zum *Hymnos Akathistos* steht das große Werk des griechischen Nobelpreisträgers Odysseas Elytis (geb. 1911): *To Axion Esti – Gepriesen sei.* Der Titel entspricht dem lateinischen Text aus der Messe: »Vere dignum est – Wahrhaft würdig isl es ...« In diesem dreiteiligen Versepos unter den Überschriften »Die Genesis«, »Die Passion« und »Gepriesen sei«, das in faszinierend-hymnischer Sprache mythische und historische Ereignisse mit dem inneren Freiheitskampf eines heutigen Menschen verknüpft, wird die rosa mystica als persönliche Lebenserfahrung angesprochen:

BLUTSTROM der Liebe X färbtc mich purpurn
Nie geschaute Freuden X warfen den Schatten
Ich verging X in der Menschenschwüle
des Südwinds
Hohe Mutter X Unverwelkliche Rose
Lauernd auf See X harrten sie meiner
Mit bestückten Dreimastern X schnellten die Kugeln
Meine Sünde X daß ich besaß
X eine Liebe
Hohe Mutter X Unverwelkliche Rose
Im Juli manchmal X öffneten sich
Ihre großen Augen X in meinem Innern
Jungfräuliches Leben X für eine Weile
X zu bestrahlen
Hohe Mutter X Unverwelkliche Rose
Seite jenen Tagen X wirbelte über mir
Der Zorn des Äons X Fluch der Jahrhundert

Wer dich sah, im Blut	X	leb' er sein Leben
	X	zwischen Gestein
Hohe Mauer	X	Unverwelkliche Rose
Wieder der Heimat	X	wurde ich gleich
Blühte im Fels	X	erstarkte und wuchs
Das Blut der Mörder	X	löse ich ein
	X	mit Licht
Hohe Mutter	X	Unverwelkliche Rose[26]

Vom Rosenhag zum Seelengärtlein

Innigsten Ausdruck fand die marianische Rosenmystik in den allegorischen Darstellungen der Gotik von der »Madonna im Rosenhag«. Für die Entwicklung dieses Bildtypus war die seit frühchristlicher Zeit gewachsene Verbindung von Maria mit der Rose Voraussetzung, die sich nun mit den Vorstellungen des »Paradiesgartens« der Genesis und des »verschlossenen Gartens« (hortus conclusus) des Hohen Liedes zu neuer Aktualität verband.[27]

Die Reliefs in den Bogenfeldern der Portale romanischer Kirchen betonen die Konsequenzen des Endgerichts und die Strenge des wiederkommenden und richtenden Christus. In der Gotik begegnet uns ein »menschenfreundlicherer« Christus, und das neugewonnene Ausdrucksmittel der Rundplastik – ein Jahrtausend geächtet wegen seiner Nähe zu heidnischen Götzenstatuen – macht das Flächige vergessen, eröffnet die Dimension des Raumes, insbesondere des Garten- und Paradiesraumes.

Die Kraut- und Würzgärten der Klöster waren durch die Jahrhunderte hindurch vor allem Nutzgärten gewesen (s. Kap. I). Die gotische Epoche kündigt sich – wie im folgenden Text Hermann Werdens aus der 1. Hälfte des 13. Jahrhunderts – mit einem neuerwachten Schönheitsempfinden an, dem unmittelbarer Nutzen zweitrangig erscheint:

> Salomo pflanzte diesen Lustgarten,
> Wonnen ergreifend, der wonnigliche Mann.
> Nichts, sagte der König, habe ich selbst

meinen Augen versagt, was für mein Herz
eine Zierde sein könnte.
Hier ist die Zeder höher, und die Zweige verströmen Balsam.
Hier grünen Weinrebe, Palme, Nuß- und Ölbaum.
Hier wächst Krokus, hier Aloë, der Zimtbaum, das Rohr,
Narde, die Feldblume, dort Myrrhe, Zypresse.
Pappel und Lorbeer, Feigenbaum und Eßkastanie, Buxbaum
und Birnbaum; und die Granatäpfel des Granatapfelbaums röten sich.
Hier duften die purpurne Rose, die schneeweißen Lilien,
hier die kleinen Veilchen, Ysop, das kleine Kraut.
Was auch immer den mächtigen Köng durch Duft, Geschmack und Zier
erfreuen kann, bringt dieser Garten hervor.[28]

Mit Lust am Fabulieren und Allegorisieren wurde das gesamte botanische Inventar solcher Gärten symbolisch ausgedeutet. Neben Rosen wurden vor allem Lilien und Veilchen (Violen) zu bedeutungsschwangeren Attributen Marias, was anschauliche Begründung in Texten wie der folgenden deutschen Predigt aus dem 14. Jahrhundert fand:

»Die Könige haben die Sitte, daß sie gern aus ihrem Palaste gehen und in den Zelten sind, wenn das Gras schön ist und die Blumen und allerhand Kraut und Würze reichlich sind in dem Felde und in dem Walde. Also hat der himmlische König getan, unser Herr Jesus Christus (...) Unser König ist gern in dem Felde, wenn die Blumen und das Kraut da sind. Bei diesem Felde ist bezeichnet unsere Frau Maria. (...) In diesem Felde sind die Blumen, die Viole, Lilien und die Rosen. Bei der Violen, die da nieder ist und klein, dabei ist bezeichnet unserer Frauen Demut. Da sie der Engel grüßte und ihr brachte die Botschaft, da sprach sie sehr demütig: Ecce ancilla domini – Siehe des Herrn Magd. (...) Bei der Lilien ist bezeichnet die Keuschheit, denn die Lilie ist weiß und hat keinen schwarzen Flecken. Also war unsere Frau Maria weiß und rein ohne allen schlechten Makel der Sünde. (...) Bei der Rose, die zweierlei Farbe hat, rot und weiß, ist sie auch bezeichnet, bei dem

Weißen ihr reines Magdtum, bei dem Roten ihre vollkommene Minne.«[29]

Die Predigt spielt auf die Verkündigung des Erzengels Gabriel an Maria (Lk 1,26–28) an. In bildlichen Darstellungen dieser Szene nehmen Rosen und Lilien häufig prominente Plätze ein, etwa auf einem Fenster Heinrich von Andlaus im Augsburger Dom und auch in der Ostkirche, wie auf den mit Schnitzwerken verzierten »Königspforten« orthodoxer Kirchen.

Das Bild des Feldes wird ab dem 13. Jahrhundert mehr und mehr durch die Gleichsetzung Marias mit einem Garten verdrängt. Heinrich von Meißen (um 1250–1318), wegen seiner Preislieder auf Maria »Frauenlob« genannt, wahrt in seinem Zyklus *Frouwen Leich* noch die Schwebe zwischen wild wuchernder Wiese und bestelltem Garten, wie sie auch das berühmte, um 1410 am Oberrhein entstandene »Paradiesgärtlein« (Städelsches Kunstmuseum, Frankfurt am Main) so vollendet darstellt. Meißens Hymnus ist voller erotischer Anspielungen:[30]

> Ich bin's, der Brunnen süßen Wassers,
> ein Freudenquell des Lebens und der Welt.
> Ich bin's, der Spiegel ungetrübter Reinheit,
> in dem zuerst sich Gott erkannt;
> ich war bei ihm, als er den Schöpfungsplan entwarf,
> er schaute mich unverwandt an, in seinem ewigen Verlangen:
> wie gern er mich besah, mich jungen frischen
> Rosengarten! (...)
> Ich bin die Wiese voller Kräuter,
> die Knospen meiner Blumen schwellen reich,
> ihr Saft quillt duftend gelb hervor.
> Ei, welch ein breitfließend Strom
> bewässert meine Knospen, daß sie brechen! (...)
> Ich bin's, der Tau aus dem die Gottheit
> nie entwich, seit Gott mich einst betrat.
> Die Ernte mein ist rein.[31]

Das weitaus wichtigste gleichnishafte Motiv wurde jedoch der Hortus conclusus, der verschlossene Garten des Hohen Liedes (4,12–16) samt seinem Interieur:

> Meine Schwester, liebe Braut,
> du bist ein verschlossner Garten,
> eine verschlossne Quelle,
> ein versiegelter Born.
>
> Dein Gewächse sind wie ein Lustgarten
> von Granatäpfeln mit edlen Früchten,
> Cyperblumen und Narden,
> Narde und Safran, Kalmus und Zimmet,
> mit allerlei Bäumen des Weihrauchs,
> Myrrhen und Aloe mit allen besten Würzen.
>
> Ein Gartenbrunnen bist du,
> ein Born lebendiger Wasser,
> die von Libanonen fließen.
>
> Stehe auf, Nordwind,
> und komm, Südwind,
> und wehe durch meinen Garten,
> daß seine Würzen triefen![32]

Im Mittelalter wurde das Bild des verschlossenen Gartens auffällig mit der Verkündigung an Maria verknüpft. Die Jungfrau sitzt in einem ummauerten Garten, dessen Zinnen auf das Himmlische Jerusalem anspielen. Lilien weisen auf die »korrekte« Lesart »Wie eine Lilie unter den Dornen« (Hld 2,2), Rosen auf die Plantatio rosae, die Rosenpflanzung aus der apokryphen Weisheitsliteratur (Sir 24,14). Schließlich findet sich noch der mit »tausend Schilden« behangene Turm Davids (Hld 4,4), der versiegelte Born (Hld 4,12) und die verschlossene Pforte Hesekiels (Ez 44,1f). Diese Sinnbilder betonen vor allem die vorbildliche Jungfräulichkeit Marias. Schon Ambrosius von Mailand warnte: »Ein verschlossener Garten bist du, Jungfrau, bewahre deine Früchte!«[33]

Im verbreiteten Motiv der mystischen Jagd wird der Engel Gabriel zum Jäger, der mit den Hunden »Barmherzigkeit«, »Gerechtigkeit«, »Friede« und »Wahrheit« in nahezu unverhüllter phallischer

Symbolik ein Einhorn in den Schoß Marias treibt, das antiker Vorstellung zufolge nur von einer unberührten Jungfrau gefangen werden kann.[34] Später wird Christus selbst mit dem Einhorn identifiziert, nicht nur, weil er vom Vater in die Inkarnation und Passion hineingetrieben wurde (»des himels einhürne / der wart in das gedürne / dirre wilden werlt gejaget«),[35] sondern auch infolge eines Wortspiels mit dem »eingeborenen« (einziggeborenen) Sohn Gottes.

Im Hortus conclusus geht es um die Dimension der Verkündigung und die Betonung der jungfräulichen Unberührtheit. Zum eigentlichen »Rosenhag« werden die bildlichen Darstellungen erst in der Verbindung der Mutter Maria mit dem Christuskind. Eine der ältesten künstlerischen Formulierungen dieses Themas findet sich auf dem Tympanon der Marburger Elisabethkirche aus dem 13. Jahrhundert, dessen linke Hälfte einen Rebenhang voll schwerer Trauben darstellt – Hinweis sowohl auf die »Rebe Maria«, die himmlische Frucht bringt, als auch auf den »Weinstock Jesus«[36] –, während die rechte Hälfte von einem prächtigen Rosenspalier überwuchert wird.

Zum innigen und blühenden Archetypus dieses mystischen Themas wurde Stephan Lochners Rosenhagmadonna aus dem letzten Lebensjahrzehnt des 1451 in Köln wohl an der Pest gestorbenen Meisters. Zwei Engel raffen seitwärts einen goldgrundigen Vorhang – Symbol des Himmels – über dessen Rand Gottvater eine Taube auf die Himmelskönigin im blauen Gewande hinuntersendet. Mit dem Kinde auf dem Schoß lagert sie im sprießenden Grün. Veilchen deuten auf ihre Demut, weiße Rosen und weiße Lilien auf ihre Keuschheit und Erdbeeren, die zugleich blühen und fruchten, sind Bild ihrer gleichzeitigen Jungfräulichkeit und Mutterschaft.

Das Jesuskind, von der Mutter behutsam umfaßt, präsentiert in der Linken einen Apfel, wie in der Dorothealegende Zeichen des Paradieses und der bräutlichen Minne, zugleich aber auch des Erscheinens der Gottheit im Fleische. Nicht zufällig reicht einer der Kinderengel einen Apfel aus einem Korb über die Rasenbank, in Gewand und Haltung einem Priester ähnelnd, der den Leib des Herrn den Gläubigen spendet. Gegenüber pflückt ein anderer Engel rote Rosen vom Spalier, ein deutlicher Hinweis auf die

Passion Christi. So weisen beide Gesten auf den Gottessohn hin, der sein Blut vergoß, um der Welt das verlorene Paradies wiederzugewinnen.

Rasenbank und Rosenlaube öffnen den Raum und lenken den Blick auf die Begrenzung durch das Unbegrenzte. Daß es sich hier nicht um einen irdischen, sondern um einen zeit- und raumlosen Garten handelt, ist nicht unwichtig.

Im Zusammenhang mit den intensiven Bemühungen der Franziskaner auf dem Gebiet der dogmatischen Aussagen über Maria hatte sich nämlich nicht nur die Überzeugung durchgesetzt, daß Maria kraft eines besonderen Privileges von der Ursprungssünde befreit sei, sondern dieser besondere Gnadenerweis Gottes sei bereits in der Ewigkeit, vor aller Zeit erfolgt.[37] Der Hortus conclusus kann mithin nur noch ein Bild im Bilde, ein Garten im Paradiesgarten sein.

Lochner hat dies tatsächlich darzustellen versucht, denn Mitte und Fluchtpunkt der Szene ist der »historische« Augenblick der Menschwerdung selbst, zeigt doch die goldgeschmiedete Brosche auf dem Gewand Marias die Jungfrau mit dem Einhorn. Das Motiv des Hortus conclusus als Sinnbild der unbefleckten Empfängnis weitet sich damit in das Bild des Paradieses hinein. Irdisches und Himmlisches, Zeitliches und Ewiges werden in einer Figur zusammengeschlossen. Engel musizieren in gelöster und beglückender Harmonie, die Blüten des Rosenhages im ganzen Reichtum ihrer symbolischen Aussagekraft umranken, um»hegen« diesen Ort der Seligkeit.

Die Dichtung des 14. und 15. Jahrhunderts faßt beide Bereiche zusammen und preist sowohl Maria selbst als auch den Ort ihres Aufenthaltes – was kein Widerspruch ist – als Rosengarten:

> Maria, die viel zarte,
> sie saß im rosengarten
> den got selber gezieret hat
> mit seiner götlichen majestat.[38]

Schöner noch sieht ein anderer Vers das in Lochners Bild verherrlichte Geheimnis der Trinität in ein Rosenkleid gehüllt:

Ob allen Himmeln ein Ros' aufgeht,
und gar in voller Blüte steht,
die leucht' in der Dreifaltigkeit,
Gott selbst hat sich mit ihr bekleidt'.[39]

Der Rosenhagmadonna Lochners ganz ähnlich ist die 1473 entstandene Tafel Martin Schongauers in der Martinskirche zu Colmar. Bevor das Gemälde verkürzt wurde, schwebte im Goldgrund ebenfalls Gottvater mit der Taube über der Madonna mit dem Kinde. Natur wird auch hier nicht als ein Mittel gestalterischer Poesie, sondern als Schöpfung erlebt und begriffen. Zu Füßen Marias finden sich gleichzeitig blühende und fruchtende Erdbeeren – das Paradox der jungfräulichen Mutterschaft – und Schneeglöckchen – die »zitenlose« erste Blume nach der Härte des Winters. Am linken Bildrand blüht eine Pfingstrose, die »inkarnierte« Rose ohne Dornen. Vögel beleben mit ihrem Zwitschern die Idylle, deren »Musik die Harmonie der himmlischen Freude bezeichnet«.[40] Raum und Raumlosigkeit widersprechen einander nicht, beide sind von Gottes Ewigkeit umfaßt.
All diese vielen zu einer Gesamtheit komponierten Einzelbezüge zielen letztendlich darauf ab, daß der Betrachter sie meditiert und etwas Entscheidendes über sich selbst erfährt: »Die Seele blühet aus dem Heiligen Geiste mit dem Vater und mit dem Sohne.«[41] Dementsprechend ist auch die Inschrift im Heiligenschein der Schongauermadonna zu verstehen: »Me carpes genito tuo quoque, o sanctissima virgo – Du pflückst mich auch für deinen Sohn, o heiligste Jungfrau.« Hinweisend auf die andächtige und innige Bereitschaft des Gläubigen, sich Christus zu öffnen, sich ihm hinzugeben, läßt sich der Spruch zwanglos ergänzen: »Du pflückst mich wie eine Rose für deinen Sohn, heiligste Jungfrau.« Genau diesen Moment – Maria im Rosenhag überreicht dem Christuskind eine gepflückte Rose – hat der Meister des Frankfurter Paradiesgärtleins auf einer Tafel in Solothurn (um 1420, Städtisches Museum) festgehalten.
Für das in fromme Betrachtung versunkene Bewußtsein werden die Rosenhagmadonnen zu Andachtsbildern und die weitgespannte Existenz Marias zu einem ermutigenden Beispiel für die mystische Vereinigung des Menschen mit Gott. Das zeitliche

Madonna mit der Rose. Kölnische Miniatur, Köln, um 1340.

Nacheinander der prädestinierten Freiheit Marias von der Ursprungssünde, ihre zeitliche Person und ihre jungfräuliche Mutterschaft, ganz besonders aber ihre Erhöhung zur Himmelskönigin und ihre Bedeutung als »Braut des Herrn« werden in *einer* Existenzform anschaubar. Eine Kölner Miniatur um 1340 nimmt diesen Topos in schlichtem Ausdruck vorweg: Die Madonna hält in ausgesuchter Geste eine Rose, gleichsam das Siegel des göttlichen Geheimnisses, dem sich andächtig knieende Beter durch das sich ihnen zuwendende Christuskind verbinden. Das Verhältnis zwischen Christus und seiner als Königin in den Himmel aufgenommenen Mutter wird für die eigenen Erfahrungen der Seele mit Gott eingesetzt.

Der Garten erweitert sich bald zum Bereich der gesamten Christenheit, zur Kirche, und Christus soll ihn sich zum Lustaufenthalt nehmen.[42] In einer Beliebigkeit, die bald zu Verplattungen führt, kann umgekehrt auch Christus selbst der Garten sein, in den er die fromme Seele zu quasi höfischem Spiel und Tanz lädt, wie sich bereits im plastischen Titel eines typischen mystischen Traktats um 1450 andeutet: *Lüstlicher Würzgarten – in den der ewige Liebhaber Jesus Christus die andächtige Seele ladet.*

Ein verwandter aus dem Elsaß stammender Traktat des 15. Jahrhunderts – *Ein geistlich rosengertlin geschenkt allen himmlischen Bürgern uff daz fest aller heiligen dag* – stellt den Rosengarten in das als goldenen Becher versinnbildlichte Herz Jesu mitten hinein und knüpft dabei unmittelbar an die Mystik der Kreuzesrosen an: »Jtem in diesen köstlichen wol gezierten guldin becherlin sol ston ein aller schonstes wol gezirtes rose gertlin daz do freid vnd lust git allen denen die es an sehen Jtem dis rosen vnd blvmen gertelin / Jst die edele durch litten menscheit Jhesu Christi mit allen dem liden daz er von innen vnd von vssen gelitten het / vnd daz gantz lyden vnd verdienen Jhesu Christi / vnd habent dise rosen vnd blvmelin geblvget an dem heiligen krütz do habent sy gezitiget vnd geben iren süßen gesmack allen den die do komen mit begirden zü dem crütz.«[43]

Von Maria Magdalena heißt es, sie habe den auferstandenen Christus bei einer österlichen Begegnung nicht erkannt, sie dachte, »es sei der Gärtner« (Joh 20,15).

An diese Episode und die Vorstellung der Genesis von Jahwe als einem Gärtner in der Funktion des Weltenschöpfers ist zu denken, wenn ein Schüler Bernhards von Clairvaux – der Mönch Guerric, späterer Abt von Igny (gest. 1157) – ein anschauliches Gebet an »Jesus Hortolanus« richtet:

»Du bist der wahre Gärtner, sowohl der Schöpfer wie der Bebauer und Hüter deines Gartens, der du mittels des Wortes pflanzest, mittels des Geistes begießest, mittels der Tugend Wachstum gibst [...] Er ist der Gärtner der ganzen Welt, der Gärtner des Himmels, der Gärtner der Kirche [...] Selig sind, die in jenen deinen Gärten wohnen, Herr [...] Paulus wohnte in ihnen, dessen Wandel und Umgang im Himmel war, der häufig im Geist erhoben durch das Paradies seliger Freude wanderte, durch die Lustgärten Gottes [...] und in diesem Paradies völlig und glücklich schmeckte, wie süß der Herr ist.«[44]

Mit dem Einzug der »Seele« in den Hortulus animae, das »Seelengärtlein«, und dem Auswuchern der Bilder setzen die frommen Privatisierungen ein: das persönliche Gefühl, die persönliche Andacht, die persönliche Moral. In diese Richtung weist bereits im

»Welcher in der Philosophen Rosengarten wil gehen ohne den Schlüssel/ist gleich einem Manne/der gehen wil ohne Füssen.« Aus Michael Maier, *Atalanta Fugiens*, 1618

frühen 15. Jahrhundert der *Hortulus rosarum* des Thomas von Kempen, in dem es wesentlich um »viele Tugenden« geht, deren man sich befleißigen soll; die mystische Rose ist nur noch marginale Staffage.

Das ehemals präzise Bild des Hortus conclusus kann nun sogar auf die philosophische Erkenntnis angewendet werden. Ein Holzschnitt in der *Atalanta fugiens* von 1618 zeigt einen Mann ohne Füße vor einem mehrfach verschlossenen Garten mit französisch streng angeordneten Beeten. Die Überschrift lautet: »Welcher in der Philosophen Rosen Garten wil gehen ohne den Schlüssel, / ist gleich einem Manne, der gehen wil ohne Füssen.« Und das dazugehörige Epigramm erläutert:

> Mit Rosen vielerley Art ist geziert der Garte der Weißheit /
> Aber sein Thür steht fest mit Schlossen versehen allzeit /
> Ein gering Ding / so schleußt ihn auff / in der Welt gefunden werd /
> Ohn welches du wandlest gleich ohne Füsse auff Erd /
> Umbsonst du auff den hohen Berg Parnassum trachtest zu gehn /
> Der du auff ebenem Weg kaum auff ein'm Schenckel kanst stehn.[45]

Bezeichnenderweise aber wird der kostbare Schlüssel weder gezeigt noch erklärt. Der Titel »Hortus« oder »Hortulus« dient nun für Sammelwerke von Traktaten, Predigten und Gebeten, dann aber auch für weltliche Gedichtbände. Es gibt den »geistlichen Baumgarten«, den »edlen Krautgarten«, den »geistlichen Weingarten«, das »geistliche Blumengärtlein«. Das Gartensymbol wird immer konventioneller und flacher, ein Opfer bloß abstrakter, formelhafter Allegorik. Die Geschichte des Bildes vom umhegten Garten beschreibt im ganzen gewissermaßen einen Kreis: von der Metapher eines weltlichen Liebesliedes im Hohen Lied über religiös-allegorische Deutungen innerhalb des Judentums und Christentums und die Spekulationen der Scholastik und Mystik wieder zur weltlichen Liebesallegorie und Lyrik.[46]

Die Rose der Rosen

Trotz der mehr und mehr etablierten Identität der mystischen Rose mit Maria, der Mutter Jesu, darf nicht übersehen werden, daß alle Mariologie im Grunde Christologie ist – oder theologisch zumindest sein sollte – und die Mutter dieses Sohnes nicht an und für sich, sondern eben um dieses Sohnes willen geehrt und mit einer Fülle von Ehrennamen apostrophiert wird. Deshalb durchdringt mehr oder weniger ausdrücklich die Bedeutung Christi die Deutesymbole der marianischen Rosenmystik.

Dabei stehen »Dornenkrone und Kreuzesrosen« – die Passion – im Vordergrund einer sehr langen Tradition (s. Kap. IV). Doch wird in geradezu nonchalanter Austauschbarkeit Christus genau wie Maria mit alle jenen Prädikaten belegt, die sich dem Bild von Blüte und Duft abgewinnen lassen. Schon Bernhard von Clairvaux, obwohl Protagonist der Marienverehrung, führte in einer Predigt zu Hld 2,1 (»Ich bin die Blume des Feldes und die Lilie der Täler«) aus, dies alles treffe außer auf Maria exemplarisch auch auf Jesus zu: »Er ist eine Blume des Gartens: das jungfräuliche Reis, aus der Jungfrau geboren. Auch ist er eine Blume des Feldes; er litt draußen vor der Stadt. Endlich ist er eine Blume des Gemaches, der Spiegel und das Beispiel aller gebefrohen Herzensgüte.«[47] War Eva ein typologisches Vorausbild Marias, so heißt es von Christus, er sei »die himmlische Blüte, die aufstieg aus den dunklen Adamswurzeln.«[48]

Ausgemalt wurde in der Christologie vor allem die Beziehung zum Reis aus der Wurzel Jesse – der alten messianischen Prophezeiung von dem Schößling aus dem Wurzelstock Isais (Jesses), des Vaters Davids (Jes 11,1 ff.). Auf ihm wird der Geist Jahwes ruhen, der Geist der Weisheit und des Verstandes, des Rates und der Stärke, der Erkenntnis und der Gottesfurcht. Gerechtigkeit und Treue werden seine Regierung kennzeichnen, und ein Friedensreich aller Kreaturen wird anbrechen.[49] Wenn das christliche Volk beim Fest der Menschwerdung sang »Es ist ein Ros' entsprungen«, so sollte das zwar richtiger »Reis« heißen. Aber die Rose wurde wohl doch als das schönste Bild in diesem Gott-Mensch-Verhältnis empfunden, und so wird das »Röslein« im gleichen Lied noch einmal lobend als das Kind Marias genannt.[50] Dem bekannten vorreformatorischen Gesang entspricht ein ähnliches, stark symbolbefrachtetes Lied aus dem mittelalterlichen Frankreich:

Aus der Wurzel Jesse schoß
uns das knospenreiche Reis,
reiche Blume trieb der Sproß,
drin zu ruhen niederstieg der Heilige Geist.

Wie aus dornigem Geflecht
eine weiche Rose bricht,
wuchsest du aus dem Geschlecht
Evas, o Maria, mild und rein und schlicht.

Die des höchsten Königs Sinn
als die einzige im Chor
huldvoll sich zur Magd erkor
schon vor aller Zeiten erstem Anbeginn:

Untreu' hat mit böser Macht
nie dein Innerstes gestört,
da du Gottes Wort gehört,
hast du Gottes Sohn gebracht.[51]

Zu einer einzigartigen Aussage ist die Wurzel-Jesse-Mystik bei der aus einem einzigen Stück Stein gearbeiteten Rosenstrauchmadonna aus Straubing (um 1320/30, Bayerisches Nationalmuseum, München) verdichtet. S-förmig gewunden wächst der Stamm eines Strauches, von dem drei untere Äste gekappt sind, aus dem Sockel, während fünf weitere Äste – Hinweis auf das künftige Leiden Christi – mit voll erschlossenen Rosenblüten besetzt sind. Die traubig gehäuften Blüten umschlingen und überkleiden Maria und das auf einem Kissen in einer Astgabel sitzende Kind, die heilsbringende Krönung des Sprosses.[52]
Den Bildzusammenhang der Wurzel Jesse – dem wohl auch der in bestimmten Gegenden immer noch übliche Weihnachtsbrauch entstammt, den Christbaum mit roten Papierrosen zu schmücken – greift auch Rainer Maria Rilke in seinem *Stundenbuch* (1899) auf, in dem es vom Jesusknaben, dem »Ast vom Baume Gott«, heißt: »Und er duftete leis / als Rose der Rosen.«[53]

Muttergottes mit dem Rosenstrauch. Sandstein aus Straubing. Bayerisches Nationalmuseum, München, um 1920/30.

Die Vision der Divina Comedia

Das Inbild der mystischen Rose bleibt die Vision Dantes am End- und Höhepunkt der *Göttlichen Komödie,* dieser gewaltigen Summa, die gelegentlich das »als reine Kunstform verwirklichte Mittelalter« genannt wurde.[54] Dante Alighieri (1265–1321) verfaßte sein großes Werk zwischen 1306–1321 in hundert Gesängen mit 14 230 Versen in Terzinen in toskanischer Mundart und schuf damit die Grundlage für die italienische Schriftsprache. Durch die Bereiche der Hölle und des Fegfeuers wird der Dichter von Stufe zu Stufe, von verschiedenen Führern und im Gespräch mit berühmten Verstorbenen, zum Paradies emporgeleitet. »La Comedia« hieß das Werk ursprünglich – nicht wegen des heiteren Charakters, den wir heute mit dem Wort »Komödie« verbinden, sondern zur Unterscheidung von der klassischen Tragödie und auch wegen des inhaltlichen Aufstiegs von düsterem Anfang zu Erlösung und Hoffnung. Eine spätere Generation erst fügte das Wort »divina – göttlich« hinzu, womit ganz deutlich gemacht werden sollte, daß es um eine heilige, übermenschliche und letztlich himmlische Thematik gehe.

Es war lange Zeit Brauch unter den Dante-Auslegern, von der mittelalterlichen Kosmologie ausgehend, die Struktur der drei Reiche, die der Dichter durchreist, möglichst exakt nach all ihren Bedeutungen und historischen Anspielungen zu definieren; sicher bleibt das auch Aufgabe der gelehrten Forschung. Aber als wesentlicher erscheint es heute, den Charakter der *Comedia* als einer metaphysischen Dichtung im ganzen herauszuarbeiten. Man wird nicht so weit wie P. Mandonnet gehen können, der hier ein exemplarisches scholastisches Werk in der Nachfolge des Thomas von Aquino erblickte, auf der anderen Seite aber ist die *Comedia* auch mehr als eine bloße literarische Vollbringung.[55] Und mit Metaphysik ist auch nicht nur eine fachphilosophische Spekulation über das Absolute gemeint, sondern die Erhellung existenzieller Beziehungen zur Transzendenz. Dante schildert seine Gedanken und Erfahrungen in klaren, visuellen Bildern, die die Ausdrucksmöglichkeiten der Philologie schlechthin überschreiten. Er arbeitet daher mit Allegorien. Wenn dabei der rechte Genius am Werk ist, kann diese in Bildern bezeichnete existentielle Erfahrung den Autor ebenso zu einem großen Dichter wie zu einem großen

Mystiker oder Heiligen werden lassen. Die drei Reiche der *Comedia* erinnern nicht zufällig an das mystische »Itinerarium mentis in Deum«, den Aufstieg des Geistes zu Gott auf den Stufen der Via purgativa, illuminativa und unitiva, das heißt der Läuterung, Erleuchtung und schließlich der Vereinigung mit Gott.[56]

Dante selbst ist keineswegs ein Mystiker, aber er sieht in existentieller Eschatologie Entwicklungslinien – persönliche wie historische – und Ziele. Das Ziel der Ziele ist ihm, wie Michelangelo bereits zu Recht festgestellt hat, die endgültige Entscheidung und Scheidung, das Jüngste Gericht. Gerade da, wo Dante bekennt: »Hier schwand die Kraft der hohen Phantasie« (XXX, 142), erreicht seine Aussagekraft eine künstlerische Vollendung unvorstellbaren Grades und prophetischen Charakters. Der Verstand überschreitet sich zu gläubiger Schau; das Wort kann nur mehr stolpern und verstummen. Von Sphäre zu Sphäre ist der der höchsten Schau Gewürdigte aufgestiegen. Er wird, was er erstrebte: ein Instrument für die Offenbarung der Absichten Gottes. Der letzte Gesang der Comedia ist einer der Höhepunkte nicht nur abendländischer Wortkunst, sondern – noch bedeutsamer – geistlichen Wagnisses des Menschen überhaupt.

Und in diesen abschließenden Visionen taucht jenes Bild der Rose auf, das zu Spezifikum und Apotheose der »rosa mystica« geworden ist. Dante hat mit seiner Führerin Beatrice das Empyreum, den obersten Lichthimmel, erreicht. Sie erklärt ihm:

> Aus dem größten Körper sind wir
> zum Himmel nun gelangt, der reines Licht ist,
> Licht der Erkenntnis, ganz erfüllt von Liebe,
> von Liebe wahren Heiles voller Wonne,
> der Wonne, welcher keine Süße gleichkommt.
>
> (XXX,38–42)[57]

Die Lichtfülle dieses Himmels wird dann als ein Fluß geschildert

> des beide Ufer
> die wunderbarste Pracht des Frühlings malte.
> Es sprühten aus dem Fluß lebend'ge Funken,
> die in den Blumen rings sich niederließen,
> Rubinen gleich, gefaßt in goldnen Reifen.
>
> (XXX,62–66)

»Der Blumen Lächeln, wo die Blüten und die Funken sich mir zu höhrem Freudenfest« wandelten, bereitet das Bild der Rose im dreifachen Lichtglanz Gottes vor.

Das Auge sieht von ihm nichts als nur Strahlen,
die, auf des erstbewegten Himmels Umkreis
zurückgestrahlt, ihm Kraft verleihn und Leben.
Und wie ein Hügel sich im Wasser spiegelt,
als wollt er sehn, wie reich geschmückt an Kräutern
und Blüten er vom Fuß zum Gipfel ist,
so sah ich, was von uns zu jener Höhe
heimkehrte, sich auf mehr als tausend Stufen
im Lichte, das sie rings umragte, spiegeln.
Umfaßt die niedrigste von diesen Schwellen
so großes Licht, wie mächtig muß der Umfang
der äußren Blätter dieser Rose sein!
Und doch verlor in solcher Weit' und Höhe
mein Blick sich nicht; nein, er erfaßte völlig
das Wie und das Wiegroß von dieser Wonne.
Dort gibt und raubt nicht Nähe und nicht Ferne;
denn da, wo unvermittelt Gott regiert,
sind der Natur Gesetze unwirksam.
Ins gelbe Zentrum jener ewgen Rose,
die sich ausdehnt und abstuft und zur Sonne
des steten Lenzes Lobesdüfte sendet,
geleitete Beatrix mich, der schwieg
und reden wollte; doch sie sagte: ›Schaue,
wie groß die Schar der weißen Kleider ist!
Sieh, wie so weit der Umfang unsrer Stadt ist,
sieh, wie so voll schon unsre Sitze sind,
daß, sie zu fühlen, wen'ge nur noch fehlen!
(XXX,106–132)

Das gewaltige Amphitheater wandelt sich zu einem riesigen Rosenkelch. Oberhalb des runden Sees von Licht wird das Paradies als eine gigantische weiße Rose erkennbar, in der der zweifache Hofstaat des Himmels versammelt ist: die Engel und die Erlösten. Engel umfliegen sie wie Bienen eine Blume.[58]

William Blake (1757–1827): Die himmlische Rose, auf deren Blättern die Seligen wie Zuschauer in einem Amphitheater sitzen und die Engel wie Bienen auf und nieder steigen. Canto XXXI des Paradieses der Divina Comedia

So zeigte denn in einer weißen Rose
Gestalt sich mir die heilge Streiterschar,
die Christus durch sein Blut zur Braut sich machte;
die and're Schar, die fliegend dessen Glorie,
der sie in Lieb entzündet, und die Güte,
die sie so hoch erhöht hat, schaut und preiset,
war Bienen zu vergleichen, die sich bald
in Blumen tauchen und bald dahin kehren,
wo ihre Arbeit sich in Honig wandelt.
Sie stiegen nieder in die große Blume,
die so viel Blätter schmücken; dann erhoben
sie dorthin sich, wo ihre Liebe weilt.
Das Antlitz aller gleich lebend'ger Flamme,
die Flügel waren Gold, so weiß das andre,
daß solche Weiße nimmer Schnee erreicht.
Wenn in die Blume sie sich senkten, teilten
von Sitz zu Sitz sie Frieden aus und Inbrunst,
die, ihre Flanken fächelnd, sie erworben.

Und ob auch fliegend noch so viele zwischen
die Blum' und das, was drüber schwebte, kamen,
so hemmten sie das Sehn nicht und den Glanz;
denn es durchdringt das Gott entstammte Licht
je nach der Würdigkeit das ganze Weltall,
so daß ihm nichts den Weg versperren kann.

(XXXI,1–24)

Beatrice entschwindet. Ihr Platz wird von Bernhard von Clairvaux, dem großen, besonders wegen seiner Marienfrömmigkeit berühmten Mystiker des 12. Jahrhunderts, eingenommen. Er macht Dante auf die leuchtende Schönheit Marias, der Gottesmutter und Himmelskönigin, aufmerksam:

Blick auf denn zu den Kreisen bis zum fernsten,
so daß die Königin du sitzen siehest,
der in Verehrung untertan dies Reich ist.
Ich schlug die Augen auf, und wie am Morgen,
was von dem Horizont zum Aufgang liegt,
des Niederganges Gegend überstrahlt,
so sah ich, wie vom Tal zum Berg die Augen
erhebend, einen Teil des obern Randes
an Helligkeit des Kreises Rest besiegen (...)
Um jene Mitte sah ich tausend Engel
und mehr mit ausgespanntem Fittich jubeln;
verschieden war an Glanz und Weise jeder.
Zu ihren Spielen sah, zu ihren Liedern
ich eine Schönheit lächeln, welche Wonne
den Augen aller Heiligen gewährte.

(XXXI,115–123,130–135)

Bernhard erläutert dann im einzelnen die Anordnung dieser himmlischen Rose. Sie ist durch eine Senkrechte und eine Waagerechte geteilt. Oberhalb der waagerechten Mittellinie sind auf der einen Seite die heiligen Männer, auf der anderen die heiligen Frauen. Unterhalb der Linie befinden sich die Seelen der seligen Kinder. Alle diese Seligen sitzen auf den Blättern der Rose wie Zuschauer in einem kreisrunden Amphitheater.

»Steigst du von Stufe dann zu Stufe nieder, wie ich von einem Rosenblatt zum andern die Namen nenne...«, sagt Bernhard und bittet Dante, sich mit ihm in der Bitte an Maria zu vereinigen, daß dem dichterischen Seher eine Vision des dreifaltigen Gottes selbst gewährt werde.
Und dieses heilige Gebet begann er:

> O Jungfrau Mutter, Tochter deines Sohnes,
> demütigste und höchste der Erschaffnen,
> vorherbestimmtes Ziel vom ewgen Ratschluß,
> du bist es, die die menschliche Natur
> so hoch geadelt, daß ihr eigner Schöpfer
> es nicht verschmäht, in ihr Geschöpf zu werden.
> In deinem Schoß entflammte neu die Liebe, durch deren
> Wärme hier im ewgen Frieden
> sich diese Blume also hat entfaltet.

(XXXII,151; XXXIII,1–9)

Die Erfüllung der Bitte wird gewährt. Dante selbst bittet nun Gott darum, daß wenigstens ein wenig von diesem überhellen Blick in das göttliche Geheimnis der Dreiheit in Einheit durch seine Dichtung den Menschen mitgeteilt werde:

> O höchstes Licht, das über menschlichem
> Verständnis du so hoch schwebst, leihe meinem
> Gedächtnis dessen etwas, was du schienest,
> gewähre meiner Zunge solche Kraft,
> daß einen Funken sie von deinem Ruhme
> dem künftigen Geschlecht vermitteln könne [...]
> O Gnadenüberfluß, durch den ich's wagte,
> ins ewge Licht mein Schauen zu versenken,
> so daß ich meine Sehkraft drin erschöpfte!
> In seiner Tiefe sah ich verdreieinigt
> und durch die Liebe in *ein* Buch gefaßt,
> was sich im Weltall auseinanderblättert,
> Substanz und Akzidens und ihr Verhalten
> sah wie verschmolzen ich in solcher Weise,
> daß, was ich sage, nur ein Schimmer ist.

(XXXIII,67–72, 82–90)

Zufolge der exakten Beschreibung Dantes ist die himmlische Rose also das weite, schalenförmige Rund der himmlischen Geister und der Erlösten, die hier als die äußersten Blätter bezeichnet werden. Man könnte sagen: integriertes Menschsein – zugleich als Vorausblick auf die Vollendungsgestalt der Menschheit. »Die Rose enthält das Menschendasein mit seinen Persönlichkeiten und Taten, eingegangen in seine ewige Gestalt. Sie ist die zu Gott heimgeholte und in seiner Gemeinschaft sich erfüllende Schöpfung«.[59] Maria ist mit der hier beschriebenen Rose nicht identisch. Wenn Dante, wie deutlich wurde, das Paradies aus Licht und Spiegelungen von Licht aufbaut, ist die Blendung des Betrachters verständlich. Was hier wahrgenommen wird, überschreitet die Grenzen der Wahrnehmung. Dieses Licht ist der eigentliche Inhalt des Paradieses. »Das Paradies bei Dante ist der Augenblick, da man zur Klarheit kommt [...] Das Paradies ist die Sekunde, da die Seele versteht. Das Paradies ist das Gegenteil zum Stillstehenden. Das Paradies ist eine ewige Bewegung, und deshalb kommt es vor, daß Dante manchmal die Seelen wie zum Tanz ordnet, genau so wie sich die Himmel selbst bewegen. Und die Bewegung hält nicht ein. Alles befindet sich in einem Ausweitungsstadium, alle wissen, daß das Glück einmal noch größer sein wird«.[60]

Das alte Kontemplationssymbol der Rose ist hier wie eine ungeheure, lebendige Fensterrose gestaltet. In dieser wunderbaren Himmelrose ist die ganze communio sanctorum, die vollendete familia Dei,[61] vereint. Rose ist Gemeinschaft – Gemeinschaft von Personen, die in aller Verbundenheit und in allem Weben der Beziehungen sie selber bleiben, so wie in der Rose Vielfalt und Einheit zusammen sind. Es gibt dabei Ränge und Unterschiede, aber das führt nicht zu Neid und Mißgunst. Im Gegenteil: Je höher jemand in jenem Reich steht, um so reicher ist er an Liebe, um so mehr kann und will er beitragen zum Glück der andern[62]: »Wenn wir nach einem höhern Ort uns sehnten, dann wären nicht im Einklang unsre Wünsche mit dessen Willen, der uns hierher sendet. Das kann in diesen Kreisen nicht geschehen, wenn wir hier in der Liebe leben sollen und die Natur der Liebe du betrachtest« (Paradiso, III,6,73–78). Romano Guardini[63] zieht die Parallele zur heiligen Stadt, dem neuen Jerusalem der Offenbarung des Johannes, und weist auf eine gewisse Strukturverwandtschaft zwischen dem »sichern und freudevollen Reich«, »von altem und neuem Volk erfüllt« (Paradiso XXIV,43) und dem vom Himmel kommenden Jerusalem, dem Inbegriff der neuen Schöpfung, in welcher die alte wiedergeboren wird.

Der allgemeinen mittelalterlich-biblischen Hermeneutik folgend, die auf Origenes und Johannes Cassianus zurückging und in dem einfachen Merkvers festgehalten war: »Littera gesta docet, quid credas allegoria, moralis quid agas, quo tendas anagogia« hatte Thomas von Aquino, der etwas vereinfachend als der theologische Gewährsmann Dantes bezeichnet werden kann, seinerseits zu Beginn seiner großen *Summa Theologica* auf diesen vierfachen Schriftsinn hingewiesen: 1) den buchstäblichen; 2) den allegorischen, der das Werk Christi und den Auftrag der Kirche schon in der gesamten Bibel bildhaft ausgedrückt fand; 3) den moralischen (oder tropologischen), der sich auf die Verhaltenskonsequenzen der einzelnen Gläubigen bezog; 4) den anagogischen, der auf die Erkenntnis der metaphysischen und eschatologischen Geheimnisse der ewigen Herrlichkeit Gottes hinzielte. Helen Flanders Dunbar und P. Mandonnet[64] haben nachgewiesen, daß Dante diese hermeneutischen Prinzipien durch die ganze Comedia hindurch für seine eigene Darstellungsmethode benutzt hat. Es ist recht ergiebig, diese Auslegungsprinzipien auf die Texte zur rosa mystica am Ende der *Comedia* anzuwenden.

Buchstäblich genommen ist die Rose ein Bild des *Paradieses,* eine ungeheure gelbe Rose, von der Sonne Gottes erleuchtet. Engel umfliegen die Glorie Gottes. In der Gestalt dieser Rose »zeigte sich die heilge Streiterschar, die Christus durch sein Blut zur Braut sich machte« (XXXI,1–6). Obenan, der Sonne am nächsten, thront Maria, »die Königin, der in Verehrung untertan dies Reich ist« (XXXI,116f.).

Allegorisch gesehen bedeutet die Rose das *Werk Christi zur Erlösung* der Menschheit, die mystische Union der gesamten Menschheit im Leib Christi, der Kirche, und die endgültige Verwandlung der Glaubenden im Reich Gottes.

Auf der *moralischen* Ebene geht es um die Erlösung des Einzelnen durch die geistliche Liebe, die vor allem von *Maria* ausgeht. Mit glänzenden und beliebten Prädikaten bezeichnet Dante Maria als fiore – »der schönen Blume Name, die ich stets / anrufe, früh und spät« – und als stella – »als des lebendgen Sternes Glanz und Größe, / der dortan siegt, wie er hienieden siegte« (XXIII,88–92). Da Maria der Gemeinschaft der Heiligen präsidiert, ist sie als Aufgipfelung der communio sanctorum die Blütenkrone in der himmlischen Krone. Aber wenn schon nicht direkt identisch mit der himmlischen Rose der Gemeinschaft der Seligen, ist Maria »in dem schönen Garten, der unter Christi Strahl in Blüten prangt«, doch »die Ros', in der das ewge Wort / zum Fleische ward« (XXIII,71–74).

> In deinem Schoß entflammte neu die Liebe,
> durch deren Wärme hier im ewgen Frieden
> sich diese Blume also hat entfaltet.
>
> (XXXIII,7–9)

Maria kümmert sich um den einzelnen und sein ewiges Geschick, auch als Fürbitterin. Sie stellt den Menschen konkret in das helle, wärmende Licht der göttlichen Liebe, mit der Konsequenz:

> Wie Blümlein, die der Nachthauch schloß und senkte,
> sobald die Morgensonne sie erleuchtet,
> sich auf dem Stiel aufrichten und erschließen,
> so kräftigte sich mein gesunkner Mut,
> und so viel Sicherheit gewann mein Herz,
> daß ich begann, wie er von Zweifeln frei ist:
> ›Gesegnet sei, die mir zu helfen eilte . . .‹
>
> (Inferno, II,127–133)

Anagogisch gesehen – denn der Aufwärtsweg kann jetzt nur mehr zu Gott selbst führen – ist die mystische Rose die *Blume Gottes*, das ansprechendste Bild des Geheimnisses, das der Weltschöpfung zugrunde liegt und das überhaupt das Geheimnis des unbewegten Bewegers, des dreipersönlichen Gottes andeutet. Licht und Liebe, heutzutage zu abgegriffenen Allerweltsworten geworden, haben hier noch ihre überwältigende Dynamik, vom Dichter mit jenem Aufschwung ergriffen, der sich in radikaler Selbsthingabe ergreifen läßt.

›Dem Vater wie dem Sohn und Heilgen Geiste‹,
begann das ganze Paradies, ›sei Ehre!‹ [...]
Der Welt Beschaffenheit, die nur der Mitte
zu ruhn, sonst allen sich zu drehn gebietet,
beginnt von hier aus, ihrem Ausgangspunkte.
Es gibt kein andres Wo in diesem Himmel
als Gottes Geist, an dem die Lieb entbrennt,
die ihn bewegt, dem seine Kraft entstammt.
Wie alle andren er, also umgibt ihn
ein Kreis an Licht und Lieb, und diesen Kreis
erkennet der allein, der ihn gewölbt hat.

(XXVII,1–2, 106–114)

Dante hat den Versuch unternommen, seine Antwort auf die Rätsel des Universums und des Menschengeschlechts in einer einzelnen bestimmten Blume zu konzentrieren und dabei die gewiß von ihm meisterhaft beherrschte Bildhaftigkeit seiner Sprache bis zum Gipfelpunkt der Unaussprechlichkeit gesteigert. Dieser Gipfel war die endgültige Versöhnung zwischen der Liebe Gottes und der Liebe des Menschen. Die mystische Rose ist sowohl die Rose irdischer wie himmlischer Liebe.

Der Garten, da alles Lieben endet

Im 20. Jahrhundert erlebten England und Irland eine Art Danterenaissance, die von den Symbolisten William Blake, William Butler Yeats und James Joyce ausging. In auffallend unmittelbarer Nachfolge Dantes steht jedoch die »anglo-katholische Rose« bei Thomas Stearns Eliot (1888–1965), dem amerikanisch-englischen Lyriker, Dramatiker und Essayisten, der Vergil, Dante und Shakespeare als große Vorbilder nennt.[65]

In seiner Dichtung *The Hollow Men (Die hohlen Männer,* 1925) spricht auch Eliot in direkter Anknüpfung an die *Divina Comedia* mit ihren drei Büchern von Hölle, Purgatorium und Paradies von verschiedenen Reichen: dem »Königreich des Todestraums« – das der gefallenen, sündigen Menschheit, das die hohlen Männer gleich den verdammten Seelen in der Hölle bewohnen –, dem »anderen Reich des Todes« – einem Blickendürfen in die Welt der Erlösten – und dem »Zwielicht-Reich des Todes« – in dem der Mensch der Wahrheit über sich selbst und das Leben gegenübersteht. Ein viertes Reich – das Reich Gottes – wird zum Schluß in stammelnden Worten angedeutet. Dem Menschen wird auf dem Weg der Selbsterkenntnis nach dem verlorenen Reich im Zwielichtreich die »vielblättrige Rose« als Möglichkeit angeboten:

Auf diesem letzten Sammelplatz
Tasten wir nach dem andern
Sprachlos geschart
Am Ufer des reißenden Stroms

Blind, es erschienen denn
Die Augen wieder
Wie der ewige Stern
Die vielblättrige Rose
Des Zwielichtreichs des Todes
Niemandes Hoffnung,
Hoffnung der leeren Männer.[66]

Die hohlen Männer fürchten diese endgültige Begegnung. Sie fürchten die Augen, die mit der vielblättrigen Rose identisch sind – Blicke einer Liebe, die sie verfehlt haben. Dabei erweckt der nun deutliche Hinweis auf Dante trotz allem die Hoffnung auf die göttliche, ewige, bleibende Liebe. Es ist deutlich, daß Eliot mit großer selbstkritischer Bescheidung dem Weg Dantes durch die Reiche bis zur unmittelbaren Offenbarung Gottes zwar folgt, doch sehr von weitem. Er sieht sich erst am Anfang des Weges. Auch die Vision, die dann mit Bezug auf die *Divina Comedia* in *Aschermittwoch (Ash Wednesday*, 1930) beschrieben wird, ist nicht ein Blick vom Ziel aus, sondern eine tastende Hoffnung, aber immerhin eine Hoffnung, die benannt werden kann. Eine »liebliche Dame der Schweigsamkeit«, in deren Konzeption Eigenschaften Beatrices und Marias zusammenfließen, führt den Verfasser freundlich zum Garten der rosa mystica, zu dem Ziel des unaussprechlichen und unhörbaren Wortes (»Spruch ohne Wort und Wort keiner Sprache«):

39
The SICK ROSE
O Rose thou art sick.
The invisible worm.
That flies in the night
In the howling storm:
Has found out thy bed
Of crimson joy:
And his dark secret love
Does thy life destroy.

ARBOR
Bona:
Eccla Fidei.
Fides
patientia
castitas
Gaudium
pax
Sobrietas
Rosa
Buxus
cedrus
Abies
Balsam
hysop

حلیهٔ شریف

Incipiunt septem gaudia beate
marie virginis
Gaude flore vir
ginali que ho
nore speciali Tra
scendis splendi
ferum: Angelorum principatu
et scorum decoratum. dignitate
numerum Gaude sponsa cara
dei nam ut lux clara diei. solis da
tur lumine sic tu facis orbem vere
tu pacis resplendere lucis plenitu
dine Gaude splendens vas
virtutum. cuius sedes est ad nu
tum tota celi curia Te benignam
et felicem. Jhu dignam genitricē
venerans in gloria Gaude nex
u voluntatis. et amplexu caritat

Dame der Schweigsamkeit,
Still und bekümmert,
Wund und sehr heil,
Rose des Gedenkens.
Rose der Vergessenheit,
Erschöpft und lebenspendend.
Verstört und ruhevoll:
Die eine Rose
Ist nun der Garten,
Da alle Liebschaft endet,
Die Marter wendet
Ungestillter Liebe.

Aber schließlich:

Dies ist das Land.
Wir haben unser Erbteil.
Dank sei der Mutter
Für den Garten
Da alles Lieben endet.[67]

Der Rosengarten, der in den Dichtungen Eliots mit jener Schlüsselbedeutung auftaucht, die die rosa mystica für Dante hatte, ist der – zeitlich nicht ausdehnbare – Moment und Bereich, in dem die Wirklichkeit des Ewigen durch die Verkleidung zeitlich-irdischer Sinnenhaftigkeit hindurch erfahrbar wird. In *Burnt Norton* (1935), dem ersten Teil der *Four Quartets (Vier Quartette),* taucht der Rosengarten wieder auf, diesmal als Erinnerung an die verpaßte Möglichkeit der Kindheit, die dem Erwachsenen nun verschlossen ist:

In der Erinnerung widerhallen Schritte
den Gang entlang, den wir niemals beschritten,
gegen das Tor hin, das wir nie geöffnet
zum Rosengarten . . .[68]

In *The Family Reunion (Familientag,* 1939) schließlich wird der Rosengarten zum Symbol dafür, daß menschliche Liebe der treueste, wenn auch sehr unvollkommene Spiegel der ewigen Liebe ist.

Ich sprach zu meiner Seele: Sei still und warte,
ohne zu hoffen,
denn Hoffnung wäre auf Falsches gerichtet; doch gibt es
den Glauben,
doch Glaube und Liebe und Hoffnung sind alle im Warten.
Warte ohne zu denken, denn zum Denken bist du nicht reif,
dann wird die Nacht dir zum Tag und die Stille zum Tanz,
Geflüster fließenden Wassers, Wetterleuchten im Winter,
Walderdbeeren und Thymian, unsichtbar zwar und doch
wirklich –
das Lachen im Garten, seliger Widerhall – all dies
nicht verloren, aber weisend den Weg und erheischend
Geburtswehen und Todesqual.[69]

Es ist oft auf die Beziehung Eliots zur *Dunklen Nacht der Seele* des spanischen Mystikers Juan de la Cruz (1542–1591) hingewiesen worden. Anhand der Erfahrung Juans, »wieviel Segen die Dunkle Nacht mit sich bringt«[70], geht auch Eliot bewußt den Weg durch die Dunkelheit, denn »dann wird die Nacht dir zum Tag und die Stille zum Tanz«. Das ist das ewige Ziel – das Ziel der Ewigkeit, das Paradiso dieses dichterischen Weges.

Im Gefolge dieser Liebe, von dieser Stimme berufen,
werden wir nicht nachlassen in unserem Forschen
und am Ende aller Forschungsreisen
werden wir an unseren Ausgangspunkt gelangen
und zum ersten Mal den Ort wahrhaft erkennen.
Durch das unbekannte, erinnerte Tor,
wenn das letzte Stück Erde, das zu entdecken bleibt,
jenes ist, das im Anfang da war...
Rasch nun, hier, jetzt, immer –
ein Zustand vollkommener Einfachheit
(der nicht weniger fordert als alles).
Und alles wird gut sein,
wenn die feurigen Zungen sich falten
in die Krone des Flammenkranzes
und eins werden Feuer und Rose.[71]

VI Hymnus des Blühens

Die Gegenwart der Ewigkeit

Die Ros' ist ohn warumb; sie blühet, weil sie blühet,
Sie achtt nicht jhrer selbst, fragt nicht ob man sie sihet.[1]

Vollendeter und einfacher als durch diese berühmt gewordene Formel des Angelus Silesius kann die Vielschichtigkeit von Sein und Erscheinung der Rose im Reich der Blumen und Pflanzen nicht gefaßt werden. Die Rose ist – fraglos.
Rilke beschrieb 1924 einen wilden Rosenbusch als »in seinen Ranken schenkend ausgeschwungen / und doch versunken in sein Rose-Sein«[2], und in seinem Gedicht »Zauberkreis« findet auch Friedrich Rückert (1788–1866) vollendete Worte für dieses fraglose und selbstgenügsame In-sich-Ruhen der Rose:

Was steht denn auf den hundert Blättern
  Der Rose all'?
Was sagt denn tausendfaches Schmettern
  Der Nachtigall?
Auf allen Blättern steht, was stehet
  Auf Einem Blatt;
Aus jedem Lied weht, was gewehet
  Im ersten hat:
Daß Schönheit in sich selbst beschrieben
  Hat einen Kreis,
Und keinen Andern auch das Lieben
  Zu finden weiß;
Drum kreist um sich mit hundert Blättern
  Die Rose all',
Und um sie tausendfaches Schmettern
  Der Nachtigall.[3]

Neben und mit der fraglos Blühenden leben aber die fragend Sehenden. Der Gesang der Nachtigall ist eine tausendfache Frage,

»Wie die Rose im Frühling beim Anblick der Sonne erblüht, so werde ich blühen, wenn Gott mich anschaut.« Sinn-Bild von Gabriel Rollenhagen, Utrecht 1611/13

und auch der Mensch muß immer fragen. Wie kann es überhaupt sein – so fragt er zum Beispiel –, daß ein so schönes, Leben und Duft ausströmendes, symbolreiches Geschöpf entsteht, Glied der Schöpfung und doch so über andere hinaus? Es ist wieder Angelus Silesius, der auf diese Frage antwortet:

Die Rose, welche hier dein außres Auge siht,
Die hat von Ewigkeit in Gott also geblüht.[4]

Diesen besonderen Ewigkeits- und Gottbezug der Rose, der sie zu einem Gegenstand mystischen Geheimnisses macht, haben auch pantheistische Mystiker des Islam gern betont. Der gelehrte Dichter Cami (oder Djami, eigentlich Nuruddin Abdurrahman ben Ahmad, gest. 1492) schildert die allmähliche Entfaltung der Schöpfung aus dem eigenen Bild des »Ureinen«, aus der Selbstoffenbarung des »šāhid der verborgenen Welt«, der in der Schönheit der Natur erscheint:
»Er hatte den spiegel, der das verborgene zeigt, vor Sich und zeigte Seine schönheit Sich selbst. Er war zugleich schauender und geschauter, kein anderer durchmass dies feld. Alles war eins, keine zweiheit war da, wirheit und duheit gab es nicht. Das schreibrohr war noch unbelästigt von dem zuschneidenden federmesser, die tafel hatte noch ruhe vor dem kratzen (des schreibrohrs). Der thron (himmel) hatte den fuss noch nicht auf den schemel (erde) gesetzt, der intellekt dachte noch nicht daran, nach seltsamen dingen zu fragen. ... Die schnur der sfäre hatte noch nicht die sterne aufgereiht, der rücken der erde trug noch keine menschen ... In dieser wiege schlief noch mit angehaltenem atem das kind der naturreiche. Das auge jenes *šāhid*, das nichtsein sehend, sah den inneren sinn des nichtseienden als seiend. Zwar sah Er in der undifferenziertheit des wesens (schon) die schönheit der differenzierten seinsweisen und eigenschaften, aber Er wollte Seine schönheit Sich selbst auch in anderen spiegeln zeigen, Er wollte entsprechend Seiner (verschiedenen) urewigen eigenschaften (je) ein anderes antlitz zeigen. Da schuf Er die lebenspendende aue der Welt, schuf den garten von »werden« und »ort des werdens«. Sein schönheitzeigen (= selbstoffenbarung) machte aus jedem zweig, jeder rose, jedem blatt und jedem dorn eine andere schönheit offenbar. Er gab der zypresse ein zeichen von Seinem schlanken wuchs, der rose gab Er kunde von Seinem holden antlitz.«[5]
Ebenfalls im 15. Jahrhundert geht Nikolaus von Kues in der ihm eigenen philosophisch-spekulativen Dimension dieser Ausfaltung (explicatio) göttlicher Gedanken in ein irdisches Bild hinein nach: »Was will der Schöpfer, wenn er aus einem Dornbusch durch die

Bewegung des Himmels und das Werkzeug der Natur eine so schöne und duftende sinnenfällige Rose hervorbringt? Was anderes kann geantwortet werden, als daß jene bewunderungswürdige Vernunft in diesem ihrem Wort sich kundzutun beabsichtigt, wie groß ihre Weisheit und ihr Verstand ist und was der Schatz ihrer Herrlichkeit ist, wenn sie so leicht eine solche Schönheit, so prächtig im Ebenmaß, vermittelst eines sinnenfälligen kleinen Dinges in den erkenntnisfähigen Sinn legt mit der Bewegung der Freude und der süßesten Harmonie, welche die gesamte menschliche Natur aufheitert? Und in noch deutlicherer Weise offenbart sie sich im Pflanzenleben selbst, aus dem die Rose hervorgeht. In noch deutlicherem Widerschein (offenbart sie sich) im Vernunftleben, das allem Sinnenfälligen Licht gibt, und (offenbart) wie herrlich jener Herrscher ist, der durch die Natur wie durch ein Gesetz alles beherrscht, alles erhält in unvergänglicher Wesensgestalt jenseits der Zeit und in den Individuen zeitlich, und daß alles durch dieses Gesetz der Natur entsteht, sich bewegt und das wirkt, was das Gesetz der Natur befiehlt; in diesem Gesetz lebt und wirkt ausschließlich jene Vernunft als Urheber von allem (...)
Protagoras sagte also zu recht, daß der Mensch das Maß der Dinge sei. Aus der Natur seiner Sinneserkenntnis weiß er, daß das Sinnenhafte um der Erkenntnis willen da ist. Er mißt das Sinnliche, um in sinnlicher Weise den Ruhm des göttlichen Geistes erfassen zu können.«[6]

Genau diesem Zwecke, nämlich die Gegenwart des göttlichen Geistes und damit die Gegenwart der Ewigkeit sinnlich erfahrbar zu machen, dienten die zeitweilig üblichen liturgischen »Rosenregen«. Im 11. und 12. Jahrhundert wurde im zur Kirche »Santa Maria ad Martyres« umgeweihten römischen Pantheon der Sonntag vor Pfingsten, der »Domenica della Rosa« mit diesem besonderen Ritus begangen. In dem Augenblick, wo der Papst seine Predigt über die Ausgießung des Heiligen Geistes mit einem Segen beschloß und der Chor das »Veni Creator Spiritus« anstimmte, ergoß sich aus dem Lichtring der Kuppel ein Rosenregen über die Versammelten. Über seine Bedeutung konnten die Andächtigen kaum im Zweifel sein, lautet doch der vorbereitende Segen in der Fassung, die ihm Papst Gregor ums Jahr 600 gegeben hatte: »Möge der Herr den Regen seiner Segnungen über euch ausgießen und euch die himmlischen Schätze seiner Gnade erschließen! Amen. Möge der Herr euch des ewigen Lebens teilhaftig und zu Erben des Himmelsreiches machen! Amen. Möge der heilige Geist in euch eine Wohnung finden und sich seine glanzvolle Majestät sanft in eure Herzen niedersenken! Amen.«

Andernorts fand der Rosenregen, deshalb als »Pasqua rosa« bezeichnet, am Pfingstsonntag selbst statt. In Troyes war es bis ins 15. Jahrhundert hinein Usus, während des niedersinkenden Rosenregens zugleich eine mit Blumen bekränzte, weiße Taube an Fäden gefesselt durch einen von Rosenkränzen gebildeten Ring von der Deckenwölbung herabflattern zu lassen. Um das Pfingstwunder noch effektvoller nachzuzeichnen, heißt es gar in einem Ordinarium des Erzbischofs Lukas von Cosenza aus dem 13. Jahrhundert: »Bei der Pfingstmesse werden während des Absingens der Sequenz aus der Höhe in den Presbyterien, im Chor und im Schiff der Kirche Rosen, Lilien und andere Blumen gestreut und zuletzt brennende Flöckchen von feinstem Werg herabgelassen.«[7]

Derlei üppige und überzeichnete Rituale verflachen zwangsläufig. Da, wo die Möglichkeiten vernunftmäßigen Erkennens und logischer Eingrenzung versagen und trotzdem die pochende Sehnsucht nach göttlicher Nähe nicht schweigen will, bleibt immer noch die hymnische Sprache, die dem Unermeßbaren näher kommt, indem sie es lobt.

Das Geheimnis der Blüte ist das Licht, und zwar immer zugleich als Vorgang, als Geschehen, als auf Zeit Lebendiges und nicht Bleibendes erkannt. Jede Blüte beschreibt einen Weg zum Licht und fragt damit den Menschen nach seiner eigenen Dunkel- und Licht, Stirb- und Werdeerfahrung. Das ist ein allgemein menschliches Phänomen; deswegen wachsen einem Licht- und Blütengedanken aus den Dichtungen und Botschaften verschiedenster Kulturen und Religionen entgegen. Und so schließt sich auch der Kreis von der Selbstoffenbarung der verborgenen Welt über das sinnliche Erfassen der Schöpfung hin zur mystisch-geistlichen Verschmelzung mit dem Unnennbaren. Symbol dieser geistigen Entfaltung ist dem tibetischen Buddhismus der Lotus und die Formel »Om mani padme hum – O du Kleinod im Lotus«: »So wie die Lotusblume aus der Dunkelheit des Schlammes zur Oberfläche des Wassers emporwächst und sich erst öffnet, nachdem sie sich über die Wasseroberfläche erhoben hat, und obwohl aus Erde und Wasser geboren, von beiden unberührt bleibt, so entfaltet der in der Welt, im menschlichen Körper geborene Geist seine Blütenblätter, nachdem er sich über die trüben Fluten der Leidenschaften und des Nichtwissens erhoben hat und verwandelt die dunklen Kräfte der Tiefe in die lichte Reinheit des Blütennektars, des Erleuchtungsbewußtseins, des unvergleichlichen Juwels (mani) in der Lotusblüte (padma). So ragt der Heilige, dieser Welt entwachsend, über sie hinaus. Seine Wurzeln sind in der dunklen Tiefe dieser Welt, aber sein Haupt ragt in die Fülle des Lichts.«[8]

Damit der Mensch sein Herz finde

Der Vorgang des Lernens und der »Einverleibung« des Geistigen ist kein Schnellverfahren. Eine gefährliche Konsequenz, die immer wieder aus der Carpe-Diem-Lebensphilosophie – »Pflücket die Rose, eh sie verblüht!« – gezogen wird, ist jene Hektik, die nachweislich nichts mit der hier so hoch gerühmten Lebensfreude zu tun hat. Die macht atemlos und läßt nicht Luftraum genug dazu übrig, durch die jeweiligen rasch entblätterten Rosen hindurch auf die Rose zu blicken, die das Inbild des Bleibenden ist, weil sie schon »von Ewigkeit vor Gott also geblüht« hat, eben die Rose, die Dante als Ziel und Erfüllung beschreibt.

»Da unser Herz unstet ist und leider selten bei sich selbst, darum ist auch das Gemälde gemalt, damit der Mensch sein Herz finde, so daß er, wenn er das Gemälde mit den äußeren Augen ansieht, dann die inneren Dinge des Herzens finde.«[9] Ein solches Gemälde zur Herz-Findung – von dem eine Klosterpredigt des 14. Jahrhunderts redet – hat Alanus ab Insulis (Alain de Lille, um 1128–1202) in einem »Rhythmus über die Rose« gepriesen:

> Omnis mundi creatura
> Quasi liber et pictura
>   Nobis est et speculum;
> Nostrae vitae, nostrae mortis,
> Nostri status, nostrae sortis
>   Fidele signaculum.

Nostrum statum pingit rosa,
Nostri status decens glosa,
Nostrae vitae lectio...

(Alle Kreatur der Welt ist uns gleichsam Buch und Bild und Spiegel, das getreuliche Merkzeichen unseres Lebens, unseres Todes, unseres Standes, unserer Beschaffenheit, unseres Schicksals. Die Rose malt unsere Beschaffenheit ab, die geziemende Auslegung unseres Zustands, die Lehre unseres Lebens...)[10]
Was hier angesprochen wird, ist Kontemplation auf ihren verschiedenen Ebenen: vom vordergründigen Bildschauen zum versinkenden Hineingehen in das Bild und zur eigensten Erfahrung des Geschauten. Der Weg geht von der Sammlung zur Beschauung. »Ein geistliches Herz muß stillen Frieden haben und liebend soll es aufblühen hin zur heiligsten Dreifaltigkeit«, sagt Mechthild von Magdeburg.[11]
Gewiß vermögen als Ansatz dieser Erfahrungen neben den lebendigen Rosen auch die »blühenden« Kunst- und Sprachbilder Beträchtliches beizutragen:

Blüh auf, gefrorner Christ, der May ist für der Thür,
Du bleibest ewig Todt, blühstu nicht jetzt und hier.

Angelus Silesius[12]

Ich habe gewartet, daß ihr euch erhebt,
Farben der Liebe,
Und jetzt entbergt ihr eine Himmelskindheit.
Sie reicht die schönste geträumte Rose.

Giuseppe Ungaretti[13]

Solche »Innerung« verknüpft Erfahrenes und Erwartetes, hat also mit Erinnerung und Hoffnung zu tun, und es ist wiederum das Bild der Rose, das dies auf hervorragende Weise illustrieren kann. Es gibt Erinnerungen an Rosen, die mit konkreten Lebenserinnerungen verbunden sind, wie sie »Das Lied der Rosen vom Schipkapaß« kennzeichnen, das Bert Brecht so vollendet balladesk weitergibt:

Ein Sonntag war's in meinen jungen Jahren
Und Vater sang mit seinem schönen Baß
Und sang, als Krug und Glas geleeret waren
Das Lied der Rosen vom Schipkapaß.

Und wieder war's ein Sonntag, wieder
Sang Vater uns mit seinem schönen Baß
Er sang von Lilien nicht und Flieder
Er sang von Rosen am Schipkapaß.

Und so noch oft, im Schnurrbart manche Träne
Sang Vater uns in seinem schönen Baß
Nicht von den Rosen sang er in Mykene
Nein, nur von Rosen am Schipkapaß.

Uns sanken oft vor Schlaf die Augenlider
Doch unsres Vaters Auge war noch naß
Vom letzten Male, und er sang schon wieder
Das Lied der Rosen am Schipkapaß.

Man grub sein Grab schon in die Erde
Da sang er noch, schon etwas blaß
Wenn er persönlich auch vergessen werde,
So blühn doch Rosen am Schipkapaß.[14]

Das Wesen »Rose« fragt den Menschen. Es erinnert ihn an sein Eigenstes. »Gott gibt uns Erinnerungen, damit wir Rosen im Winter haben«, sagt ein baltisches Sprichwort. »Wenn du im Garten oder auf dem Maueranger bist« – schreibt Thomas von Kempen (1379/80–1471) auf der letzten Seite seines *Rosengärtleins* – »und die verschiedenen Arten siehst, Bäume und Blumen, Rosen, Birnen, Äpfel, heilkräftige Kräuter und wohlduftende Lilien, so lobe und danke: denn Gott zeigt dir seine vielen wunderbaren Werke, die auf der Erde entstehen und die er jedes Jahr erneuert mit seiner wunderbaren Macht und Weisheit durch seine große Güte und zum Nutzen der Menschen.«[15]
Franz von Sales (1567–1622) beschließt seine *Philothea – Anleitung zum frommen Leben* (1608) mit der berühmten Anweisung zum Pflücken eines geistlichen Blumenstraußes: »Ich habe noch hinzugefügt, man solle einen kleinen Blumenstrauß frommer Gedanken

mitnehmen. Ich verstehe das so: Wer in einem schönen Garten spazieren geht, nimmt gern einige Blumen mit, um sich an ihrem Wohlgeruch zu erfreuen und sie den ganzen Tag bei sich zu haben. Wenn unser Geist sich in einem Geheimnis ergangen hat, so sollen wir auch zwei oder drei Gedanken auswählen, die uns am besten gefielen und die für unseren Fortschritt am nützlichsten sind, um tagsüber öfter daran zu denken und ihren geistigen Duft in uns aufzunehmen. Das tun wir am besten am Ort unserer Betrachtung, indem wir dort noch eine Weile bleiben oder nachher einige Zeit allein auf und ab gehen.«[16]

Dieser anschauliche Text enthält eine förmliche und vor allem in weiblichen Orden ausgebaute und bis heute praktizierte Methodik zur Meditation, zur »Innerung«. Diese ist ganz auf dem Erinnern aufgebaut.

Wo ist zu diesem Innen
ein Außen? Auf welches Weh
legt man solches Linnen?
Welche Himmel spiegeln sich drinnen
in dem Binnensee
dieser offenen Rosen,
dieser sorglosen, sieh:
Wie sie lose im Losen
liegen als könnte nie
eine zitternde Hand sie verschütten.
Sie können sich selber kaum
halten; viele ließen
sich überfüllen und fließen
über von Innenraum.

Rainer Maria Rilke[17]

Der Innenraum, den die Rosen aus sich selber heraus überfließen lassen, strömt sich auch in Hoffnung aus.

Bei der symbolischen Zuteilung der Blumen zu bestimmten Tugenden taucht die Rose immer wieder unter den Stichworten »Hoffnung« und »Geduld« auf.[18] Geduld ist ja gewiß eine Ausformung von Hoffnung. Wenn auch die Rosenfeste eng mit dem Gedanken der Vergänglichkeit verbunden sind (s. Kap. II), so gehört die Rose doch nicht umsonst der sich zum Leben öffnenden Welt des Frühlings an. Auch für den Formvirtuosen Emanuel Geibel (1815–1884) ist die Rose, die aus dem Dorn erwacht, ein Frühlings- und Hoffnungssymbol:

Die Nachtigall auf meiner Flur
Singt: Hoffe du nur! Hoffe du nur!
Die Frühlingslüfte wehen.
Eiin Dornenstrauch schlief ein zur Nacht,
Ein Rosenbusch ist aufgewacht
So mag's auch dir geschehen.
Hoffe du nur![19]

Die Tradition der »Rose der Hoffnung« ist ehrwürdig und voll origineller Anschaulichkeit. In einem längeren Dialoggedicht »Aufbruch der Seele« eines unbekannten bretonischen Verfassers aus der Zeit um 1300 geht es um die letzte Erfahrung des Menschen, die Erfahrung seiner letzten, endgültigen Dinge. Der Körper und die Seele tauschen, bevor sie sich trennen müssen, Erfahrungen und Wünsche aus:

Der Körper:

»So geh mit Gott, mein Leben, denn es muß ja sein.
Gott führe dich in deiner Sehnsucht Stätte ein.
Du wirst stets wachen, und ich schlafe schwer!
Vergiß mich nicht und eile mit der Wiederkehr.
Doch sage mir, warum bist du so voller Freude,
Warum bin ich so traurig und im Leide?«

Die Seele:

»Man gab mir Rosen gegen Dornensplitter
und süßen Honig gegen Gallenbitter.
Und dann, der frohen, flüchtigen Lerche gleich,
Dann steigt die Seele, steigt ins Himmelreich.«

Sie schildert ihren Empfang am Himmelstor und schließt:

»Nun habe Dank, mein Körper, und auf Wiedersehen,
Im Tal von Josaphat werden wir beide gehen.

Ich höre niegehörter Laute Harmonien,
Aufleuchtet unser Tag, die Wolken fliehn!
Ich, wie ein Rosenstrauch am Rand der Lebenswiese,
Ich Rose blühe schon im Paradiese.«[20]

Dies erinnert unmittelbar an den Liedvers des dänischen Psalmendichters Hans Adolf Brorson (1694–1764), den der exemplarische Existentialist des 19. Jahrhunderts, Søren Kierkegaard (1813 bis 1855), als Inschrift für seinen Grabstein wählte:

Noch eine kleine Zeit,
So ist's gewonnen,
So ist der ganze Streit
In nichts zerronnen;
In Rosensälen darf
Ohn Unterbrechen
Ich dann in Ewigkeit
Mit Jesus sprechen.

Blühen ist mehr als Glut

»Blühen ist mehr als Glut«, hat Henry Benrath (eigentlich Albert Henry Rausch, 1882–1949) einmal gesagt. Dem Blühen kommt sicher eine weit weniger radikale Ausdruckskraft zu als der Glut, aber seine leise Art, besonders wenn dabei der Übergang vom Winter zum Frühling vor Augen steht, ist nicht weniger intensiv. Es ist – noch in der kleinsten Blume – durch ein »Dennoch« gekennzeichnet.

Wir haben
Seien wir ehrlich
Sehnsucht nach Rosen
Blühend in Nacht,

beginnt Jürgen Beckelmann (geb. 1931) seine Folge *Der Aufstand der Rosen,* deren zweites Gedicht lautet:

Ein Rosenstock der
Blattlos und kahl war
Stand auf der Dürre des Eises
Und erhob seine Blüten
Über den Schnee

Das war das Zeichen
Zum Aufstand der Rosen:

Flammend wandelt der Rosenstock
Über die Erde
Glühend in der Helle der Nacht
Revoltieren die Rosen
Gegen die dunkle Drohung
Des tödlichen Tags

Die Erde erblüht und der Mensch
Ist machtlos
Vor dem Frieden der Liebe.[21]

Zu einer anderen Metapher des »Blühens in der Nacht« findet Hermann Claudius (1878–1974) in »Der Rosenbusch«:

Es haben meine wilden Rosen
– Erschauernd vor dem Hauch der Nacht –
Die wunderleichten, dichten, losen
Blüten behutsam zugemacht.

Doch sind sie so voll Licht gesogen,
Daß es wie Schleier sie umweht,
Und daß die Nacht in scheuem Bogen
Am Rosenbusch vorübergeht.[22]

Im lebendigen Blühen – die Infragestellung des Todes.

Hier das goldene Feld, und dort, überm Hüttenrand,
Dies unaussprechliche Rosa. Das ist des Menschen Land.
Erde, die die Farbe der Ewigkeit annahm für eine Minute,
Farbe Gottes mit uns, während alles Menschenvolk darin ruhte.

Unsägliche Farbe der Rose, und lebendig darin jede Menschenwelt,
Ein Meer von Gold und Feuer umgibt unsre Posten und unser Gezelt.

Paul Claudel (1868–1955)[23]

Rilke – so erzählt Josef Bill – ging in der Zeit seines Pariser Aufenthaltes regelmäßig über einen Platz, an dem eine Bettlerin saß, die um Geld anhielt. Ohne je aufzublicken, ohne ein Zeichen des Bittens oder Dankens zu äußern, saß die Frau immer am gleichen Ort. Rilke gab nie etwas, seine französische Begleiterin warf ihr häufig ein Geldstück hin. Eines Tages fragte die Französin verwundert, warum er nichts gebe. Rilke antwortete: »Wir müßten ihrem Herzen schenken, nicht ihrer Hand.«

Wenige Tage später brachte Rilke eine eben aufgeblühte weiße Rose mit, legte sie in die offene, abgezehrte Hand der Bettlerin und wollte weitergehen. Da geschah das Unerwartete: Die Bettlerin blickte auf, sah den Geber, erhob sich mühsam von der Erde, tastete nach der Hand des fremden Mannes, küßte sie und ging mit der Rose davon.

Eine Woche lang war die Alte verschwunden; der Platz, an dem sie vorher gebettelt hatte, blieb leer. Nach acht Tagen saß sie plötzlich wieder wie früher an der gewohnten Stelle. Sie war stumm wie damals, wiederum nur ihre Bedürftigkeit zeigend durch die ausgestreckte Hand. »Aber wovon hat sie denn in all den Tagen gelebt?« fragte die Französin. Rilke antwortete: »Von der Rose.«[24]

Dem, der jemals die *Stadt in der Wüste (Citadelle)*, das nachgelassene Werk von Antoine de Saint-Exupéry, gelesen hat, eine Summe seiner Lebensweisheit, dem ist auch die Geschichte der beiden alten Gärtner unvergeßlich geblieben, die lange Zeit wie Brüder zusammengelebt hatten, in großem Einverständnis, ohne viel zu reden, und dann vom Leben und von Kriegsläuften sehr weit voneinander getrennt wurden. Als sie endlich wieder voneinander hörten, war es durch einen Brief, den der eine geschrieben hatte und der jahrelang unterwegs war, bis er endlich den beglückten Adressaten erreichte. Da beide Gärtner mit dem Spaten gewandter umzugehen wußten als mit der Feder, standen da nur wenige Worte: »Heute früh habe ich meine Rosenstöcke beschnitten ...« Und das war in der Tat alles, was zu sagen war zwischen Menschen, die sich kannten und liebten, das Wesentliche: die vertraute Arbeit, das Lob des Lebens durch die Rosenstöcke. Nach drei Jahren, in denen er sich intensiv über Geographie und Reisewege, über Kriegs- und Friedensereignisse unterrichtet hatte, rang sich der Empfänger des Briefes zu einer Antwort durch, die dem fernen Freund nun auch alles Sagenswerte an äußeren Dingen mitteilen und damit zugleich seine Liebe ausdrücken sollte. Und so schrieb er ihm mit seiner sorgsamen und unbeholfenen Handschrift, wie ein Gebet, von dem er ganz durchdrungen war, die allernotwendigste, allerwesentlichste Mitteilung: »Heute früh habe auch ich meine Rosenstöcke beschnitten ...« – »Und ich verstummte, während ich las, und sann über die Hauptsache nach, die sich mir nun besser zu offenbaren begann, denn sie verherrlichten Dich, o Herr, indem sie sich über die Rosenstöcke hinweg in Dir vereinigten, ohne davon zu wissen«. So beendet St. Exupéry seinen Bericht.[25] Ein Hymnus des Blühens, in den sich die Rosen mit ihren Gärtnern teilen ...

> Dein Herz empfänet Gott mit alle seinem Gutt,
> wann es sich gegen jhm wie eine Ros' aufthut.
>
> Angelus Silesius[26]

Der spanische Lyriker und Dramatiker José Maria Pemán y Pemartin (geb. 1898) geht ganz ein in die mystischen Bereiche des Blühens, als einer Sehnsucht, sich Gott unmittelbar zu nähern, »den Abendhimmel zu entblättern gleich einem Rosenkelch, um Gott zu sehen«, dessen Gnadenströmen er sich verzückt preisgibt:

> Wie soll ich den Sturz Deiner Rosen
> empfangen ohne zu taumeln?
> Wie faßte ohne zu zittern,
> mein Blick dein durchsonnendes Licht?[27]

Es ist das Geheimnis der Rose, daß sie all diese Erfahrungen und Stimmen in sich vereint, sie zugleich auslöst und ihr Widerschein wird. Sie ist in sich ein Universum an Schönheit und Duft, Farbe und Form. Und diese Universalität offenbart sich in ihrer jeweiligen unbestreitbaren Individualität mit einem Anspruch auf Allgemeingültigkeit, der niemanden verletzt. Deshalb geht von dieser

Pflanze zugleich eine Erfahrung von Frieden aus und damit eine tröstliche Antwort auf Unruhe, Streit und Verzweiflung. Deshalb konnte gerade diese Blume als Botschaft aufgefaßt werden – naiv im Gebrauch alltäglicher und festlicher Zeiten, hintergründig erfragt von den Dichtern der Welt. »Hier wird die unmögliche Vereinigung der Sphären des Seins verwirklicht, hier wird Gewesenes und Zukünftiges überwunden und ausgesöhnt«.[28]
Rainer Maria Rilke (1875–1926) pries die Rose in den zu seiner letzten Schaffensperiode gehörenden *Sonetten an Orpheus* als »die volle zahllose Blume / der unerschöpfliche Gegenstand«. Rilke erkrankte an akuter Leukämie, nachdem er sich in seinem Garten in Muzot beim Rosenschneiden verletzt hatte. Für ihn war es ein tröstlicher Gedanke, daß sein Leiden von einem Rosendorn herrührte, hielt doch die von ihm selbst verfaßte Grabschrift alle Widersprüchlichkeiten der blühenden Rose in traumhafter Schwebe:

> Rose, oh reiner Widerspruch, Lust,
> Niemandes Schlaf zu sein unter soviel Lidern.[29]

»Lider« spielt nicht nur auf die geschlossenen Augen an, sondern auch auf die »Lieder«, unter deren duftender Blüte der tote Sänger als ein Nichts verschwindet, ein Schlaf, den niemand schläft. Als kongeniale Antwort auf den berühmten Grabspruch hat Paul Celan (1920–1970) seinen »Psalm« verfaßt:

> Niemand knetet uns wieder aus Erde und Lehm,
> niemand bespricht unsern Staub.
> Niemand.
>
> Gelobt seist du, Niemand.
> Dir zulieb wollen
> wir blühn.
> Dir
> entgegen.
>
> Ein Nichts
> waren wir, sind wir, werden
> wir bleiben, blühend:
> die Nichts-, die
> Niemandsrose.

Mit
dem Griffel seelenhell,
dem Staubfaden himmelswüst,
der Krone rot
vom Purpurwort, das wir sangen
über, o über
dem Dorn.[30]

Da sich über die transzendente Wirklichkeit Gottes schlechterdings »Nichts« aussagen läßt, ist der schöpferische »Niemand« durchaus nicht als Negation der Messiashoffnung aufzufassen, sondern als deren präziseste Fassung. Der Dichter wird, wie bei Rilke, zu einer Blüte des Göttlichen. Einerseits leidet er unter der irdischen Existenz wie der menschengestaltige Messias. Krone, Purpur, Dorn sind die Werkzeuge dieser Passion. Neben der Verwurzelung im Reich des Todes ist da aber auch die Verwurzelung im Bereich des Göttlichen. Celan hat diese Hoffnung auf endgültige Verwandlung auch sein »Später/der Rosen« genannt.[31] Die Rose ist das angemessene Zeichen, das solch schwierige Balance zwischen Anschauung und Abstraktion, zwischen Jetzt und Noch-Nicht, wahrt.
Weniger metaphysisch, aber nicht weniger eindrücklich, hat Helmut Heissenbüttel (geb. 1921) diese Ambivalenz formuliert:

Blühen ist ein tödliches Geschäft
ich habe mich einverstanden erklärt
ich lebe.[32]

Blüte und Rausch

Das Herz, das sich »gegen Gott wie eine Ros' auftut«, wird eben dadurch instandgesetzt, sich leicht zu nehmen und vieles von der Schwerkraft zu überwinden, die im allgemeinen, solange wir ihr gehorchen, das Wesen unserer Welt bestimmen möchte. Es hängt von der Lebensphilosophie des Betrachters ab, ob er die Rose nur als Entschuldigung für ihre Dornen oder als Vorstufe zur Hagebutte einstuft. Gerade von der Rose ist jedoch zu lernen, daß das Blühen seinen Sinn in sich selbst trägt und etwas für sich Vollendetes ist. Wir suchen an der Rose die Blüte, nicht die Frucht. »Sie blühet, weil sie blühet« (Angelus Silesius).

Das »schwebende Nu unwiederbringlicher Herrlichkeit«[33] ermutigt zur Annahme und Bejahung des erfüllten Augenblicks. Die Rose der Zeit, die auf Rad oder Kugel rasch vorbeieilende Fortuna fordert zu Entscheidungen und Aufbruch heraus.

Daß die Rose dir zum Beispiel werde!
Sonne, Tau und süßen Wind von Osten,
allen Glanz und alles Glück der Erde
weiß sie frei und unbesorgt zu kosten.
Des Propheten Weisheit braucht sie nicht:
Denn sie lebt ja so, wie jener spricht.

Hafis[34]

Und Dschalaluddin Rumi wird nicht müde, auszurufen:

Gib acht, sei still, ziehe den Dorn des Seins aus dem Fuß des Herzens,
damit du die Rosenlauben in dir erkennst.[35]

*

In diesem Nu, da wir im Kreis vereint
nach Rosen, nach der Schale Wein uns bücken,
Gehn wir vom Sichtbaren zum Unsichtbaren,
wohin uns Gottes Boten-Worte schicken.
Wir gehn vom Hause immer hin zum Garten,
Zypresse und Jasmin nachbarlich nicken,
Wir treten täglich in den Garten ein
und tausend Blumen frischerblüht erblicken,
Und Strauß um Strauß, auf daß die Pfade wir
der Liebenden bestreuen froh wir pflücken.
Und uns umweht der andern Rose Duft,
den Garten »Wahrheit« rosengleich wir schmücken.
Die Welt ward voll von jeder Rose Duft,
der ruft: Komm her und laß auch dich berücken![36]

Wenn die Sufis im Wirbeltanze ihr Hemd zerreißen, gleichen sie der Rose, die sehnsuchtsvoll ihre Knospe in Stücke sprengt.[37] Die

Sufis führen ihre Liebe zu den Rosen auf den Propheten Mohammed selbst zurück. Wie erzählt wird, sah er eine Rose, küßte sie, preßte sie an seine Augen und sagte: »Die rote Rose ist ein Teil der Herrlichkeit Gottes.«
Rumi kann daher berechtigt davon reden, daß die Rose, »gul«, auf die Mysterien des Ganzen, »kull«, hindeutet:

> Jede Rose, die in der äußren Welt duftet,
> spricht vom Geheimnis des Ganzen.[38]

Der kontemplative Weg von der Sammlung zur Beschauung mündet oft in ekstatischen Erfahrungen jenseits der Mitteilbarkeit, auf die Sa'di in seinem *Rosengarten* anspielt: »Ein Einsichtsvoller hatte den Kopf in die Kleiderfalten der Betrachtung gesteckt und war tief in das Meer der Beschauung versenkt. Als er aus seiner Versunkenheit wieder zu sich kam, fragte ihn einer seiner Freunde im Scherz: ›Was bringst du uns für ein Ehrengeschenk aus jenem Garten mit, in dem du gewesen bist?‹ Er erwiderte: ›Ich hatte im Sinn, wenn ich zum Rosenstrauch käme, einen Kleidersaum voll mit Rosen zu nehmen und diese meinen Freunden zum Geschenk zu machen. Als ich aber dahin kam, berauschte mich der Duft der Rosen so sehr, daß der Kleidersaum meiner Hand entglitt.‹«[39]

»Ergreif mein Herz«, bittet Paul Gerhardt, der meisterhafte Liederdichter der Barockzeit, in einem weniger bekannten lyrischen Text, der an Jesus gerichtet ist:

> Erweitre dich, mach alles voll,
> Sei meine Ros, und riech mir wol,
> Bring Herz und Herz zusammen:
> Entzünde mich durch dich, und laß
> Mein Herz ohn End und alle Maß
> In deiner Liebe flammen!
>
> O Herzens-Ros, o schönste Blum,
> Ach wie so köstlich ist dein Ruhm,
> Du bist nicht auszupreisen:
> Eröffne dich, laß deinen Saft
> Und des Geruchs erhöhte Kraft
> Mein Herz und Seele speisen.

Nimm mein Herz, o mein höchstes Gut,
Und leg es hin, wo dein Herz ruht,
Da ists wol aufgehoben;
Da gehts mit dir gleich als zum Tanz,
Da lobt es deines Hauses Glanz,
Und kanns doch nicht gnug loben.[40]

Und noch Christian Morgenstern kann ekstatisch »Von den heimlichen Rosen« schwärmen:

Oh, wer um alle Rosen wüßte,
die rings in stillen Gärten stehn –
oh, wer um alle wüßte, müßte
wie im Rausch durchs Leben gehn.

Du brichst hinein mit rauhen Sinnen,
als wie ein Wind in einen Wald –
und wie ein Duft wehst du von hinnen,
dir selbst verwandelte Gestalt.

Oh, wer um alle Rosen wüßte,
die rings in stillen Gärten stehn –
Oh, wer um alle wüßte, müßte
wie im Rausch durchs Leben gehn.[41]

In prunkvollen Worten sammelt Sri Aurobindo (1872–1950), der Begründer des integralen Yoga im modernen Indien, einen bildergesättigten Lobpreis des Lebens in das Zeichen der Rose hinein, der »Rose von Gott«:

Rose von Gott, Rotschein auf den Saphiren des Himmels,
Rose der Wonne, feuersüß, siebengetönt mit den sieben Ekstasen!
Spring auf im Herzen der Menschheit, o Wunder, o Flamme,
Passionsblume des Namenlosen, Knospe des mystischen Namens.

Rose von Gott, Weisheitsblühen auf den Gipfeln des Seins,
Rose von Licht, Kern, unberührbar, erhabenster Schauung!
Leb' im Geist unsrer Erde, goldnes Geheimnis, Sproß,
Sonne am Haupte des Zeitlosen, Gast der herrlichen Stunde.

Rose von Gott, Stahlklinge der Allmacht, Ikon der Stärke,
Rose der Kraft, mit deinem Diamantschein durchdringst du die Nacht!
Entflamme im Willen der Sterblichen. Zeichne den Plan deines Wunders.
Bild der Unsterblichkeit, Ausbruch der Gottheit im Menschen.

Rose von Gott, purpurne Wunde des göttlichen Wunsches,
Rose des Lebens, gefüllt und gekrönt mit dem Lied Seiner Farbe.
Verwandle den sterblichen Leib, wie ein Zauberspruch süß,
sei Brücke vom Himmel zur Erde, mach todlos die Kinder der Zeit.

Rose von Gott, verzücktes Erröten auf dem Antlitz der Ewigkeit,
Rose der Liebe, Rubintiefe des Seins, Feuer-Sehnsucht der Gnade,
Ersteh' aus dem sehenden Herzen, das in den Abgründen schluchzt,
mach die Erde zur Heimat des Märchens und Lebens zum seligsten Kuß.[42]

Die Rose tut sich auf. Dazu ist sie da. Wem aber ist der Mensch aufgetan, zugetan, als einem Gegenüber, einem Ziel? Eugen Roth (1895–1976), durch seine heitere Lebensphilosophie *Ein Mensch* weithin geschätzt, setzte in vielen Texten tiefer an, als es dem zu harmloser Heiterkeit bereiten Leser scheinen mochte. Der Band *Rose und Nessel* (1951) enthält das Gedicht »Die Rose«:

Als sich die Rose erhob, die Bürde
Ihres Blühens und Duftens zu tragen
Mit Lust:
Hat sie, daß es der letzte sein würde
Von ihren Tagen,
Noch nicht gewußt.

Nur, daß sie glühnder noch werden müßte,
Reiner und seliger hingegeben
Dem Licht
Spürte sie – ach, daß zum Tode sich rüste
So wildes Leben,
Bedachte sie nicht...

Als dann am Abend mit Mühe der Stengel
Ihre hingeatmete Süße
noch trug,
Hauchte sie, fallend, dem kühlen Engel
Welk vor die Füße:
War es genug?[43]

So also spitzt sich die Frage, die das Leben ist und stellt, letztlich zu. Die Rose selbst, fallend, gibt keine andere Antwort als die auf dem Pariser Grabspruch Gertrude Steins (1874–1946):

Eine Rose ist eine Rose ist eine Rose.

Weiße und rote Rosen. Aus Leonard Fuchs, *De Historia Stirpium,* 1542

Botanischer Epilog

Welch vornehmen Platz Rosen in menschlicher Erfahrungs- und Phantasiewelt einnehmen, lassen bereits die zahlreichen Volksnamen für die gemeine wilde Rose ahnen: Heckenrose, Hundsrose, Hagerose, Hagedorn, Hanbutbutten, Haynbutten, Hagebutten, Hundsdorn, Hahnehödgen, Hahneklöschen, Buttelhiefen, Hainhecken, Wirbgen, Wiegenstrauch, Wipen, Wiepken, Arschkitzeln, Arschkratzeln, Schlafkunz, Schlafkauz, Hiefen, Hagehüften, Hetschepetsch, Feldrose, Hornrose, Dornrose, Zaunrose, Hagedornrose, Rosendorn, Hagehotten, Hagehüttchen, Hüfften.[1]

Zur weitverzweigten Familie der Rosengewächse (Rosaceae) gehören unter anderem Äpfel, Birnen, Erdbeeren, Kirschen, Himbeeren und natürlich auch die namengebende Gattung Rosa. Die weit über einhundert Wildrosen sind schwerpunktmäßig in den gemäßigten Zonen der nördlichen Hemisphäre (Südeuropa, Persien, Himalaya, Nordamerika) verbreitet, während sie auf der Südhalbkugel und in den Tropen unbekannt sind. Besucher von botanischer Gärten und Blumenausstellungen können sich heute von einem außergewöhnlichen Formenreichtum verzaubern lassen, von mannigfaltigen Rosenvarietäten in Wuchs und Blüte, Farbunterschieden von Zartweiß bis Blutrot, doch um den Preis einer gegenüber Wildrosen vergleichsweisen Armut an Duft. Die in August Jägers Rosenlexikon von 1936 verzeichneten 16 000 Sorten wurden Jahr für Jahr um zahlreiche neue Züchtungen auf mittlerweile über 20 000 vermehrt. Alle diese Kulturrosen gehen jedoch auf nur sechs Wildrosen zurück.[2]

Die moderne Rosenzucht ist heute eine Industrie mit Millionenumsätzen und bedient sich mittlerweile ebenso wie die Nutzpflanzenzüchtung der Methoden der Gentechnologie. Alle früheren Rosensorten entstanden hingegen durch die seltenen spontanen Änderungen im Erbgut von Wildformen. Die Gärtner der vergangenen Jahrtausende achteten darauf, ob sich unter den vielen Exemplaren einer in Kultur genommenen Wildrosenart nicht zufällig ein Strauch mit einer besonderen Blütenfarbe oder einer vorteilhaften Frostresistenz befand, den sie dann vegetativ vermehrten, um Tochterpflanzen mit identischen Eigenschaften zu erhalten. Eine der auffälligsten Mutationen der Rosen ist die spontane Vervielfältigung der Blütenblätter. Während Wildrosen meist fünf, selten vier Petalen besitzen, kommt es so zur Bildung gefüllter Blüten.

Zu den wichtigsten, bereits im Altertum bekannten Vorfahren der Kulturrosen gehören

- die Damaszenerrose (Rosa damascena);
- die Weiße Rose oder Bauernrose (Rosa alba), eine Hybride unbekannter Herkunft, an deren Entstehung u. a. auch die Heckenrose (Rosa canina) beteiligt war;
- die Hundertblättrige Rose oder Provencerose (Rosa centifolia), aus der wichtige Formen und Blendlinge entwickelt wurden, wie im 16. Jahrhundert die Moosrose (Rosa muscosa);
- die duftende Essigrose oder Apothekerrose (Rosa gallica), die erst im 13. Jahrhundert als Begleiterscheinung der Kreuzzüge nach Europa gelangte.

Im frühen 19. Jahrhundert wurde die europäische Rosenkultur durch die Entdeckung revolutioniert, daß Rosen sich durch künstliche Befruchtung zu neuen Sorten kreuzen lassen. Eine zusätzliche Bereicherung waren die ersten immerblühenden Rosen, aus den Kaiserlichen Gärten Chinas importiert, so in den letzten Jahrzehnten des 18. Jahrhunderts die Bengalrose (Rosa chinensis) und um 1825 die erste echte Teerose, wegen ihres herrlichen Duftes zu Recht Rosa odorata genannt. Aus warmen asiatischen Regionen stammend, waren diese Arten alles andere als winterfest. Ihr Schutz bedurfte besonderer Sorgfalt: Die Kronen wurden bis zur Erde niedergebogen, dort befestigt, mit Erde und Fichtenreisig bedeckt und erst im Frühjahr wieder befreit.

Die schlanken Wurzelschößlinge der in Europa und Nordasien heimischen, auch Heckenrose oder Hagedorn genannten Hundsrose (Rosa canina) wurden gern als dauerhafte Wildstämme zur Veredelung hochstämmiger Gartenrosen genutzt. Ihren Namen erhielt sie, weil ihre Wurzelrinde früher als besonders heilkräftig gegen den Biß toller Hunde galt.

Zwar findet die naive Auffassung an der nur fünfblättrigen Blüte nicht das, was an der Rose entzückt. Das Schema des regulären Fünfecks übte jedoch als eines der ältesten Sinnzeichen überhaupt einen beträchtlichen Reiz aus. Die Pythagoräer nannten die durch Verbindung der Fünfecks-Winkel gebildete Figur »Pentalpha«

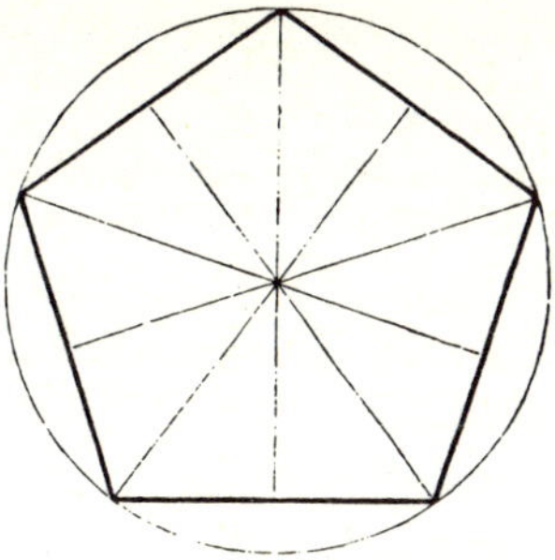

Fünfeck

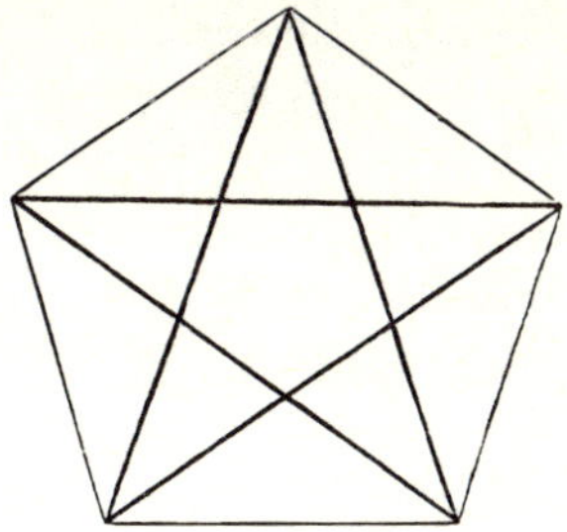

Pentagramm

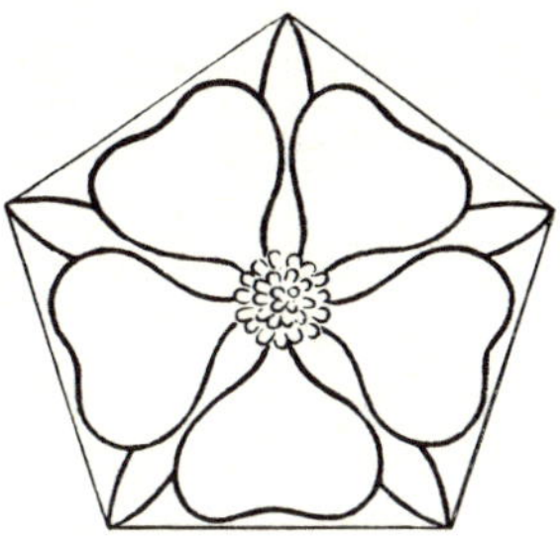

Fünfblättrige Rose

(Fünf-A) oder »Pentagramm« (Fünfbuchstabe), verwendeten sie als Zeichen für Gesundheit an Leib und Seele und setzten sie daher gern an den Beginn ihrer Briefe. Die Fünfzahl läßt sich gut mit den fünf Sinnen des Menschen analogisieren, seinen fünf Körperteilen am Leib (Kopf und vier Gliedmaßen) oder den fünf Fingern an jeder Hand. Beeinflußt durch den Philosophen und Okkultisten Agrippa von Nettesheim (gest. 1535) waren im 15. und 16. Jahrhundert astrologische und alchemistische Zeichnungen verbreitet, in denen menschliche Körper mit gespreizten Beinen, ausgestreckten Armen und dem Kopf die fünf Ecken des Pentagramms bildeten. Im Aberglauben wurden Pentagramme als geisterabwehrende Zauberformel gebraucht, wie noch aus der Beschwörungsszene im ersten Teil von Goethes Faust (13,95) deutlich wird. Unter der Bezeichnung »Drudenfuß« dienten sie der Wegverlegung für Hexen oder den Albträume machenden Druden.[3]

blättrige Rose für architektonische Verzierungen und als Wappenenblem prädestiniert.
Die verführende lautmalerische Verwandtschaft zwischen »Rosen« und »Dornen« ist wohl dafür verantwortlich, daß der korrekte botanische Begriff der »Stacheln« keinen Platz in der – deutschsprachigen – Rosenpoesie hat. Dornen bezeichnen nämlich spitze verkürzte Seitentriebe, wie wir sie etwa beim Weiß- oder Schlehdorn finden. Die Rose hingegen besitzt Stacheln, die sich leicht abbrechen lassen, da sie aus abgestorbenen Parenchymzellen gebildet sind. Als einer der ersten erfaßte der Dominikaner Albertus Magnus im 13. Jahrhundert die Verschiedenheit von Stacheln und Dornen. Und ein ebenfalls Albertus Magnus zugeschriebener Rätselvers, der auf die unterschiedliche Beschaffenheit der fünf Kelchblatt-Ränder der Rose anspielt, lautet so:

»Quinque sunt fratres
Duo sunt barbati
Duo sine barba nati.
Unus e quinque
Non habet barbam utrinque.
Wir sind fünf Brüder.
Zwei sind bärtig,
Zwei sind ohne Bart geboren.
Einer der Fünfe
Hat nur auf einer Seite einen Bart.«[4]

Botanische Zeichner – im Sinnbild der Rose. Aus Leonard Fuchs, *De Historia Stirpium*, 1542

Anmerkungen

Kap. I

1 Zum Folgenden vgl. Kordes, S. 9; Engel, S. 271 ff.; Zander & Teschner
2 Zit. in Schleiden, S. 45
3 Oden II, 15.5, zit. in Kordes, S. 9
4 Mater med. I, Nr. XXI, zit. in Schleiden, S. 44
5 Sonette an Orpheus, II 6, Werke Bd. 1, S. 754
6 Vgl. Schlatter, Sp. 1139; Goor, S. 52, 57; Weinreb, S. 9; Schleiden, S. 20
7 Müller, S. 148
8 Weinreb, S. 9
9 Tertullian, De corona II; Clemens Alexandrinus, Paedagogos II, 8; beide zit. in Kirschbaum & Braunfels Bd. 3, Sp. 564
10 Vgl. Ranke, Brautstein; Ranke, Totenkult; Zander & Teschner; Fehrle; Jacobs; bezügl. der „frewdevollen Rosenorte" der Prostitution s. Kap. III; vgl. auch Kap. IV
11 Vgl. Wolffhardt; Loeckle
12 Zit. in Sa'di, S. 16
13 Schimmel, Stern, S. 139
14 Ebd., S. 140
15 Übers. Friedrich Rückert, zit. in Wimmer, S. 94
16 Zit. in Schimmel, Nimm eine Rose, S. 101
17 Eberhard, S. 245
18 Vgl. hierzu die Faksimile-Folioausgabe von Redoutés Werk nebst Einführung von E. Launert, Edition Arte Medici o. J.
19 Zit. in FAZ vom 22. 7. 1987. Vgl. 34 Rosengedichte, ausgewählt von Hans Bender und Nikolaus Wolters, 50. Druck der Edition Tiessen, 1987

Kap. II

1 Zit. in Kemp, Geistliche Dichtung, S. 135
2 Zit. in Boisserée, Briefwechsel/Tagebücher. 1862. Neudr. Göttingen 1970
3 Zit. in Kemp, Liebesdichtung, S. 183
4 Zit. in Kemp, Liebesdichtung, S. 85
5 Zit. in Rüdiger, S. 49
6 Schleiden, S. 46
7 Das befreite Jerusalem (1581), in Werke und Briefe, S. 536–538
8 Werke und Briefe, Bd. 1, S. 134 f.
9 Mandelstam, Mitternacht in Moskau. Die Moskauer Hefte, Gedichte 1930–1934, Zürich 1986, S. 17
10 II, 115 f., zit. in Schleiden, S. 47
11 Amores III, 7, 66 f., zit. in Schleiden, S. 47
12 Idyllen, XIV, 40; 43 f., 49 f., zit. in Schleiden, S. 47 f.
13 Bd. 2, S. 94 f.
14 Zit. in Schleiden, S. 244; vgl. Sa'di, S. 16 f.
15 Ebd.
16 Hexaemeron (Kommentar zum Sechstagewerk der Weltschöpfung), III, 48, zit. in Heilmann & Kraft, Bd. 1, S. 325 f.
17 Lämmerhirt; Lovatelli, S. 106 ff.
18 Zit. in Coubier & Langewiesche, S. 72 f.
19 Zit. in Schnack, S. 38
20 Zit. in Hederer, Geistliche Lyrik, S. 298
21 Zit. in Hederer, Barock, S. 113
22 Zit. in Kemp, Liebesdichtung, S. 166
23 Zit. in Löpelmann, S. 19–24

24 Werke, Bd. 6, S. 230
25 Kinder- und Hausmärchen, S. 733
26 Gedichte, S. 1020
27 Vom Geheimnis
28 Kandra, S. 225; übertr. L. v. Karolyi. Die Wiedergabe bei Schleiden, S. 147, ist unkorrekt.
29 Schriften, Bd. 3, S. 294
30 Zit. in Cowen, S. 128
31 Vgl. zum Folgenden Streng; Goodenough; Alscher et al., S. 200f.; Jeremias, S. 159
32 Vgl. Wackernagel, Glücksrad; Doren
33 Vgl. E.J. Beer, S. 44f., S. 61ff.
34 Theseus wie Christus gingen dem sicheren Tod entgegen. Es ist daher nicht unlogisch, daß das Labyrinth von Chartres kein Irrgang ist, sondern unfehlbar in die Mitte führt.
35 Blumengärtlein, S. 340ff., S. 63, Nr. 126
36 Goodenough, S. 194; vgl. auch Menzel, Bd. 2, S. 285
37 So Nikolaus von Kues, Der Laie über den Geist, Schriften, Bd. 3, Kap. 15, S. 605
38 Schriften, Bd. 3, S. 235, S. 295. Der Mittelpunkt des konkreten, von Cusanus erfundenen Kugelspiels, bei dem die Kugel durch Spiralen von außen nach innen ins Ziel getrieben werden muß, ist nach der Spielkonzeption Jesus Christus.
39 Briefe, S. 197
40 Andreae, S. 71
41 Ebd., S. 105f.
42 Gedichte, Bd. 2, S. 270f.
43 Hegel, Philosophie des Rechts, Einleitung; ders. Philosophie der Religion, S. 293; alle Zitate nach Moltmann, S. 229f.
44 Moltmann, S. 230
45 Jung et al., S. 213, S. 242; Jung, Zur Psychologie, S. 39, S. 78
46 Canto XXIII, 115–145; Übertr. Witte, S. 399f.

Kap. III

1 Liebesgedichte, S. 49ff.
2 Ebd., S. 113
3 Morris, S. 69
4 Ranke, Totenkult, S. 63–66; Aigremont, S. 115f.
5 Zander & Teschner, S. 22
6 Schleiden, S. 47; vgl. auch Grimm, Wörterbuch, Bd. 14, S. 1163–1237
7 Werke, Bd. 2, S. 244ff.
8 Zit. in Schleiden, S. 157
9 Hesiod, Thegonie 188–200, 253; Pseudo-Anakreon; Geoponika 11, 17; Aphtonios, Hg. Walz, Kap. 2, S. 31f.; vgl. Ranke-Graves, Bd. 1, S. 41f., Schleiden, S. 33
10 Bucolica, I, 64–66; zit. in Schleiden, S. 33. Ein Kultzentrum der Aphrodite befand sich in Paphos auf Zypern.
11 Zit. in Pinthus, S. 135
12 Schleiden, S. 61 Dierbach, S. 157
13 In seinen Interpretationen der „Heidnischen Mythen in der Renaissance“, S. 160, vermutet Wind etwas umständlicher, dem Atem des Windgottes entströme ein mystischer Rosenregen – der Geist, der über den Wassern schwebt aus Gen 1,2 – um die Befruchtung des Meeres durch den Himmel anzudeuten.
14 Hoffmannsthal, S. 58

15 Braun, S. 195ff. Gelegentlich wird berichtet, Dorothea habe die Rosen einem irdischen Bräutigam zugeschickt (deren weiße Farbe dann auf unerfüllte Liebe deuten würde); Menzel, Bd. 1, S. 283; Cassel, S. 22.
16 Schleiden, S. 46. Auch im mittelalterlichen Brauchtum gilt der Apfel als Liebeszeichen. Am Straßburger Westportal trägt ihn als Attribut der Fürst der Welt, der die törichten Jungfrauen verführt hat; Vetter, S. 38.
17 Werke, Bd. 7, S. 126
18 Storm, Briefe an seine Braut; Williams, S. 215
19 Rawson, S. 15; vgl. auch Fischer
20 Grimm, Wälder, S. 90, Arens, S. 35
21 Grimm, Wörterbuch, Bd. 14, S. 1163
22 Kranz, S. 50
23 Übertr. Buschor, S. 51
24 Zit. in Hederer, Barock, S. 25, vgl. auch Röhrich & Brednich, Bd. 2, S. 398
25 Späte Gedichte, S. 45
26 Zit. in Kranz, S. 45
27 Schimmel, Stern, S. 138
28 Eberhard, S. 244f.
29 Helles Schlafen, S. 55
30 Liebesgedichte, S. 43ff.
31 Zit. in Schimmel, Stern, S. 140
32 Zit. in Mkrttschjan, S. 169
33 Kleiner Rosengarten, S. 10
34 Ganz analog ist in der indo-islamischen Tradition von der Liebesbeziehung zwischen dem Lotus und der dunklen Biene die Rede; Schimmel, Stern, S. 132. Vgl. auch Dante, Divina Comedia, XXXI, 7.
35 Zit. in Hederer, Barock, S. 37
36 Zit. in Kemp, Liebesdichtung, S. 92
37 Werke, Bd. 1, S. 66f.
38 Zit. in Uhland, S. 422
39 Altdänisch, zit. in Joret, S. 297
40 Zit. in Erk-Böhme, Bd. 2, S. 260
41 Zit. in Uhland, S. 430
42 Ebd., S. 428
43 Zit. in Schulze-Maizier, S. 248
44 Zit. in Uhland, S. 422
45 Werke, Bd. 1 (Novellen), S. 78
46 Zit. in Röhrich, Gebärde, S. 72
47 Zit. in Uhland, S. 522.
Ganz ähnlich wird eine befriedigte Ehefrau als „Rose mit langem Stiel", eine unbefriedigte als „Rose mit kurzem Stiel" bezeichnet; Bornemann, 14.46.
48 Zit. in Neumann, S. 159
49 Zit. in Schnack, S. 41 (Lieder des Mirza Schaffy)
50 Gedichte, Bd. 1, S. 9f.
51 S. 54 (Wilde Rosen)
52 S. 65 (Das einsame Mädchen)
53 S. 48 (Der Rosengarten)
54 Zit. in Erk-Böhme, Bd. 1, S. 441
55 Übers. Roland Poferl, nach Tafel 39
56 „Töchter Zions, meine Bitte
Höret und den Freund mir wecket,
Schlummernd vor der Zederhütte
Unter Rosen ausgestrecket.

Daß er blühend aufgerichtet:
Süße Freundin zu mir spreche,
Komme her, die Gott gedichtet,
All die Rosen mit mir breche!"

Romanzen vom Rosenkranz, Kap. XIV, in Werke, Bd. 1; vgl. auch Nettesheim.

57 Ebd., S. 663
58 Seward, S. 54
59 S. 274f.
60 Zit. in Schleiden, S. 307
61 Zit. in Schimmel, Stern, S. 143
62 Zit. in Schnack, S. 41
63 Zit. in Neumann, S. 159
64 Zit. in Schimmel, Stern, S. 139
65 Zit. in Wolters, S. 123f.
66 Übertr. nach Uhland, S. 509f.
67 Zit. in Röhrich, Gebärde, S. 71; vgl. Röhrich & Brednich, B. 2, S. 300
68 Uhland, S. 415f.
69 Zit. in Schulze-Maizier, S. 244f.; vgl. auch Hakel, S. 233
70 Peers, S. 69–71
71 Werke, Bd. 1, S. 36
72 Schimmel, Eros, S. 139; Fischer, S. 176
73 Zit. in Wolters, S. 131
74 Rilke, Werke, Bd. 2, S. 435. Nach Bornemann, Sex im Volksmund, steht „Rosenpflücker" auch synonym für Homosexueller (29.3), bezieht sich dabei aber wohl eher auf Anilingere-Umschreibungen wie „an den Rosen schnüffeln", „die Rosen küssen" (35.18) bzw. „die Rosen begießen, düngen, spritzen" für Pedication (35.7).
75 Licht und Reigen, S. 47
76 dass., S. 57
77 Ritter, S. 473
78 Kempter, S. 5, S. 116ff.
79 Dierbach, S. 156f.
80 Zit. in Schleiden, S. 166.
Ganz ähnlich und in noch deutlicherem Bezug zu erotischer Symbolik (Venusberg) auch vom Papst erzählt: „Ein Ritter von der Schnewburg hatte den Venusberg bei Uffhausen – eine Stunde von Freiburg im Breisgau – besucht. Er zog gen Rom zum Papste und beichtete diesem seine Sünden. Der Papst aber in seinem Eifer sprach: ‚Eher soll der Stab, den ich in meiner Hand habe, Rosen tragen, ehe ich dir vergeben werde.' Der Ritter zog traurig heim und geriet zufällig in den Venusberg, dessen Pforte offen stand. Unterdessen wuchsen am Stabe des Papstes Rosen, was den Papst so beunruhigte, daß er den Ritter überall suchen ließ, bis man ihn mitten im Venusberg, noch auf seinem Rosse sitzend, aber tot fand." Zit. in Schleiden, S. 165
81 Aigremont, S. 114, S. 119; vgl. auch den oben erwähnten Venus-Adonis-Mythos bzw. das Lied vom „Rosenbrechen" aus dem Ambraser Liederbuch.
82 Zit. in Cassel, S. 7f.; vgl. auch Perger, S. 234f.
83 Vgl. Trencśenyi-Waldapfel; Jung et al., S. 128–140
84 Kinder- und Hausmärchen, S. 234ff.; Stumpfe, S. 79ff.
85 Die schlafbringende Spindel ist wohl mit dem Dorn (lat. spina) der Rose identisch (Grimm, Wälder Bd. 1, S. 135). In einer Episode der Edda bringt Odin Brunhild damit zum Einschlafen, daß er sie mit „Schlafdorn" (Svefndorn) sticht. Dem nordischen Volksglauben zufolge sollen auch die moosartigen Auswüchse, die an den Zweigen der Heckenrosen durch Gallwespenstiche entstehen, Schlaf bewirken, wenn diese „Schlafäpfel" oder „Schlafkunzen" in die Wiege oder ins Bett gelegt werden (Schleiden, S. 181).
86 „Es war im Jahre 1090, als der Graf von Berge seine Frau, die er für treulos hielt, umbrachte und ihre Kinder in der Wildnis aussetzte, damit sie von Wölfen und Bären zerrissen würden. Allein die Heilige Maria hatte Erbarmen mit den Kleinen und zog einen so dichten Hag von wilden Rosen um sie, daß kein Raubtier ihnen nahe kommen konnte. Als der Graf auf einer Jagd seine Kinder unversehrt wiedersah, erkannte er sein Unrecht, nahm die Kleinen

wieder zu sich und wandelte zum Zeichen seiner Reue das goldene Zepter seines Wappens in eine Hagerose.“ Zit. in Perger, S. 237.

87 Perger, S. 236

88 Vergl. hierzu die Übersetzungen von Fährmann, Ineichen, Dahlberg; ferner Huizinga, S. 155–165; Einsiedel (Hg.), S. 8256ff.; Curtius, S. 134

89 Übers. Ineichen, S. 74

90 Übertragen nach Dahlberg, S. 348, S. 351–354

91 Beutel und Stab sind Standardattribute des mittelalterlichen religiösen Pilgers, Hämmer die Symbole von Arbeit und Herstellung.

92 Vgl. Fierz-David

93 Vgl. ebd., insbes. S. 134–138, S. 163–171

94 Andreae, S. 14; vgl. 1 Petr 2, 4f.; s. auch Poeppig, S. 60ff.

95 Vgl. Jung, Alchemie

96 Yeats, Werke, Bd. 2, S. 142–145

97 Werke, Bd. 1, S. 59

98 S. 25

99 Schimmel, Stern, S. 144

100 ebd., S. 138

101 Vgl. Grimm, Wälder, Bd. 1, S. 134; Grebe, S. 460

102 In Auszügen zit. nach Mkrttschjan, S. 37f.

103 Schimmel, Stern, S. 140

104 Guillaume de Lorris, V. 895ff.; vgl. Ross, S. 73f.

105 Zit. in Schleiden, S. 259

106 Da im Persischen „die“ Nachtigall immer als männlich gedacht wird – es schlägt ja auch nur das Männchen – hat Hammer-Purgstall (Pest/Leipzig 1834) wohl bewußt „der Sprosser“ übersetzt, obwohl dies strenggenommen nicht unsere und die in Mittelasien heimische Nachtigall (Luscinia megarhynchos), sondern die sogenannte Polnische oder Große Nachtigall (L. luscinia) bezeichnet; vgl. Schleiden, S. 276.

107 Vgl. hierzu insbesondere den Abschnitt „Rose und Nachtigall“ in Schimmel, Mystische Dimensionen des Islam, S. 407–484.

108 Schimmel, Stern, S. 147

109 Übers. Graf, Leipzig 1982

110 Übers. Hammer-Purgstall, Pest/Leipzig 1838

111 Zit. in Schleiden, S. 244f.

112 Aus Goor, S. 25

113 In Auszügen zit. nach Mkrttschjan, S. 63–67; zur Tau-Regen-Symbolik s. o.

114 Aus Uhland, S. 92

115 Zit. in Cassel, S. 29

116 H. Sachs, Werke, Bd. 1, S. 123ff.

117 Vgl. hierzu den Essay „Rose und Nachtigall“ von W. Ross.

118 Zit. in Kemp, Liebesdichtung, S. 457

119 Märchen und Erzählungen, in Werke, Bd. 2, Übers. Franz Blei, S. 21–26

120 Vgl. Goor, S. 32

121 Röhrich, Lexikon, Bd. 3, S. 778

122 Schleiden, S. 191; Röhrich, Lexikon, Bd. 3, S. 778

123 Dierbach, S. 159

124 Röhrich, Lexikon, Bd. 3, S. 778

125 Brant, S. 33, „Von Zwytracht machen“, V. 13f., hier zit. nach Schleiden, S. 191

126 Winckelmann, Werke, Bd. 2, S. 566; vgl. auch Schleiden, S. 191. Die auf den Mund gelegten Finger des ägyptischen Gottes Harpokrates, die ursprünglich das Saugen eines Kindes bedeuteten, wurden von den Römern als Schweigeaufforderung mißverstanden; Vollmer, S. 22

127 Röhrich, Lexikon, Bd. 3, S. 778

Kap. IV

1 Perger, S. 236; Esselborn, S. 53
2 Hexaemeron, 5. Homilie, in Schriften, Bd. 2, S. 80; vgl. auch das anfangs Kap. II angeführte Zitat von Ambrosius
3 Vgl. Mellinghoff sowie die in Kap. V behandelte „Eva spina – Maria rosa" – Symbolik
4 Zit. in Esselborn, S. 44
5 Werke, Bd. 1, S. 387f.
6 Ausgewählte Gedichte, S. 57
7 Schimmel, Stern, S. 139
8 Zur Negativbedeutung der Dornen vgl. auch die Fabel im Buch der Richter, Kap. 9, 8–15
9 Zit. in Coubier & Langewiesche, S. 59
10 Joh 19, 1–3; vgl. auch Mt 27, 12ff., Mk 15, 17ff.
11 Homilie 47, de St. Balsam, zit. in Schleiden, S. 114; Menzel, Bd. 1, S. 207
12 Perger, S. 239
13 Menzel, Bd. 2, S. 279
14 Schlatter, S. 223f.
15 Perger, S. 239
16 In Opp. ed. Mabillon, Paris 1719, Vol. II, zit. in Schleiden, S. 89
17 Menzel, Bd. 2, S. 566; Richter, S. 112
18 Görres, S. 239; vgl. auch Mörikes „An eine Christblume", Gedichte, S. 113
19 Übers. Watterich, Leipzig 1858, zit. in Cassel, S. 20
20 Zit. in Cassel, S. 22
21 IV, Nr. 51, S. 160; III, Nr. 84, S. 125; III, Nr. 86 S. 125; III, Nr. 88, S. 125
22 Zit. in Reinhardt, S. 137
23 Stargard (?) 1750, zit. in Schleiden, S. 114f.
24 Müller, S. 29; vgl. auch Weinreb, S. 33
25 Übers. Trausil, zit. in Hederer, Geistliche Lyrik, S. 495
26 Gedichte, Bd. 1, S. 271
27 Heilige Seelenlust, 1657, Neudruck 177–181, IV, Nr. 17, zit. in Wehrli, S. 181. Die Kelchsymbolik beeinflußte auch einen Teilbereich der höfischen mittelalterlichen Epik, nämlich die Gralsdichtungen, in denen seit dem 12. Jahrhundert das von geheimnisvollen Objekten motivierte Heilsstreben auserwählter Ritter (Artusromane) die Minnethematik überlagert. Der Gral (altfranz. graal, greal, Schüssel) wird verstanden als das die Hostie enthaltende Gefäß, als Abendmahlskelch oder Behälter für das von der Longinuslanze vergossene Blut Christi, wobei hier vermutlich heidnische (keltische) Elemente in christlichem Sinne umgedeutet wurden. Die Gralssuche ist gleichbedeutend mit Vollkommenheitsstreben; vgl. hierzu Burdach. Ähnliche Thematik beispielsweise in der Erzählung „Aus der Rose" in William Butler Yeats Erzählband „Die geheime Rose" (1897), Werke, Bd. 2, S. 22–29.
28 Zit. in Hederer, Geistliche Lyrik, S. 220
29 Zit. in Hederer, Geistliche Lyrik, S. 154
30 Zit. in Kemp, Geistliche Dichtung, S. 270
31 Schleiden, S. 101; Perger, S. 230f.
32 Perger, S. 231; Menzel, Bd. 2, S. 283
33 Gestundete Zeit, S. 41 (Im Gewitter der Rosen)
34 Hymnen, S. 18f.
35 Zit. in Heinz-Mohr, Plädoyer S. 75; vgl. auch »Nimm dich der gläsernen Rose an« in Lavant, Spindel, S. 134
36 Übers. aus Canticle, S. 262
37 Gedichte, S. 129 (Das alte Thema), S. 134f. (Diese drei Tage), vgl. auch Nelly Sachs, »Wurzeln schlagen«, Ausgewählte Gedichte, S. 51
38 Helles Schlafen, S. 74 (Sema Hoy)

39 Cathemerinon XII, 125–132; übersetzt in Hederer, Geistliche Lyrik, S. 50; vgl. auch eine Nachdichtung durch Isaac Louis le Maistre (1613–1684) in Hederer, Geistliche Lyrik, S. 286
40 Epist. ad martyres I, 8, Migne PL 4, 249 und 622; vgl. Ross, S. 65
41 Epist., CVIII, 31, ad Eustochium, zit. in Cabrol et al., Bd. XV, 1, S. 12; vgl. auch Wackernagel, Blumensprache, S. 213.
42 Cherubinischer Wandersmann, IV, Nr. 44, S. 158
43 V. 415–418, 425–428
44 Lieder, S. 250f.
45 Kugler, Bd. 2, S. 269, zit. in Schleiden, S. 110
46 Menzel, Bd. 1, S. 208; Cassel, S. 21
47 Lucas Wandigus, Annal. Ord. Minor. T. 1., 1222, zit. in Schleiden, S. 115
48 Menzel, Bd. 1, S. 200
49 Ebd., S. 183
50 Passio SS. Perpetua et Felicitatis, zit. in Kirschbaum, Bd. 3, Sp. 564; Lämmerhirt, S. 71f.; vgl. auch Benna
51 Bechstein, S. 268
52 Lämmerhirt, S. 8; Benna; Cassel, S. 19
53 Wunder der Rose, S. 20f., 323f.; zu Genet vgl. Mayer, Sartre
54 Werke, Bd. 4, Übers. Christine Moeppener, S. 33f.
55 Vgl. auch Offb 2, 7; Gen 2, 9; Gen 3, 24
56 Piper; Holmberg; Ladner, S. 337–395
57 Schriften, S. 258f.
58 Ebd., S. 68f.
59 Ebd., S. 73f.
60 Der dort abgebildete Hund bezieht sich auf eine Episode, derzufolge Seuse einst sah, wie ein Hund einen alten Fußlappen zerzauste und darauf zu sich sagte: „Solch ein Spielzeug wirst du in deiner Brüder Gerede werden." Er hob den Fußlappen viele Jahre als teures Kleinod auf, um sich zur schweigenden Geduld zu erziehen; Schriften, S. 67f.
61 Schriften, S. 111. Bei den Texten S. 68f., S. 73f., S. 111 handelt es sich eventuell teilweise um nicht von Seuse stammende Zusätze, was jedoch für das Symbolverständnis ohne Belang ist.
62 Vgl. Rech, Inbild, Bd. 1, S. 457f.
63 Cassel, S. 18
64 Lutz, zit. in Schleiden, S. 177
65 Launert in Redouté, S. 348
66 S. 176
67 Der gläserne Pantoffel (1823), in Werke, S. 174
68 Peltzer, S. 200
69 Bornemann (23)
70 Ein Landarzt, in Werke, Bd. 4 (Erzählungen), S. 115
71 Schleiden, S. 89–91
72 Genzmer (Hg.), Nibelungenlied, 16. Abenteuer, Strophe 6
73 Zum Folgenden vgl. Holz, Verse 47f., 53, 291, 375f., 387–390, sowie Zander & Teschner, S. 16f. Sagengeschichtlich ähnliche Motive wie im „Großen Rosengarten" finden sich auch in der „Kleiner Rosengarten" genannten tirolischen Zwergensage „Laurin" (Hg. Müllenhoff, Berlin 1874).
74 Vgl. Zander & Teschner, S. 18, die auch anführen, daß in einer anderen Liedfassung das Schwert des Mönches Ilsan ebenfalls „Rosen" genannt wird.

Kap. V

1 Carmina Burana, Hg. Schmeller, S. 142f.
2 Schermann, S. 120
3 Schleiden, S. 120; lat. Pflanzennamen z. T. mittlerweile ungültig; dt. Namen z. T. lokale Varianten

4 Menzel, Bd. 2, S. 286ff.; H. u. M. Schmidt, S. 249ff.
5 Vgl. Scherschel, S. 91ff.; Ross, S. 77–81
6 Scherschel, S. 92–94
7 H. u. M. Schmidt, S. 249
8 Kirschbaum & Braunfels, Bd. 3, Sp. 568ff.; Kirsch, S. 97ff.
9 Vierte Lesung der Matutin des Rosenkranzfestes (7. Okt.) im Römischen Brevier, zit. in Scherschel, S. 96
10 Knox, S. 235
11 Vgl. hierzu Kirfel
12 Grebe, S. 201; Brasch, S. 408ff.; Shah, S. 304
13 Brasch, S. 410
14 Carmen paschale II, zit. in Lapide, Canticum Canticorum, S. 60
15 Migne, PL 184, 837
16 Auch Johann von Salzburg genannt; zit. in Hofstetten, S. 27
17 Müller, S. 29
18 Oratio I de nativitate, zit. in Lapide, Ecclesiasticum, S. 524
19 Zit. in Schulze-Maizier, S. 71
20 Zit. in Coubier & Langewiesche, S. 122. „Zytenlose" ist nicht die Herbstzeitlose, sondern eine frühe Frühlingsblume, eventuell das Schneeglöckchen; Wolffhardt, S. 182
21 Zit. in Coubier & Langewiesche, S. 138
22 Gekürzt zit. nach Wolters, Bd. 2, S. 159f.
23 Übers. aus Lapide, Ecclesiasticum, S. 524
24 Zit. in Hederer, Geistliche Lyrik, S. 303
25 Übertr. Zumbroich
26 Ode X der „Passion", S. 72
27 Vgl. die Monographie von Vetter
28 Zit. in Behling, S. 61
29 Übertragen nach Vetter, S. 32
30 Vgl. Wolffhardt, Loeckle
31 Aus Reinitzer, S. 37, hier zit. nach Schmölders, S. 45
32 Lutherübersetzung
33 Liber de institutione virginum, Migne PL 16, Sp. 335f.
34 Vgl. R.R. Beer; Heinz-Mohr, Symbole, S. 79f.; s. hierzu die Auslegung des 85. Psalms durch Bernhard v. Clairvaux, Migne PL 183, Sp. 383ff., zit. in Vetter, S. 28
35 Konrad von Würzburg, zit. in Peltzer, S. 196
36 Behling, S. 115
37 Vetter, S. 15
38 Zit. in Vetter, S. 15
39 Behling, S. 114
40 Richard von St. Viktor, Benjamin minor, Migne PL 196 Sp. 11, zit. in Vetter, S. 33
41 Zit. in Vetter, S. 29
42 Vgl. hierzu den Kommentar Lapides zum Hohenlied, speziell S. 151ff.
43 Ms.germ.oct.Berol. 63, Bl. 34b–35a, zit. in K. Schmidt, S. 69
44 Predigt über Hohes Lied 8,13: „Der du in den Gärten weilest", Migne PL 185, 210–214, zit. nach Dictionnaire de spiritualité, Bd. 7, Sp. 774
45 Maier, S. 116f.
46 Vgl. K. Schmidt, S. 66; Stammler
47 Ansprache 47, Schriften Bd. 6, S. 12
48 Rech, Inbild, Bd. 1, S. 453
49 Viele mittelalterliche Dichter, darunter Reinmar von Zweter, Werner vom Niederrhein, Reinbot von Türn und Konrad von Würzburg in seiner „Goldenen Schmiede" haben sich auf die Erfüllung der Wurzel-Jesse-Prophezeiung bezogen; vgl. Behling, S. 116 sowie Salzer.

50 Vgl. Evang. Kirchengesangbuch, Hannover 1958, Nr. 2
51 Zit. in Karrer, S. 24. In mariologischer Auslegung eignet sich „virga" (Reis) zu Wortspielen mit „virgo" (Jungfrau)
52 Behling, S. 129f.
53 Werke, Bd. 3, S. 329
54 Wilpert, Bd. 1, S. 315f.
55 Vgl. Mandonnet bzw. die Einleitung Milanos in The Portable Dante
56 Nächstliegendes Beispiel ist das Werk „Itinerarium mentis in Deum" von Bonaventura (1221–1274)
57 Für die deutsche Wiedergabe der Texte der Divina Comedia ist durchgehend die Übersetzung von Witte benutzt.
58 Vgl. Kap. III, „La vie en rose", zum Bienenmotiv
59 Guardini, S. 43
60 Lagercrantz, S. 216
61 Graf, S. 159, S. 326
62 Ebd., S. 327
63 Guardini, S. 49f.
64 Vgl. Dunbar; Mandonnet, S. 177–185; auch Seward, S. 43ff.
65 Vgl. Seward, S. 164–186; Unger; Eliot, „Dante", in Selected Essays
66 Gedichte, S. 85
67 Ebd., S. 95–97
68 Vier Quartette, S. 11
69 Ebd., S. 20f.
70 Johannes vom Kreuz, Werke, Bd. 2, S. 72
71 Vier Quartette, S. 39

Kap. VI

1 Cherubinischer Wandersmann, I, Nr. 289
2 Werke Bd. 2, S. 164
3 Werke, Bd. 4, S. 299f.
4 Cherubinischer Wandersmann, I, Nr. 108
5 Zit. in Ritter, S. 610
6 Über den Beryll, Schriften, Bd. 3, Kap. 37, S. 85ff.
7 Vgl. hierzu Lämmerhirt
8 Govinda, S. 97f.
9 Zit. in Vetter, S. 25
10 Migne, PL 210, 579 A, zit. in Ohly, S. 17
11 Offenbarungen, S. 156
12 Cherubinischer Wandersmann, III, Nr. 90
13 Gedichte, übertr. Bachmann, S. 103
14 Gedichte, S. 116
15 S. 59f.
16 Werke, Bd. 1, S. 73
17 Werke, Bd. 1, S. 622
18 Vgl. Behling, S. 46, S. 60
19 Werke, Bd. 4, S. 97
20 Zit. in Hederer, Geistliche Lyrik, S. 148f.
21 Zit. in Bienek, S. 5
22 Zit. in Der ewige Brunnen, Hg. Ludwig Reinders, S. 283
23 Zit. in Hederer, Geistliche Lyrik, S. 464
24 Zit. in Bretall
25 Stadt in der Wüste, S. 473f.
26 Cherubinischer Wandersmann, III, Nr. 87
27 Aus Quatro Canciones, Übers. Behn, zit. in Hederer, Mystik, S. 111
28 Eliot, Vier Quartette, S. 31

29 Werke, Bd. 1, S. 754; Salis, S. 274, 278; Werke, Bd. 2, S. 185; vgl. auch Wolf
30 Gedichte, Bd. 1, S. 224; vgl. Interpretationen des „Psalm" durch Rey, Höck; zur Verwandtschaft Rilke-Celan s. Fülleborn
31 Gedichte, Bd. 1, S. 237
32 Einfache Sätze (1983), zit. in Kurz, S. 209
33 Rech, Inbild, Bd. 1, S. 462
34 Zit. in Schnack, S. 6
35 Mystical Poems, übers. Arberry, S. 19
36 Licht und Reigen, übers. Bürgel, S. 99
37 Schimmel, Stern, S. 139
38 Zit. in Schimmel, Stern, S. 142
39 Übers.Graf, S. 9
40 Gekürzt zit. nach Kemp, Geistliche Dichtung, S. 182f.
41 Aus: Meine Liebe ist groß wie die weite Welt, zit. in Schnack, S. 18
42 Zit. in Einiger, S. 171
43 Werke, Bd. 2, S. 347

Botanischer Epilog

1 Harbkesche Du Roi, Wilde Baumzucht, Braunschweig 1800, Bd. 2, zit. in Lejeune, S. 12
2 Vgl. Kordes, S. 9ff; Launert in Redouté, S. 349ff.
3 Heinz-Mohr, Symbole, S. 235f; Lurker, Symbole, S. 106
4 De vegetabilibus libri VII, zit. in Zeller

Danksagung

Wir danken den Autoren, namentlich Hans Bender, Marianne Beuchert, Annemarie Schimmel, für ihre Mithilfe. Wir danken auch den Verlagen, die uns ihre Genehmigung zum Abdruck einzelner Gedichte erteilt haben, so Ammann, S. Fischer, Hanser, Insel, Luchterhand und Suhrkamp. Hier der Quellennachweis:

Literatur

Bibelzitate – soweit nicht anders vermerkt – nach der „Jerusalemer Bibel", Hg. D. Arenhoevel et al.

AIGREMONT: Volkserotik und Pflanzenwelt. Leipzig 1910.

ALSCHER, Ludger, et al. (Hg.): Lexikon der Kunst. 5 Bd. Leipzig 1977.

ANDREAE, Johann Valentin: Die Bruderschaft der Rosenkreuzer. Esoterische Texte. Hgg. u. eingel. von Gerhard Wehr, Köln 1984.

ANDRESEN, Carl, Hartmut Erbese, Olof Gigon, Karl Schefold, Karl Friedrich Stroheker, Ernst Zinn (Hg.): Lexikon der Alten Welt. Zürich, Stuttgart 1965.

ANGELUS SILESIUS (eigentl. Johannes Scheffler): Cherubinischer Wandersmann. Hg. Louise Gnädiger. Stuttgart 1984.

ARENHOEVEL, Diego, Alfons Deissler, Anton Vögtle (Hg.): Die Bibel. Deutsche Ausgabe mit den Erläuterungen der Jerusalemer Bibel. Freiburg i. Br. 1968.

ARENS, Hans (Hg.): Frühe deutsche Lyrik. Berlin 1935.

BACHMANN, Ingeborg: Die gestundete Zeit. Anrufung des Großen Bären. Gedichte. München 1974.

BASILIUS: Des Heiligen Kirchenlehrers Basilius des Großen ausgewählte Schriften. Übers. Anton Stegmann, 2 Bd. Bibliothek der Kirchenväter, Hg. O. Bardenhewer, K. Weyman, J. Zellinger, Bd. 46, 47. München 1925.

BECHSTEIN, Ludwig: Deutsches Sagenbuch. Leipzig 1833.

BEER, Ellen J.: Die Rose der Kathedrale von Lausanne. Berner Schriften zur Kunst (Hg. H.R. Hahnloser), Bd. 6, Bern 1952.

BEER, Rüdiger Robert: Einhorn. Fabelwesen und Wirklichkeit. München 1972.

BEHLING, Lottlisa: Die Pflanzenwelt der mittelalterlichen Kathedralen. Köln 1964.

BEHN, Irene: Spanische Mystik – Darstellung und Deutung. Düsseldorf 1957.

BENNA, Anna Hedwig: Zur kirchlichen Symbolik – Goldene Rose, Schwert und Hut. Mitteilungen des Österreichischen Staatsarchives, Bd. 4, S. 54–64. Wien 1951.

BERNHARD VON CLAIRVAUX: Das Hohelied. Zweites Buch, Ansprache 47–86. Die Schriften des Honigfließenden Lehrers Bernhard von Clairvaux. Nach der Übertragung von A. Wolters S.O.Cist. Bd. 6. Wittlich 1938.

BIENEK, Horst (Hg.): Lyrische Blätter. H. 12. Berlin-Dahlem Dez. 1957.

BLAKE, William: Songs of Innocence and of Experience. Reproduktion der illustrierten Ausgabe von 1789, 1794. London 1970.

BONAVENTURA (eigentlich Johannes Fidanza): Itinerarium mentis in Deum. Pilgerbuch der Seele zu Gott. Lt.-dt. Ausgabe. München 1961.

BORNEMANN, Ernst: Sex im Volksmund. Die sexuelle Umgangssprache der Deutschen. Herrsching 1984.

BRANT, Sebastian: Das Narrenschiff. (1494); Übertr. H.A. Junghans, Hg. Hans-Joachim Mähl. Stuttgart 1964.

BRASCH, R.: Dreimal schwarzer Kater. Tübingen, Basel 1969².

BRAUN, Joseph: Tracht und Attribute der Heiligen in der deutschen Kunst. Stuttgart 1943. Unveränderter Nachdruck 1974.

BRECHT, Bert: Die Gedichte von Bert Brecht in einem Band. Hg. Elisabeth Haupt. Frankfurt a. M. 1981.

BRENTANO, Clemens: Die Romanzen vom Rosenkranz. In: Werke, Bd. 1, S. 647–1010. Hg. W. Frühwald, B. Gajek, F. Kemp. München 1968.

BRETALL, Manfred (Hg.): Wunderbar verwebt. Wuppertal 1983².

BÜCHNER, Gottfried M.: Biblische Real- und Verbal-Hand-Concordanz. Braunschweig 1877¹⁵.

BURDACH, Konrad: Der Gral. Forschungen über seinen Ursprung und seinen Zusammenhang mit der Longinus-Legende. Neudruck der Ausgabe von 1938. Stuttgart 1974.

CABROL, Fernand, Henri Leclercq, Henri Marrou (Hg.): Dictionnaire d'archéologie chrétienne et de liturgie. 15 Bd. Paris 1924–1953.
CARMINA BURANA. Lateinische und deutsche Lieder und Gedichte. Hg. J.A. Schmeller. Bibliothek des literarischen Vereins in Stuttgart. Stuttgart 1847.
dies.: Benediktbeurer Lieder. Lateinisch und Deutsch. Ausgewählt u. übertr. von Ernst Buschor. Leipzig 1958.
CASSEL, Paulus: Rose und Nachtigall. Vortrag in Nürnberg gehalten. Berlin 1860.
CELAN, Paul: Gedichte in zwei Bänden. Frankfurt a. M. 1977.
CHEVALIER, Jean (Hg.): Dictionnaire des symboles. France 1969.
CIRLOT, J.E.: A Dictionary of Symbols. New York 1962.
COUBIER, Heinz & Marianne Langewiesche (Hg.): Psalter und Harfe – Lyrik der Christenheit. München 1955.
COWEN, Painton: Die Rosenfenster der gotischen Kathedralen. Aus d. Engl. von Ingeborg Schmid. Freiburg i. Br. 1979.
CURTIUS, Ernst Robert: Europäische Literatur und lateinisches Mittelalter. Bern 1954².

DANTE ALIGHIERI: Das neue Leben – Die göttliche Komödie. Hg. Laaths. Berlin, Darmstadt, Wien o.J.
ders.: Göttliche Komödie. Hg. B. Wiese, übertr. von Karl Witte. Leipzig 1945.
ders.: The Portable Dante (The Divine Comedy, La vita nuova, Rhymes and Latin Prose Works). Hg. Paolo Milano. Harmondsworth 1977.
DENIFLE, Heinrich Seuse: Das Geistliche Leben. Deutsche Mystiker des 14. Jahrhunderts. Hg. P. Albert Auer OSB. Salzburg, Leipzig 1936.
DICTIONNAIRE DE SPIRITUALITÉ. Begründet von M. Viller, F. Cavallera, J. de Guibert. Bd. 7, Paris 1969.
DIERBACH, Johann Heinrich: Flora mythologica. Unveränderter Neudruck der Ausgabe von 1883. Liechtenstein 1981.
DIETRICH, Manuel (Hg.): Rosengabe. Zürich 1966.
DOMIN, Hilde: Nur eine Rose als Stütze. Gedichte. Frankfurt a. M. 1959.
DOREN, A.: Fortuna im Mittelalter und in der Renaissance. Vorträge der Bibliothek Warburg, Bd. 2, S. 71–114, 1922–1923. Leipzig 1924.
DROULERS, Eugene: Dictionnaire des attributs, allégories, enblèmes et symboles. Turnhaut 1949.
DUNBAR, Helen Flanders: Symbolism in Medieval Thought. Yale 1927.

EBERHARD, Wolfram: Lexikon chinesischer Symbole. Köln 1983.
EINIGER, Christoph: Die schönsten Gebete der Welt. München 1976⁶.
EINSIEDEL, Wolfgang von (Begründer): Kindlers Literatur Lexikon im dtv. 25 Bd. München 1974.
ELIOT, Thomas Stearns: Dante. In: Selected Essays. New York 1932.
ders.: Vier Quartette. Dt. Nachdicht. Nora Wydenbruck. Wien 1948.
ders.: Gedichte. Englisch und deutsch. (Die hohlen Männer, Übers. H.M. Enzensberger; Aschermittwoch, Übers. R.A. Schröder) Frankfurt a. M. 1964.
ELUARD, Paul: Choix de Poemes – Ausgewählte Gedichte. Hg. Johannes Hübner. (La Rose Publique, Die öffentliche Rose, Übers. Max Hölzer), Frankfurt a. M. 1963.
ELYTIS, Odysseas: To Axion Esti – Gepriesen sei. Übers. Günther Dietz. Frankfurt a. M. 1981.
ENGEL, Fritz-Martin: Flora Magica. Geheimnis und Wesen der Pflanze. Wiesbaden o.J.
ERK, Ludwig & Fr. M. Böhme: Deutscher Liederhort. 3 Bd. Leipzig 1893ff.
ESSELBORN, Jakob: Die Rose, der Blumen Königin. Kaiserslautern 1890.

FAZLI, Qara: Gül u Bülbül – Rose und Nachtigall. Übers. Joseph von Hammer-Purgstall. Pest/Leipzig 1834.

FEHRLE, Ernst: Garten, Rose und Rosengarten im deutschen Mittelalter. Phil. Diss. Heidelberg 1924.
FIERZ-DAVID, Linda: The Dream of Poliphilo. Übers. Mary Hottinger. Bollingen Series XXV. New York 1950.
FISCHER, Klaus: Erotik und Askese in Kult und Kunst der Inder. Köln 1979.
FORSTNER, Dorothea: Die Welt der Symbole. Innsbruck, Wien, München 1967².
FRANZ VON SALES: Anleitung zum frommen Leben. Übers. P.F. Reisinger. In: Werke, Bd. 1. Eichstätt, Wien, Luzern 1948².
FRIEDREICH, J.B.: Die Symbolik und Mythologie der Natur. Faksimile-Druck der Ausgabe Würzburg 1859. Wiesbaden 1972.
FÜLLEBORN, Ulrich: Rilke und Celan. S. 49–70 in: Rilke heute, Beziehungen und Wirkungen, Hg. Ingeborg H. Solbrig, Joachim W. Storck. Frankfurt a. M. 1975.

GEIBEL, Emanuel: Gesammelte Werke. 8 Bd. Stuttgart, Berlin 1906.
GENET, Jean: Miracle de la rose – Wunder der Rose. Übers. Manfred Unruh. Hamburg 1963.
GENZMER, Felix (Übers., Einl.): Das Nibelungenlied. Stuttgart 1964.
GÖRRES, Joseph (Hg.): Altteutsche Volks- und Meisterlieder aus den Handschriften der Heidelberger Bibliothek. Frankfurt a. M. 1817.
GOETHE, Johann Wolfgang von: Gedichte. Bd. 1 u. 2 in: Goethes Werke in 12 Bänden, Hg. Heinrich Kurz. Leipzig, Wien 1897.
GOODENOUGH, Erwin R.: Jewish Symbols in the Greco-Roman Period. Bollingen Series XXXVII. New York 1958.
GOOR, Asaf: Die Geschichte der Rose im Heiligen Land. Wien 1983.
GOVINDA, Lama Anagarika: Grundlagen tibetischer Mystik. Zürich 1956.
GRAF, Olaf: Die Divina Comedia als Zeugnis des Glaubens. Dante und die Liturgie. Freiburg, Basel, Wien 1965.
GREBE, Paul: Etymologie. Herkunftswörterbuch der deutschen Sprache. Der Große Duden, Bd. 7. Mannheim 1963.
GRIMM, Jacob und Wilhelm: Kinder- und Hausmärchen. Vollst. Ausgabe, mit einer Einleitung von Herman Grimm und mit der Vorrede der Brüder Grimm zur 2. Auflage 1819, der ersten Gesamtausgabe. Darmstadt 1955.
dies. (Hg.): Altdeutsche Wälder. Bd. 1. Kassel 1813.
dies. (Hg.): Deutsches Wörterbuch. 16 Bd., Leipzig 1854–1954. Nachdruck, hgg. von der Deutschen Akademie der Wissenschaften zu Berlin in Zusammenarbeit mit der Akademie der Wissenschaften zu Göttingen, 33 Bd. München 1984.
GUARDINI, Romano: Vision und Dichtung. Der Charakter von Dantes göttlicher Komödie. Tübingen 1946.
GUILLAUME DE LORRIS: Das Gedicht von der Rose. Übers. H. Fährmann. Wien 1921.
ders.: Der Rosenroman. Übers. u. Einl. Gustav Ineichen. Berlin 1956.
GUILLAUME DE LORRIS, JEAN DE MEUN: The Romance of the Rose. Übers. Charles Dahlberg. Princeton, New Jersey 1971.

HAKEL, Hermann (Hg.): Die Bibel in deutschen Gedichten. München 1968.
HAMMER-PURGSTALL, Joseph von: Geschichte der schönen Redekünste Persiens. Wien 1818.
HEBBEL, Friedrich: Sämtliche Werke. Hist.-krit. Ausgabe, Hg. Richard Maria Werner. Berlin 1903.
HEDERER, Edgar (Hg.): Mystik und Lyrik. München, Berlin 1941.
ders. (Hg.): Deutsche Dichtung des Barock. München 1957².
ders. (Hg.): Geistliche Lyrik des Abendlandes. Salzburg 1962.
HEGEL, Georg Wilhelm Friedrich: Grundlinien der Philosophie des Rechts oder Naturrechts und Staatswissenschaft im Grundrisse. Jubiläumsausgabe, Hg. H. Glockner, Bd. 7, Stuttgart 1928.
ders.: Vorlesungen über die Philosophie der Religion. Jubiläumsausgabe, Hg. H. Glockner, Bd. 15. Stuttgart 1928.

HEILMANN, Alfons & Heinrich Kraft (Hg.): Texte der Kirchenväter. 5 Bd. München 1963–1966.
HEINZ-MOHR, Gerd: Lexikon der Symbole. Bilder und Zeichen der christlichen Kunst. Düsseldorf, Köln 1971.
ders.: Plädoyer für den Hymnus. Kassel 1981.
HERDER, Johann Gottfried: Herders Werke. Hg. Heinrich Kurz. 4 Bd. Leipzig, Wien 1897.
HERRADE DE LANDSBERG: Hortus Deliciarum. Hg. Joseph Walter. Strasbourg, Paris 1952.
HILDEGARD VON BINGEN: Lieder. Nach den Handschriften hgg. von Pudentia Barth OSB, M. Immaculata Ritscher OSB, Josef Schmidt-Görg. Salzburg 1969.
HÖCK, Wilhelm: Von welchem Gott ist die Rede? S. 265–276 in: Über Paul Celan, Hg. Dietlind Meinecke. Frankfurt a. M. 1973².
HÖLDERLIN, Friedrich: Werke und Briefe. Bd. 1. Hg. Friedrich Beißner, Jochen Schmidt. Frankfurt a. M. 1969.
HOFMANNSTHAL, Hugo von: Der Rosenkavalier. Text zur Komödie mit Musik von Richard Strauss. Berlin 1938.
HOFSTETTEN, Franz Alfred: Maria in der deutschen Dichtung des Mittelalters. In: Frankfurter Zeitgemäße Broschüren. Neue Folge, Bd. XVI, S. 173–207. Frankfurt 1895.
HOLMBERG, U.: Der Baum des Lebens. Suomalaisen Tiedeakatemian, Toimituksia (Annales Academiae Scientarum Fennicae), Reihe B, XVI, 3. Helsinki 1922–1923.
HOLZ, Georg (Hg.): Die Gedichte vom Rosengarten zu Worms. Halle 1893.
HUIZINGA, Johan: Herbst des Mittelalters. Stuttgart 1965⁹.

JACOBS, Ed.: Rosengarten im deutschen Lied, Land und Brauch, mit besonderer Beziehung auf die thüringisch-sächsische Provinz. Halle 1897.
JÄGER, August: Rosenlexikon. Ein Verzeichnis mit Beschreibungen aller bekanntgewordenen Rosensorten und der für die Rosenzucht wichtigen Wildrosen. Bearbeitet auf Anregung des Vereins Deutscher Rosenfreunde im Jahre 1936. Leipzig 1960.
JEREMIAS, Alfred: Handbuch der altorientalischen Geisteskultur. Leipzig 1913.
JOHANNES VOM KREUZ: Sämtliche Werke, Bd. 2. Übertr. Irene Behn. Einsiedeln 1961.
JORET, Charles: La rose dans l'antiquité et au moyen âge. Histoire, légendes, symbolisme, cultes et usages des roses dans l'ancien Orient, chez les Grecs, les Romains et les Arabes, dans les pharmacophées, dans l'art, la littérature et la religion de l'Occident. Paris 1892.
JUNG, Carl Gustav: Psychologie und Alchemie. Zürich 1944.
ders.: Zur Psychologie westlicher und östlicher Religion. Gesammelte Werke Bd. 11. Zürich 1963.
JUNG, Carl Gustav, Marie-Louise von Franz, Joseph L. Henderson, Jolande Jacobi, Aniela Jaffé: Der Mensch und seine Symbole. Olten 1968.

KAFKA, Franz: Gesammelte Werke. 7 Bd. Hg. Max Brod. Frankfurt a. M. 1976.
KANDRA, Kabos J.: Magyar Mythologia. Hg. Pasztor Bertalan. Eger 1897.
KARRER, Otto (Hg.): Maria in Dichtung und Deutung. Zürich 1962.
KASCHNITZ, Marie Luise: Gedichte. Frankfurt a. M. 1975.
KELLER, Hiltgart L.: Reclams Lexikon der Heiligen und der biblischen Gestalten. Stuttgart 1968.
KEMP, Friedhelm (Hg.): Deutsche geistliche Dichtung aus tausend Jahren. München 1958.
ders. (Hg.): Deutsche Liebesdichtung aus achthundert Jahren. München 1960.
KEMPTER, Gerda: Ganymed. Studien zur Typologie, Ikonographie und Ikonologie. Dissertationen zur Kunstgeschichte 12. Köln, Wien 1980.

KIRFEL, Willibald: Der Rosenkranz – Ursprung und Ausbreitung. Beiträge zur Sprach- und Kulturgeschichte des Orients; Hg. O. Spies, Heft 1. Walldorf/Hessen 1949.
KIRSCH, Wilfried: Handbuch des Rosenkranzes. Wien 1950.
KIRSCHBAUM, Engelbert SJ & Wolfgang Braunfels: Lexikon der christlichen Ikonographie. 8 Bd., Freiburg i. Br. 1968–1976.
KNOX, Ronald: Tage der Besinnung. Luzern 1961.
KONRAD VON WÜRZBURG: Die Goldene Schmiede. Hg. Edward Schröder. Göttingen 1926.
KORDES, Wilhelm: Das Rosenbuch. Anzucht – Pflege – Verwendung der Rose. Hannover 1960[8].
KRANZ, Gisbert: Farbiger Abglanz. Eine Symbolik. Nürnberg 1957.
KUGLER, Franz: Handbuch der Geschichte der Malerei. Bd. 2. Berlin 1862.
KURZ, Paul Konrad: Über moderne Literatur. Standorte und Deutungen. Frankfurt a. M. 1967.

LADNER, Gerhart B.: Pflanzensymbolik und der Renaissance-Begriff. In A. Buck (Hg.): Zu Begriff und Problem der Renaissance. Wege der Forschung CCIV, S. 336–394. Darmstadt 1969.
LÄMMERHIRT, H.: Rosalien und Pasqua Rosa. Neue Heidelberger Jahrbücher VIII, 1, S. 1–37. Heidelberg 1898.
LAGERCRANTZ, Olof: Von der Hölle zum Paradies. Über Dante und die Göttliche Komödie. Frankfurt a. M. 1964.
LANGOSCH, Karl: Lyrische Anthologie des Mittelalters. Darmstadt 1968.
LAPIDE, Cornelius a (eigentlich Cornelis Cornelissen van Steen): Commentaria in Canticum Canticorum. Venetiis 1702.
ders.: Commentaria in Ecclesiasticum. Antverpiae 1723.
LASKER-SCHÜLER, Else: Helles Schlafen – dunkles Wachen. München 1981[6].
LAVANT, Christine: Spindel im Mond. Gedichte. Salzburg 1959[2].
LE FORT, Getrud von: Hymnen an die Kirche. München 1961[6].
LEJEUNE, Servais (Hg.): Rosenalmanach 1979–80. Lübeck 1980.
LESSING, Gotthold Ephraim: Werke. Vollständige Ausgabe in fünfundzwanzig Teilen. Hg. Julius Petersen, Waldemar von Olshausen. Berlin, Leipzig, Wien, Stuttgart 1925. Nachdruck Hildesheim, New York 1970.
LOECKLE, Werner: Das Frankfurt Paradiesgärtlein als Meditationsbild. Freiburg i. Br. 1976[2].
LÖNS, Hermann: Der kleine Rosengarten. Düsseldorf, Köln 1950.
LÖPELMANN, Martin: Himmel und Hölle der Fahrenden. Dichtungen der großen Vaganten aller Länder und Zeiten. Stuttgart 1950.
LOVATELLI, Caetani Ersilia: Die Rose im Altertum. In: Römische Essays, S. 89–118. Leipzig 1891.
LÜERS, Grete: Die Sprache der deutschen Mystik des Mittelalters im Werke der Mechthild von Magdeburg. München 1926. Neudruck Darmstadt 1966.
LURKER, Manfred: Symbol, Mythos und Legende in der Kunst. Studien zur deutschen Kunstgeschichte. Bd. 314. Baden-Baden 1958.
ders. (Hg.): Wörterbuch der Symbolik. Stuttgart 1979.
LUTHER, Martin: Die Briefe. Luther Deutsch, Bd. 10. Hg. Kurt Aland. Stuttgart 1959.
LUTZ, Jacob: Die Schlacht bei Sankt Jakob. Basel 1824.

MAIER, Michael: Atalanta Fugiens. Faksimile-Druck der Oppenheimer Originalausgabe von 1618. Hg. L.H. Wüthrich. Kassel, Basel 1964.
MANDONNET, P.: Dante le théologien. Bibliothèque d'Histoire, Etudes. Paris 1935.
MAYER, Hans: Außenseiter. Frankfurt a. M. 1975.
MECHTHILD VON MAGDEBURG: Die Offenbarungen der Schwester Mechthild von Magdeburg. Hg. Morel. Regensburg 1860.

MELLINGHOFF, Frieder: Zum Dornausziehermotiv. In Ruth Stiel, Hans Erich Stier (Hg.): Beiträge zur Alten Geschichte und deren Nachleben. Festschrift für Franz Altheim. Bd. 1, S. 305–314. Berlin 1969.

MENZEL, Wolfgang: Christliche Symbolik. 2 Bd. Regensburg 1856².

MIGNE, J.P. (Hg.): Patrologia latina (PL), 222 Bd.; Patrologia graeca (PG), 166 Bd. Cursus completus. Parisiis, ca. 1850–1874.

MKRTTSCHJAN, Lewon (Hg.): Die Berge beweinen die Nacht meines Leidens. Klassische armenische Dichtung. Nachdichtung Annemarie Bostroem. Berlin 1983.

MÖRIKE, Eduard: Gedichte. Hgg. u. eingel. von Edmund von Sallwürk. Leipzig o.J.

MOLTMANN, Jürgen: Die „Rose im Kreuz der Gegenwart". In: Perspektiven der Theologie. Gesammelte Aufsätze, S. 212–231. München, Mainz 1968.

MORGENSTERN, Christian: Meine Liebe ist groß wie die weite Welt. München 1936.

MORRIS, Desmond: Der nackte Affe. München 1968.

MÜLLENHOFF, K. (Hg.): Laurin, ein Tirolisches Heldenmärchen. Berlin 1874. Erneut hgg. von K. Stackmann, Hamburg 1948.

MÜLLER, Ernst: Der Sohar. Das Heilige Buch der Kabbala. Düsseldorf, Köln 1982².

NERUDA, Pablo: Liebesgedichte. Übers. Fritz Vogelsang. Darmstadt, Neuwied 1978³.

NETTESHEIM, Josephine: Rosensymbolik in Clemens Brentanos „Romanzen vom Rosenkranz". Antaios, III/4. Stuttgart Nov. 1961.

NEUMANN, Friedrich (Hg.): Deutscher Minnesang (1150–1300). Stuttgart 1974.

NIKOLAUS VON KUES: Philosophisch-theologische Schriften. 3 Bd. Hg. Leo Gabriel. Wien 1967.

OHLY, Friedrich: Schriften zur mittelalterlichen Bedeutungsforschung. Darmstadt 1977.

PEERS, Allison: Die spanischen Mystiker. Reihe: Lehre und Symbol. Zürich 1956.

PELTZER, Alfred: Deutsche Mystik und deutsche Kunst. Studien zur deutschen Kunstgeschichte, H. 21. Straßburg 1899.

PERGER, A. von: Pflanzensagen. Stuttgart 1864.

PINTHUS, Kurt (Hg.): Menschheitsdämmerung. Ein Dokument des Expressionismus. Hamburg 1959.

PIPER, F.: Der Baum des Lebens. Evangelischer Kalender XIV, S. 17ff. 1863.

PLATEN, August Graf von: Gesammelte Werke in einem Band. Stuttgart, Tübingen 1839.

POEPPIG, Fred: Ursymbole der Menschheit. Freiburg i. Br. 1972.

PRUDENTIUS CLEMENS, Aurelius: Aurelii Prudentii Clementis Carmina. Hg. Ioannes Bergman. Corpus Scriptorum Ecclesiasticorum Latinorum Bd. LXI, Hg. Academia litterarum Vindobonensis. Vindobonae, Lipsiae 1926.

RANKE, Kurt: Brautstein und Rosengarten. Ein Beitrag zur deutschen Flurnamen-, Volks- und Altertumskunde. Zeitschrift für Deutschkunde, H. 8/9, S. 471–483. Leipzig, Berlin 1939.

RANKE, Kurt: Rosengarten, Recht und Totenkult. Hamburg 1951.

RANKE-GRAVES, Robert von: Griechische Mythologie. Quellen und Deutung. 2 Bd. Reinbek bei Hamburg 1955.

RAWSON, Philipp: Tantra. Der indische Kult der Ekstase. München, Zürich 1974.

RECH, Photina: Inbild des Kosmos. Eine Symbolik der Schöpfung. 2 Bd. Salzburg 1966.

REDOUTÉ, Pierre-Joseph: Die Rosen. Nach der Ausgabe von 1817–1824. Bearbeitung u. Nachwort von Edmund Launert. Edition Arte Medici. 1983 (?).

REINHARDT, Kurt: Mystik und Pietismus. München 1925.

REINITZER, Heimo: Der verschlossene Garten. Wolfenbütteler Hefte 12. Wolfenbüttel 1982.
REY, William H.: Paul Celan – Das blühende Nichts. The German Quarterly Vol. XLIII, 4, S. 749–769, 1970.
RICHTER, Chr.: Die altchristlichen Sinnbilder in ihrer Bedeutung. Stuttgart 1895.
RIETSCHEL, Christian: Sinnzeichen des Glaubens. Kassel 1965.
RILKE, Rainer Maria: Sämtliche Werke. 6 Bd. Hg. Rilke-Archiv in Verbindung mit Ruth Siber-Rilke, besorgt durch Ernst Zinn. Wiesbaden 1959.
RITTER, Helmut: Das Meer der Seele. Mensch, Welt und Gott in den Geschichten des Fariduddin 'Attar. Verbesserter Nachdruck der Erstausgabe 1955. Leiden 1978.
RÖHRICH, Lutz: Gebärde – Metapher – Parodie. Studien zur Sprache und Volksdichtung. Düsseldorf 1967.
ders.: Lexikon der sprichwörtlichen Redensarten. 3 Bd. Freiburg i. Br. 1977.
RÖHRICH, Lutz & Rolf Wilhelm Brednich (Hg.): Deutsche Volkslieder. 2 Bd. (Bd. 1: Erzählende Lieder, Bd. 2: Lieder aus dem Volksleben). Düsseldorf 1967.
ROLLENHAGEN, Gabriel: Sinn-Bilder. Ein Tugendspiegel. Arnheim, Utrecht 1611/1613. Neudruck Dortmund 1983.
ROSS, Werner: Rose und Nachtigall. Romanische Forschungen, Bd. 67, H. 1/2, S. 55–82. Frankfurt 1955.
ROTH, Eugen: Sämtliche Werke. 2 Bd. München, Wien 1977.
RÜCKERT, Friedrich: Werke in sechs Bänden. Hg. Conrad Beyer. Leipzig 1897.
RÜDIGER, Horst: Griechische Gedichte, mit Übertragungen deutscher Dichter. München 1936².
RUMI, Dschalaluddin: Mystical Poems of Rumi. Transl. and Ed. A. J. ARBERRY. Chicago, London 1974³.
ders.: Dschalaluddin Rumi – Licht und Reigen. Hgg. und übertr. von Johann Christoph Bürgel. Frankfurt a. M. 1974.

SABESTARI, Mahmud: Golsan-e Raz (Rosenflor des Geheimnisses). Übers. von Joseph von Hammer-Purgstall. Pest/Leipzig 1838.
SACHS, Hans: Gedichte. Werke in zwei Bänden, Bd. 1. Berlin, Weimar 1966.
SACHS, Nelly: Ausgewählte Gedichte. Frankfurt a. M. 1963.
SA'DI, Muslih ad-din: Der Rosengarten. Auf Grund der Übersetzung von Karl Heinrich Graf neu bearbeitet u. hgg. von Dieter Bellmann. Leipzig, Weimar 1982.
SAINT-EXUPÉRY, Antoine de: Die Stadt in der Wüste. Frankfurt a. M. 1965.
ders.: Der Kleine Prinz. Düsseldorf 1975.
SALIS, Jean Rudolf von: Rilkes Schweizer Jahre. Ein Beitrag zur Biographie von Rilkes Spätzeit. Frankfurt a. M. 1975.
SALZER, Anselm: Die Sinnbilder und Beiworte Marias in der deutschen Literatur und lateinischen Hymnenpoesie des Mittelalters. Mit Berücksichtigung der patristischen Literatur. Leipzig 1893. Neudruck Darmstadt 1967.
SARTRE, Jean-Paul: Saint-Genet, comédien et martyr. Paris 1950.
SCHERMANN, Theodor: Griechische Parallelen zu marianischen Litaneien. Römische Quartalschrift für christliche Altertumskunde, 18, 1904.
SCHERSCHEL, Rainer: Der Rosenkranz – das Jesusgebet des Westens. Freiburger Theologische Studien, Bd. 116. Freiburg i. Br. 1979.
SCHIMMEL, Annemarie: Mystische Dimensionen des Islam. Köln 1986.
dies.: Eros – heavenly and not so heavenly – in Sufi literature and life. In: Society and the Sexes in Medieval Islam. Conference, Los Angeles 1977. Malibu/California 1979.
dies.: Stern und Blume. Die Bilderwelt der persischen Poesie. Wiesbaden 1984.
dies.: Nimm eine Rose und nenne sie Lieder.
SCHLATTER, Theodor (Hg.): Calwer Bibellexikon. Stuttgart 1967².
SCHLEIDEN, M. J.: Die Rose. Geschichte und Symbolik in ethnographischer und kulturhistorischer Beziehung. Neudruck der Ausgabe von 1873. Leipzig 1972.

SCHMIDT, Kurt: Der Lüstliche Würtzgarte. Ein Beitrag zur Geschichte der deutschen Mystik im Spätmittelalter. Dissertation Greifswald. Wildenfels i. Sa. 1932.
SCHMIDT, Heinrich und Margarethe: Die vergessene Bildersprache christlicher Kunst, München 1984.
SCHMÖLDERS, Claudia (Hg.): Vom Paradies und anderen Gärten. Köln 1983.
SCHNACK, Friedrich: Geliebte Rose. Stuttgart o. J.[13].
SCHULER, Bernhard: Dantes Göttliche Komödie. München 1921.
SCHULZE-MAIZIER, Friedrich (Hg.): Mystische Dichtung aus sieben Jahrhunderten. Leipzig 1925.
SEUSE, Heinrich: Deutsche mystische Schriften. Aus dem Mittelhochdeutschen übertr. u. hgg. von Georg Hofmann. Düsseldorf 1966.
SEWARD, Barbara: The Symbolic Rose. New York 1960.
SHAH, Idries: Die Sufis. Düsseldorf 1976.
SITWELL, Edith: The Canticle of the Rose. Selected poems 1920–1947. London 1950.
STAMMLER, Wolfgang: Der allegorische Garten. In: Wort und Bild, S. 107–116. Berlin 1962.
STORM, Theodor: Sämtliche Werke in zwei Bänden. München 1951.
ders.: Briefe an seine Braut. Hg. Gertrud Storm, Braunschweig 1915.
STRENG, Georg: Das Rosettenmotiv in der Kunst- und Kulturgeschichte. München 1918.
STUMPFE, Ortrud: Die Symbolsprache der Märchen. Aschendorff/Münster 1982[5].

TASSO, Torquato: Werke und Briefe. Übers. u. Einl. Emil Staiger. München 1978.
TERSTEEGEN, Gerhard: Geistliches Blumengärtlein inniger Seelen mit der Frommen Lotterie. Neuausgabe Stuttgart 1969[16].
THOMAS VON KEMPEN (eigentlich Thomas Hemerken): Das Rosengärtlein. Übertr. Felix Braun. Graz, Leipzig, Wien 1937.
TIECK, Ludwig: Kaiser Octavian. Drama. Ludwig Tiecks Schriften, Bd. 1. Berlin 1928.
TRENCSÉNYI-WALDAPFEL, Imre: Das Rosenmotiv außerhalb des Eselsromans. In Ruth Stiel, Hans Erich Stier (Hg.): Beiträge zur Alten Geschichte und deren Nachleben. Festschrift für Franz Altheim. Bd. 1, S. 512–517. Berlin 1969.
TRIPP, Edward: Reclams Lexikon der antiken Mythologie. Übers. Rainer Rauthe. Stuttgart 1974.

UHLAND, Ludwig: Schriften zur Geschichte der Dichtung und Sage, Bd. 3. Stuttgart 1866.
UNGARETTI, Guiseppe: Gedichte. Übertr. Ingeborg Bachmann. Frankfurt a. M. 1961.
ders.: Die späten Gedichte. Italienisch – Deutsch. Übertr. Michael Marschall von Bieberstein. München 1980.
UNGER, Leonard (Hg.): T.S. Eliot's Rose Garden. In: T.S. Eliot. A Selected Critique, S. 374–394. New York, Toronto 1948.

VETTER, Ewald M.: Maria im Rosenhag. Lukas-Bücherei zur christlichen Ikonographie, Bd. IX. Düsseldorf 1956.
VOLLMER: Wörterbuch der Mythologie. Stuttgart 1874[3]. Bearbeitet von W. Binder. Neudruck Leipzig 1978.

WACKERNAGEL, Wilhelm: Die Farben- und Blumensprache des Mittelalters. In: Kleinere Schriften I, S. 143 ff. Leipzig 1872.
ders.: Das Glücksrad und die Kugel des Glücks. In: Kleinere Schriften I, S. 241–257. Leipzig 1872.
WAKEFIELD, Gordon S. (Hg.): A Dictionary of Christian Spirituality. London 1983.
WALAHFRID STRABO: Der Hortulus des Walahfrid Strabo. Aus dem Kräutergarten des Klosters Reichenau. Hg. Hans-Dieter Stoffler. Sigmaringen 1978.

WASSA, Ibn al: Das Buch des buntbestickten Kleides. Aus dem Arabischen übers. u. hgg. von Dieter Bellmann. 3 Bd. Leipzig 1984.
WEINREB, Friedrich: Vom Geheimnis der mystischen Rose. München 1983.
WEHRLI, Max (Hg.): Deutsche Barocklyrik. Basel, Stuttgart 1967[4].
WILDE, Oscar: Sämtliche Werke in zehn Bänden. Hg. Norbert Kohl. Frankfurt a. M. 1982.
WILDENSTEIN, Georges: The Paintings of Fragonard. Aylesburg 1960.
WILLIAMS, Tennessee: Die tätowierte Rose. In: Meisterdramen. Übertr. Berthold Viertel, S. 207–303. Frankfurt a. M. 1978.
WILPERT, Gero von (Hg.): Lexikon der Weltliteratur. 2 Bd. Stuttgart 1963.
WIMMER, Paul (Hg.): Im Innern seines Hauses. Salzburg 1980.
WINCKELMANN, Johann Joachim: Winckelmann's Werke. Hg. Fernow. Bd. 2. Dresden 1808.
WIND, Edgar: Heidnische Mysterien in der Renaissance. Frankfurt a. M. 1984[2].
WOLF, Werner: Die Rose bei Rainer Maria Rilke. Oberdeutsche Zeitschrift für Volkskunde. S. 142–149. Bühl-Baden 1930.
WOLFFHARDT, Elisabeth: Beiträge zur Pflanzensymbolik. Über die Pflanzen des Frankfurter Paradiesgärtleins. Zeitschrift für Kunstwissenschaft, Bd. 8, S. 177–196. Berlin 1954.
WOLTERS, Friedrich (Hg.): Hymnen und Lieder der christlichen Zeit vom 1.–15. Jahrhundert. 3 Bd. Berlin 1923.

YEATS, William Butler: Werke. 5 Bd. Hg. Werner Vordtriebe. Neuwied, Berlin 1970–1972.

ZANDER, Robert & Clara Teschner: Der Rosengarten. Eine geschichtliche Studie durch zwei Jahrtausende. Frankfurt Oder, Berlin 1939.
ZELLER, Ottilie: Blütenknospen. Verborgene Entwicklungsprozesse im Jahreslauf. München 1983.
ZUMBROICH, Eberhard Maria (Übertr.): Hymnos Akathistos – Das Geheimnis der Gottesmutter. Gaildorf 1980[13].

Bildnachweis der Farbtafeln

1 Sultan Mehmed II., an einer Rose riechend. Das Porträt des Eroberers von Konstantinopel (1453) wird Sinān Beg zugeschrieben. Topkapi-Serail, Istanbul

2 Ruhendes Mädchen, mit dem Symbol der erblühten Rose. Gemälde von Francois Boucher, 1752. Alte Pinakothek, München. Mit Genehmigung der Bayerischen Staatsgemäldesammlungen. Foto: Joachim Blauel-Artothek, Planegg

3 Liegende Venus, einen Büschel Rosen in der rechten Hand. Die »Venere d'Urbino« malte Tizian 1544. Galleria Uffizi, Florenz. Foto: Scala, Florenz

4 Die Frauen von Algier in ihrem Gemach (im Bildmittelpunkt die vollerblühte rote Rose). Gemälde von Eugène Delacroix, 1834. Musée du Louvre, Paris

5 Maria im Ährenkleid (der 24gliedrige Rosenkranz verweist auf die Tages- und Nachtstunden). Altarbild von Hinrik Funhof, um 1480. Hamburger Kunsthalle

6 Geburt Christi, Isenheimer Altar (1510–1515), die »Mystische Rose« rechts im Hintergrund. Altarbild von Mathias Nithart Grünewald. Museum Unterlinden, Colmar

7 Die Heiligen Dorothea, Agnes, Kunigunde und der Rosenbringer. Rechter Flügel des Katharinen-Altares, den Lukas Cranach d. Ä. 1506 für Torgau gemalt hat. Staatliche Kunstsammlungen Dresden, Gemäldegalerie Alte Meister. Foto: Gerhard Reinhold, Leipzig-Mölkau

8 Das Blumenkörbchen der Heiligen Dorothea. Detail des rechten Flügels des Altars aus Allmendingen, vom Meister der Sterzinger Altarflügel zwischen 1427 und 1467 gemalt. Staatsgalerie Stuttgart

9 Madonna zwischen Rebenhang und Rosengarten. Bogenfeld des Westportals der Elisabethkirche Marburg, 13. Jahrh. Foto: Bildarchiv Foto, Marburg

10 Mystische Einhornjagd: Das Tier rettet sich vor Erzengel Gabriel und seinen Hunden in den umfriedeten Rosenhag der Gottesmutter. Detail des Antependium (Altarbehang) in Gelnhausen, Ende 15. Jahrh.

11 The Sick Rose. Gedicht und Bildumrahmung von William Blake: Blatt 39 seiner »Songs of Innocence«, 1789. Mit Genehmigung des British Museum, London

12 Der Morgen (mit rosenbringenden Genien zur Rechten und zur Linken). Zweite Fassung des Gemäldes von Philipp Otto Runge, 1808/9. Kunsthalle Hamburg. Foto: Kleinhempel, Hamburg

13 Aufstieg ins Empyreum (den oberen Lichthimmel – dargestellt in sphärischen Kreisen, vgl. Kap. 2). Detail des Gemäldes von Hieronymus Bosch, 1500–1503. Palazzo Ducale, Venedig

14 Ecclesia arbor bona (Die Kirche als guter Baum, wobei die Rose u. a. der Hoffung [Spes] zugeordnet wird). Aus dem »Liber floridus« des Lambertus von St. Omer, um 1120. Mit Genehmigung der Centralen Bibliotheek, Rijksuniversiteit Gent

15 Die »Muhammadanische Rose«, die in ihrer oberen rechten Blüte die 99 Namen Allahs, in der linken die 99 Namen des Propheten enthält. Türkisch, 1708. Stiftung Preußischer Kulturbesitz, Orientabteilung, Berlin. Foto: Bildarchiv Preuß. Kulturbesitz

16 Rosentragender Mann. Bordüre aus dem sog. Rothschild-Gebetbuch, zugeschrieben verschiedenen flämischen Gebetbuchmeistern aus der Zeit um 1490. – Neben der Rose stehen auch andere Pflanzen für christliche Glaubensinhalte, so die Akelei für den hlg. Geist, die Nelke für wahre und reine Liebe, das Veilchen für Demut, dreiblättrige Pflanzen für Trinität, die zugleich blühende und fruchtende Erdbeere für Marias gleichzeitige Jungfräulichkeit und Mutterschaft.

17 Die Jungfrau im Rosenhag. Altarbild von Martin Schongauer 1473/74, Martinskirche Colmar. Mit Genehmigung der Pfarrei St. Martin, Colmar

18 Liebkosendes Paar im Schutz der Rosenhecke. Miniatur aus der Manessischen Liederhandschrift, um 1300. Universitätsbibliothek Heidelberg

Orts-, Personen- und Sachregister

Kursive Zahlen verweisen auf Seiten mit SW-Abbildungen